NARRATIVA DE LA REBELIÓN ZAPATISTA

Los relatos del Subcomandante Marcos

KRISTINE VANDEN BERGHE

COLECCIÓN NEXOS Y DIFERENCIAS, N.º 13

Colección nexos y diferencias

Estudios culturales latinoamericanos

Enfrentada a los desafíos de la globalización y a los acelerados procesos de transformación de sus sociedades, pero con una creativa capacidad de asimilación, sincretismo y mestizaje de la que sus múltiples expresiones artísticas son su mejor prueba, los estudios culturales sobre América Latina necesitan de renovadas aproximaciones críticas. Una renovación capaz de superar las tradicionales dicotomías con que se representan los paradigmas del continente: civilización-barbarie, campo-ciudad, centro-periferia y las más recientes que oponen norte-sur y el discurso hegemónico al subordinado.

La realidad cultural latinoamericana más compleja, polimorfa, integrada por identidades múltiples en constante mutación e inevitablemente abiertas a los nuevos imaginarios planetarios y a los procesos interculturales que conllevan, invita a proponer nuevos espacios de mediación crítica. Espacios de mediación que, sin olvidar los nexos que histórica y culturalmente han unido las naciones entre sí, tengan en cuenta la diversidad que las diferencian y las que existen en el propio seno de sus sociedades multiculturales y de sus originales reductos identitarios, no siempre debidamente reconocidos y protegidos.

La **Colección nexos y diferencias** se propone, a través de la publicación de estudios sobre los aspectos más polémicos y apasionantes de este ineludible debate, contribuir a la apertura de nuevas fronteras críticas en el campo de los **estudios culturales latinoamericanos.**

NARRATIVA DE LA REBELIÓN ZAPATISTA

Los relatos del Subcomandante Marcos

Kristine Vanden Berghe

Iberoamericana · Vervuert · 2005

Bibliographic information published by Die Deutsche Bibliothek
Die Deutsche Bibliothek lists this publication in the Deutsche Nationalbibliografie; detailed bibliographic data are available on the Internet at <http://dnb.ddb.de>.

FU US

Editado con el apoyo de la Fundación Universitaria de Bélgica
Uitgegeven met de steun van de Universitaire Stichting van België

Amor de Dios, 1 – E-28014 Madrid
Tel.: +34 91 429 35 22
Fax: +34 91 429 53 97
info@iberoamericanalibros.com
www.ibero-americana.net

Wielandstrasse. 40 – D-60318 Frankfurt am Main
Tel.: +49 69 597 46 17
Fax: 49 69 597 87 43
info@iberoamericanalibros.com
www.ibero-americana.net

ISBN 84-8489-177-1 (Iberoamericana)
ISBN 3-86527-178-2 (Vervuert)

Depósito Legal:

Ilustración de cubierta: *El hombre y el infinito,* de Rufino Tamayo

Cubierta: Diseño y Comunicación Visual
Impreso en España por
The paper on which this book is printed meets the requirements of ISO 9706

ÍNDICE

Agradecimientos 9

Prólogo 11

Capítulo I. Los comunicados del EZLN 19
1. Entre Don Quijote y Alonso Quijano 19
2. El peso de las palabras 28
3. "A war of ink, on the Internet" 33
4. El diálogo y sus límites 38
5. Armas y letras 44

Capítulo II. ¿Pueden hablar los indígenas zapatistas? 53
1. Mediación y representatividad 54
2. La versión del EZLN 59
3. Ambigüedades 65
4. Marcos y los indígenas: ¿metáfora o metonimia? 69
5. Primer autorretrato: los pasos perdidos 72
6. Segundo autorretrato: un Sancho Panza narizón 75
7. Las mujeres de maíz, doblemente discriminadas 80
8. Entre Susana y Dulcinea 87
9. Una ruptura en la tradición 92

Capítulo III. Nativismo y alter/natividad en los *Relatos de el Viejo Antonio* 99
1. Claves de lectura 104
2. La memoria de la conquista 108
3. El Viejo Antonio 114
4. El cromatismo de los hombres de maíz 116
5. Una reescritura del *Popol Vuh* 120
6. El interlenguaje 121
7. Entre amargura y utopía 127

Capítulo IV. La nación en los tiempos de la globalización 131
1. El tiroteo por la mexicanidad 133
2. Durito y Antonio: dos mexicanos ejemplares 140

3. Votán-Zapata 143
4. Las venas abiertas de México 147
5. El posnacionalismo 156
6. El *homo mexicanus* 157

Capítulo V. Intertextualidad y parodia en *Don Durito de la Lacandona* 161
1. El posmodernismo en el debate sobre el EZLN 163
2. Intertextos: entre Cervantes y Borges 168
3. Las referencias a Federico García Lorca 174
4. La burla de los grandes relatos 180
5. ¿Es posmoderno el EZLN? 188

Epílogo 195

Referencias bibliográficas 205

Agradecimientos

Este libro se benefició de materiales que me fueron sugeridos y enviados por amigos y colegas al tanto de mi interés por los relatos de Marcos. A ellos, Zaida Zapotecruz, Lois Zamora, Nicolien Montessori, Marisa Belausteguigoitia, Maarten Steenmeijer, Enrique Camacho, Teresa Solórzano y Jesús Serna Moreno, van mis agradecimientos más sinceros. Otras personas me ayudaron a articular mejor mis reflexiones o me hicieron ver aspectos de mi objeto de estudio que habían escapado a mi atención. De esta manera mi investigación incluye las huellas de conversaciones y observaciones de mis dos lectores más fieles, Bart Maddens y Lieve Behiels, quienes me sugirieron una serie de modificaciones sobre el manuscrito en su primera versión, y también de Ilse Logie, Maarten van Delden, Nadia Lie, Anne Huffschmid y los lectores anónimos de la Fundación Universitaria de Bélgica que me hicieron sugerencias preciosas sobre algunos aspectos específicos. Finalmente, quisiera dejar constancia de mi gratitud especial a Ignacio Díaz Ruiz, Estela Morales Campos y Enrique Camacho Navarro del Centro Coordinador y Difusor de Estudios Latinoamericanos de la UNAM, gracias a quienes he tenido la ocasión de presentar varias veces los avances de mi investigación en México.

Versiones de algunos apartados del presente trabajo han sido publicadas previamente en las revistas *Streven* (Amberes), *Cuadernos Americanos* (México), *Mexican Studies* (California), *América. Cahiers du Criccal* (París), *Foro Hispánico* (Amsterdam), *México en Movimiento* (Groninga), *Caravelle. Cahiers du Monde Hispanique* (Toulouse-le-Mirail) y *Welttrends* (Potsdam). Otros materiales reelaborados y profundizados aquí salieron en los libros *Convergencias e interferencias. Escribir desde los borde(r)s.* (Rita De Maeseneer, ed.), *Zorro & Co. Populaire personages en het koloniale verleden* (Nadia Lie y Theo D'Haen, eds.) y *Federico García Lorca et Cetera. Estudios sobre las literaturas hispánicas en honor de Christian De Paepe* (Nicole Delbecque, Nadia Lie y Brigitte Adriaensen, eds.).

Prólogo

A principios de 2004 los guerrilleros del Ejército Zapatista de Liberación Nacional (EZLN) conmemoraron sus diez años de existencia pública. Este aniversario suscitó un renovado y momentáneo interés entre la prensa hacia un tema que había dejado de vender por 'viejo' y 'usado' pero que durante un buen tiempo había ocupado la primera plana de los periódicos. En cambio, en los géneros discursivos menos determinados por la actualidad, como son los estudios académicos, la rebelión de los zapatistas nunca dejó de apelar a la imaginación. De manera ininterrumpida desde hace diez años, intelectuales e investigadores con pareceres muy diversos han contribuido a dar forma al tema de Chiapas. Se ha reflexionado abundantemente sobre la coyuntura socioeconómica de una región postergada en el sureste de México y se ha intentado reconstruir la génesis del EZLN, circulan estudios sobre la incidencia que la guerrilla ha tenido en la prensa nacional, su papel en la emancipación de la mujer indígena, las dificultades relacionadas con las demandas de autonomía para los pueblos indígenas, etc.[1]. En la opinión del historiador Jan De Vos, la avalancha de literatura informativa e interpretativa es tal que, en vez de estimular, provoca indigestión. En el tercer tomo de su trilogía sobre Chiapas, titulado *Una tierra para sembrar sueños. Historia reciente de la Selva Lacandona 1950-2000*, De Vos diagnostica que el tema ha sido tratado de tal manera que todo ha sido dicho y que ya no vale la pena continuar estudiándolo: "Mucho se ha escrito ya acerca del EZLN y sería presuntuoso pretender añadir algo original a la pila de libros, artículos y videos producidos durante los últimos siete años en pro y en contra del 'Zapatismo'" (2002: 326). El que haya optado por publicar el presente texto, muestra que discrepo respecto al diagnóstico de De Vos. No todos los aspectos de la guerrilla han sido estudiados con la misma intensidad y con igual ahínco. Es significativo que, en el propio estudio en el que De Vos afirma que sería presuntuoso querer decir algo nuevo sobre el EZLN, el autor se contradiga a sí mismo, escribiendo precisamente un análisis, por cierto original e interesante, de algunos relatos escritos por el Subcomandante Insurgente Marcos, el portavoz más importante del EZLN.

[1] A quienes quieran profundizar en estos aspectos que aquí sólo puedo presentar de forma sucinta o en otros aspectos que no tienen cabida en este estudio, remito a la bibliografía, la cual incluye referencias a investigaciones que se han realizado al respecto.

Dicho análisis contribuye a llenar un vacío en la medida en que se ha prestado poca atención a los relatos de Marcos, desatención que contrasta con el interés que se ha manifestado por otros aspectos de las estrategias de comunicación de la guerrilla. En efecto, aunque en los comentarios sobre el EZLN abunden las referencias a esas estrategias, y particularmente a la escritura de Marcos, sus relatos apenas han sido estudiados. Es verdad que varios exegetas han hecho contribuciones a su comprensión (Pellicer 1996, Jarquín 1998, Sinnigen 1999, Lemaître 2001, Maldonado 2001, Ruiz Ávila 2001, De Vos 2002, Huffschmid 2002, Irr 2003…). Sin embargo, por ser pocos, sus análisis se pierden dentro de la 'avalancha' de literatura sobre el EZLN. Además, suelen tratar aspectos muy puntuales. Que yo sepa, hasta ahora no se ha realizado un examen más global de los distintos rasgos que caracterizan los relatos escritos por Marcos en el contexto de la lucha zapatista, una laguna que me he propuesto rellenar con el presente estudio que analiza estos relatos desde una variedad de enfoques.

Ya que no deja de asombrar la relativa escasez de estudios sobre un tema cuyos otros aspectos han suscitado tanto interés, vale la pena ir en busca de hipótesis que la expliquen. Una primera explicación podría tener que ver con el hecho de que el EZLN es esencialmente y en primer lugar una guerrilla de carácter indígena, un movimiento de marginados a quienes la desesperación ha hecho recurrir a las armas, por lo que constituye un tema de estudio más obvio para los politicólogos, sociólogos o antropólogos, quienes, por regla general, no se centran en los aspectos más literarios de los fenómenos sociales. La investigación llevada a cabo por Kathleen Bruhn es ejemplo de esta situación. Pese a que su análisis del discurso zapatista cala hondo, Bruhn advierte que su enfoque excluye "long poems with no substantive content" (1999).

Pero también entre los estudiosos de la literatura son poco numerosos los que han ascendido los relatos de Marcos a objetos dignos de análisis. Esto tal vez se debe a las circunstancias que son aducidas por Ignacio Corona y Beth E. Jörgensen en su volumen *The Contemporary Mexican Chronicle. Theoretical Perspectives on The Liminal Genre* (2002) para explicar la escasez de estudios sobre el género de la crónica. Según Corona y Jörgensen, esa escasez se relaciona con las dificultades implicadas por el estudio de un género híbrido (entre ficción y no ficción, ensayo e historia, periodismo y literatura) que, además, suele publicarse en los medios periódicos, menos permanentes y más efímeros (*ibíd.*: 3). A estas razones podría añadirse en el caso de Marcos la frecuente devaluación crítica de la literatura política. Para muchos estudiosos de la literatura, sobre todo para quienes delimitan el espacio literario a los 'verdaderos escritores' o para los que se interesan principalmente por las obras canonizadas a las que les queda prometida una larga vida, es poco evidente estudiar relatos en comunicados de prensa redactados por un guerrillero y ponerse a estudiar una literatura de circunstancias. Es posible, en efecto, que los relatos de Marcos no se revelen mucho más permanentes que la lucha guerrillera con la que se relacionan. Con todo, aunque esta circunstancia les pueda restar calidad, no les quita interés. Pues, como dicen Corona y Jörgensen en el libro citado, "to read Marcos' writing as a practice of literature is to challenge 'universal' theories of aesthetics" (*ibíd.*: 243). Además, como ha advertido el poeta argentino Juan Gelman, el caso de Marcos es bastante excepcional. Gelman opina que se trata de: "un fenómeno raro, sin antecedente en el mundo: su fama de escritor dimana de la prosa que vuelca en los comunicados que firma en nombre del EZLN" (*La Jornada*, 21 de abril de 1996). Por otro lado, en vista del auge de los estudios culturales que prestan atención a la creación artística precisamente en la medida en que tenga una relevancia política y social y tomando en cuenta el interés por las literaturas latinoamericanas comprometidas y testimoniales, esta explicación no es convincente o, por lo menos, no basta.

El escritor y periodista mexicano Juan Villoro sugiere otra hipótesis al afirmar que le parece inaceptable, por lo menos para un intelectual mexicano, conceder demasiada atención a la faceta literaria del EZLN, porque esa atención vendría a ser esencialmente una manera de aumentar el capital simbólico propio del comentarista que se aprovecharía de una población que ni siquiera tiene el capital económico necesario para sobrevivir (entrevista personal del 7 de mayo de 2002). De ahí derivaría que no hayan aparecido todavía obras sobre el tema de la rebelión chiapaneca de la mano de los grandes escritores mexicanos. *Ocosingo. Diario de guerra y algunas voces* (1995), un diario de Efraín Bartolomé seguido de una serie de breves testimonios sobre los días de la guerra, y las novelas *Marcos' Fashion o cómo sobrevivir al derrumbe de las ideologías sin perder el estilo* (1996) de Edgardo Bermejo Mora y *Nosotros estamos muertos* (2001) de Jaime Avilés serían, según Villoro, excepciones a la regla u obras de escritores no canonizados[2]. Teniendo en cuenta la opinión de Villoro, se podría pensar que la escasez de estudios sobre los relatos de Marcos tiene que ver menos con una falta de atención o de interés que con escrúpulos morales. Sobre todo dentro de México parecería haber cierta reticencia que impide que se preste demasiada aten-

[2] A estas obras ha venido añadiéndose en fechas más recientes el libro de Carlos Imaz, *Rompiendo el silencio. Biografía de un insurgente del EZLN* (2004).

ción al aspecto literario de un movimiento cuyo alcance es mucho más 'serio' que lo literario, cuyo caldo de cultivo son una pobreza y una marginación extremas y cuyos objetivos tienen poco que ver con la literatura.

Villoro tiene razón por cuanto sugiere que no se puede reducir la lucha del EZLN a su discurso ni la guerrilla al Subcomandante Marcos, por muy protagónico que éste parezca. Si el presente trabajo se concentra en estos aspectos del EZLN –el discurso narrativo de su principal portavoz–, se trata únicamente de una opción por estudiar, desde el campo de los estudios literarios, un aspecto del EZLN que ha sido poco analizado. No implica, por tanto, ningún desinterés por los demás aspectos del EZLN ni por los otros métodos empleados por los guerrilleros para dar a conocer sus demandas, ni menoscabo alguno por el trabajo de sus portavoces indígenas. También se entiende que Villoro niegue que tenga sentido ocuparse de los relatos de Marcos sin relacionarlos con la lucha de la guerrilla, sus raíces, demandas y propósitos. En el caso del EZLN, armas y letras, la política y la literatura, son dos caras del mismo proyecto, por lo que están indisolublemente ligadas. Pero precisamente esta estrecha interrelación contribuye a que el análisis de los relatos de Marcos no sea un acto inescrupuloso. Es mi convicción que interesa estudiarlos con el debido respeto hacia dicha interrelación, mostrar cómo intentan despertar la simpatía del lector por la causa zapatista, cómo tratan de dar una forma literaria a las demandas y los principios de los guerrilleros o hacer que éstos sean más comprensibles y aceptables para ciertos tipos de público.

La presente investigación trata esencialmente de los relatos de Marcos que, tras ser publicados en la prensa entre 1994 y 1998, fueron incluidos en dos libros, *Relatos de el Viejo Antonio* (VA, 1998) y *Don Durito de la Lacandona* (DD, 1999)[3]. No pretendo analizar por tanto todos los textos escritos por Marcos ni mucho menos todos los comunicados del EZLN. Por otra parte, la demarcación inicial no me ha impedido servirme de otros textos producidos en el ámbito de la guerrilla y que se salen del criterio de tiempo y de género. A fin de estudiar cómo las narraciones de Marcos dan una forma peculiar a las opiniones y las exigencias de los zapatistas expresadas en los comunicados más llanamente políticos o para demostrar cómo a veces las contradicen, también me referiré a estos comunicados. Esto es tanto más necesario cuanto que entre los textos literarios y políticos no siempre existe una separación nítida y que ambos corpus se mezclan y se

[3] A continuación me referiré a los respectivos volúmenes con las abreviaturas VA y DD.

desbordan continuamente, constituyendo originalmente uno solo. Tampoco he tenido escrúpulos en servirme de textos más recientes –hasta 2002– si éstos podían contribuir a interpretar ciertos cambios y hacer patentes las reorientaciones en el discurso literario de Marcos. Como se sabe, aunque el EZLN ha callado durante largos períodos –Margo Glantz (1998) ha resumido su historia como "una alternancia entre el silencio o la suspensión del discurso y una producción desmesurada de palabras" y Dalia Ruiz Ávila (2002) estudió el silencio de los zapatistas como una forma particular de presencia–, continúa siendo activo, por lo cual puede volver a publicar comunicados y Marcos puede volver a escribir relatos. Esto constituye una debilidad si se piensa en términos de delimitación definitiva del objeto de estudio, pero se transforma en un factor de interés si se toma en cuenta la fuerza interpelativa que sigue teniendo el tema hasta la actualidad. Finalmente, dado que mi lectura de los relatos de Marcos ha sido influenciada y orientada por la lectura de otros textos sobre el EZLN, he querido dejar constancia en mi trabajo de estas lecturas. Las cito, rebato o apoyo en un diálogo crítico y en la medida en que han contribuido a dar forma a mis propias reflexiones.

Vistos los objetivos de mi investigación, desde el inicio estuve confrontada con la dificultad de tomar una decisión con respecto a su estructura. Por una parte, podía estudiar los relatos en un orden cronológico. Esta opción tenía la ventaja de que así podía prestar toda la atención a las transformaciones sucesivas del discurso y hacer resaltar las circunstancias históricas específicas que pudieron dejar sus huellas en él. La desventaja de tal opción era que el estudio iba a ser algo repetitivo porque, en los relatos, los temas principales y las formas de expresión se reiteran. Otra opción era partir de los elementos temáticos y formales más constantes arriesgándome a que la dimensión coyuntural tendiera a perder visibilidad. Tras considerar las ventajas y los inconvenientes de cada posibilidad, he optado por un orden basado en los temas y los recursos literarios en los relatos porque me parece que, a pesar de ciertas reorientaciones que denotan cambios de prioridad en la agenda zapatista, dichos temas y recursos aparecen de manera más bien constante o vuelven periódicamente, por lo cual permiten dar una idea más apropiada de la escritura de Marcos. He señalado los posibles constreñimientos de la coyuntura externa en la medida en que parecen reflejados en oscilaciones en los relatos.

El primer capítulo es una introducción a algunos aspectos básicos de los comunicados zapatistas. Pasamos revista a diversos juicios sobre el EZLN que estos textos han suscitado y se presentan los aspectos más importantes de su estructura y de su modo de circulación. Asimismo se señala cómo los relatos de Marcos se incluyen en los comunicados y cuáles podrían ser sus funciones. En el segundo capítulo los relatos se leen en función del tema del autor y de la representación. Se discuten, entre otros, los problemas de la autoría, la posibilidad que tienen los indígenas de expresarse y su representación por Marcos. Se dedica igualmente una atención particular a la posición de la mujer porque constituye un tema bastante prominente en la literatura sobre el EZLN. Los capítulos subsiguientes se delimitan en función de los tres ámbitos geopolíticos en relación con los cuales el EZLN quiere moldear su imagen e impulsar cambios: el local-étnico, el nacional-mexicano y el internacional. Empezaré por leer los *Relatos de el Viejo Antonio* en función de algunos temas que se relacionan con el marco regional y étnico, estudiando la manera en la que Marcos retrata a los indígenas, cómo reescribe sus mitos y qué lengua usa para hacerlo. El capítulo subsiguiente trata del nivel nacional de la lucha, un nivel que ha recibido menos atención y que frecuentemente ha sido mal comprendido fuera de México. La inserción de los relatos en el contexto mexicano, el modo en el que Marcos 'narra' en ellos la nación y describe la relación entre ella y el EZLN constituye el objeto de estudio principal de ese capítulo. Finalmente, el último capítulo se dedica al tercer marco de acción del EZLN, el internacional o 'intergaláctico'. Los guerrilleros se han esforzado por enfatizar las conexiones entre los problemas de Chiapas y otros conflictos en el mundo y por despertar de esta manera la simpatía internacional hacia su causa. De ahí el interés de estudiar las dimensiones más 'globales' de la prosa de Marcos. Veremos cómo éste, en los cuentos de *Don Durito de la Lacandona*, se sirve del canon literario occidental a fin de dar forma a esas dimensiones e intentamos dar una respuesta a la pregunta a menudo formulada sobre la relación entre el EZLN y el posmodernismo.

Creo que esta estructura me ha permitido abordar un buen número de cuestiones suscitadas por el discurso del EZLN y sacar a la luz un conjunto de rasgos de la escritura literaria de Marcos que apenas han sido estudiados. Sin embargo, mi análisis debe leerse ante todo como una introducción al tema porque los elementos que abarca no constituyen una selección exhaustiva y porque numerosos aspectos señalados merecen que se los analice con más detenimiento. El conjunto de referencias intertextuales o la posición de la mujer, por ejemplo, sin duda podrían ser estudiados de manera más sistemática. Asimismo, sería interesante dedicar una investigación a determinadas imágenes en el discurso que aquí no he considerado, como es el caso del espejo, el mar o el silencio. Por lo demás, varios textos del EZLN podrían constituir por sí solos temas de otros proyectos de investigación. Finalmente, cabe señalar que quedan fuera del alcance de este trabajo objetos de estudio tan estimulantes y atractivos como los vídeos zapatistas y las imágenes y canciones que circulan sobre la guerrilla y que sin duda podrían matizar, completar o corregir una parte de mi investigación.

Ésta ha sido guiada por las teorías del análisis del discurso –que se concentran en la mediación lingüística e ideológica entre la 'historia real' y la historia tal como se encuentra en los textos– y por las investigaciones recientes sobre la literatura poscolonial. Ahora bien, es consabido que la configuración del campo de los estudios poscoloniales –una corriente que estudia la reconstrucción de identidades propias por parte de escritores de las excolonias o de regiones afectadas por formas diversas de neocolonización hasta en la actualidad– sigue causando un debate ininterrumpido –la definición precedente a algunos les parecerá sin duda demasiado amplia, a otros demasiado estrecha– y continúa provocando críticas que le son dirigidas desde fuera y de conflictos internos. No hay consenso sobre qué escritores caben en los estudios poscoloniales, ni sobre dónde o cuándo se manifiesta lo poscolonial[4]. En cuanto a América Latina, tanto dentro de la zona como fuera de ella se nota una considerable falta de consenso sobre si es legítimo incluirla como un tema de interés más en el área de los estudios poscoloniales o si, al contrario, constituye un caso aparte que merece que se le haga una especie de disciplina propia[5].

En el curso de la presente investigación me ha llamado la atención una y otra vez la gran cantidad de afinidades que tiene la prosa de Marcos con los textos que suelen considerarse emblemáticos para las literaturas poscoloniales. En sus relatos, Marcos usa procedimientos que los estudiosos destacan con frecuencia en los textos más representativos del canon poscolonial: el uso de una lengua híbrida, mezcla del español y de las lenguas autóctonas, la reivindicación de la memoria de los pueblos indígenas y la concomitante, tal vez ambigua, importancia concedida a la mitología frente a la historia, la reescritura de ésta desde la perspectiva de los desposeídos, y otros que serán discutidos más adelante. Por razones que quedarán claras en el estudio, los comunicados zapatistas están en el cruce de los principales debates que constituyen el núcleo de las teorías poscoloniales. Suscitan la pregunta de su relación con el posmodernismo, se relacionan directamente con los debates sobre los 'subalternos', la representación y el feminismo y dan pie a reflexiones en torno a la cuestión del nacionalismo y del etnocentrismo.

---

[4] Véase por ejemplo Childs y Williams 1997: 1 *et passim*.

[5] Ver Alonso (1998 y 2000) para una crítica de la inclusión de América Latina en los estudios poscoloniales existentes.

Además, algunos comunicados se refieren a la conquista y la colonia y sostienen que hay una continuidad dentro del proceso colonial desde 1492 hasta el presente, que las consecuencias de 1492 son visibles en la actualidad. En un texto titulado "Chiapas: el Sureste en dos vientos" que Marcos escribió a mediados de 1992 y que fue publicado en 1994 se lee: "Igual que ahora, antes fluían a las metrópolis, por las venas del saqueo, maderas y frutas, ganados y hombres" (en *EZLN1*: 54)[6]. Pero en la medida en que los zapatistas luchan sobre todo contra los colonialismos actuales, por ejemplo las actitudes y medidas de los gobernantes mexicanos que continúan las prácticas coloniales de los conquistadores, es más apropiado utilizar aquí la palabra 'poscolonial' en su sentido lato, como una forma de luchar frente a un colonialismo que perdura bajo nuevas formas, como una manera de combatir y de escribir que continúa hasta hoy día. En el caso del EZLN el término 'poscolonial' también puede entenderse como una situación que es el producto de lo que Slemon llama "the modern theater of neo-colonialist international relations" (en Childs y Williams 1997: 5). Ashcroft *et al.* (1989: 144) señalan además que el caso de los grupos autóctonos es especial dentro del panorama poscolonial puesto que se trata de pueblos doblemente marginados, empujados hacia los márgenes de sociedades que fueron a su vez relegadas a la periferia del imperio. Sea como fuere, y que uno se conforme o no con que se dé la etiqueta de poscoloniales a los relatos de Marcos, es difícil negar que éstos constituyen una viva prueba de que la literatura sigue siendo un arma esgrimida por los oprimidos o sus portavoces para afirmar su propia identidad y reclamar la existencia de una historia propia.

[6] Las referencias *EZLN1*, *2*, *3* y *4* indican los tomos de la editorial Era que incluyen una amplia selección de los comunicados zapatistas en orden cronológico.

Capítulo I

Los comunicados del EZLN

Antes de pasar al análisis propiamente dicho, conviene introducir brevemente algunos aspectos medulares de los comunicados emitidos por el EZLN, tales como las maneras en las que han sido leídos, sus modos de circulación, soportes materiales y aspectos formales. Este repaso, aparte de ayudar a contextualizar los relatos de Marcos, ofrece al mismo tiempo la posibilidad de revisar otros trabajos realizados acerca de los textos del EZLN y de entrar en diálogo con sus autores. No es el objetivo de la presente investigación iniciar un intercambio de ideas con todos los que han escrito sobre la rebelión de Chiapas: el volumen y la diversidad de los materiales no lo permitirían. Sin embargo, confío en que las ideas y los textos referidos constituyen un botón de muestra que puede abrir el camino hacia los demás estudios en torno al tema.

1. Entre Don Quijote y Alonso Quijano

Organizados desde noviembre de 1983 en el Ejército Zapatista de Liberación Nacional y mayoritariamente indígenas mayas, los guerrilleros especificaron los motivos de su lucha en su inicial "Declaración de la Selva Lacandona" (*EZLN1*: 33) que proclamaron primero en tzotzil y luego en español[1] en San Cristóbal de las Casas el día de la insurrección. Declararon la guerra al Gobierno[2] identificándose como los más pobres de la tierra que sufrían una "guerra genocida" y entre sus exigencias básicas resaltaban ya los valores –libertad, democracia, justicia y paz– que luego defenderían con constancia. Los motivos invocados por los guerrilleros para justificar su

[1] Véase De Vos (2002: 355).

[2] Citaron el Artículo 39 de la Constitución que da al pueblo mexicano el derecho inalienable de modificar la forma de su gobierno, a fin de legitimar su oposición contra un régimen corrupto y su presidente 'ilegítimo' Carlos Salinas de Gortari.

rebelión[3], el estilo de su declaración de guerra[4], su meta de destituir a un presidente corrupto y de marchar sobre la capital, así como el hecho de que recurrieran a la lucha armada, fueron sendos elementos que hicieron que se los asociara de entrada con las guerrillas latinoamericanas del pasado. Tal asociación fue establecida, por ejemplo, en diversos comentarios sobre los zapatistas publicados en la revista *Vuelta*, dirigida por el difunto Octavio Paz. El propio Paz situó al EZLN en una genealogía de revoluciones pasadas, presentadas como antiguallas cuyo valor para el presente era nulo (1994: d). Al señalar esa analogía entre los zapatistas y las guerrillas latinoamericanas anteriores, Paz manifestó su duda acerca de la oportunidad de que surgiera una rebelión armada en México porque los insurrectos arrastraban al país hacia un pasado de facciones beligerantes que zanjaban la cuestión del poder por medio de las armas. Además, el Nobel resaltaba el carácter regresivo de la guerrilla al situar las reacciones provocadas por ella en el marco de la Guerra Fría: "Somos testigos de una recaída en ideas y actitudes que creíamos enterradas bajo los escombros –cemento, hierro y sangre– del muro de Berlín" (*ibíd.*: c)[5]. Pero lo más grave a los ojos del poeta fue que el EZLN cortara a los mexicanos el camino hacia un futuro democrático que estaba gestándose plenamente, entre otros factores gracias a la asociación de México con los Estados Unidos y Canadá mediante el Tratado de Libre Comercio de América del Norte (TLCAN) que entraba en vigor el mismo

---

[3] La lucha de los zapatistas se inspiraba de manera directa en la reforma del Artículo 27 de la Constitución Mexicana, artículo simbólicamente de importancia mayor por ser una de las herencias más conocidas de la Revolución Mexicana (1910-1917). Puesto en práctica en el período posrevolucionario, aseguraba el régimen de las tierras ejidales comunitarias para los indígenas. Cuando el presidente Carlos Salinas de Gortari, en 1992, hizo posible que se privatizaran y vendieran los ejidos, numerosas personas pensaron que esto significaba el abandono definitivo de las intervenciones estatales que amparaban a los campesinos pobres e indígenas del país. La reforma fue interpretada por los zapatistas como un paso más en una política económica de apertura hacia el exterior y asimismo como una medida que iba a causar una pérdida irremediable del poder de competencia, ya muy menguado, del campesinado mexicano.

[4] Algunos vieron en ella una decocción de los comunicados guerrilleros centroamericanos de los años sesenta (De la Grange y Rico 1998: 23), a otros su estilo les hacía pensar más bien en las reivindicaciones sociales decimonónicas (Vázquez Montalbán 1999b: 123). Los zapatistas fueron criticados repetidamente por la rigidez de este texto (véanse Bruhn 1999: 9; De la Grange y Rico 1998: 23; Le Bot 1997: 201; Levario Turcott 1999: 163).

[5] La referencia al muro de Berlín es frecuente. También la hace Vargas Llosa en un artículo de opinión. Hablando de Marcos escribió entonces: "El distraído guerrillero no parecía saber por qué cayó el muro de Berlín" (*El País*, 16 de enero de 1994, pág. 13).

día de la insurrección. La actitud crítica de Paz frente al EZLN no era un caso aislado: coincidía en lo esencial con la de otros muchos comentaristas los primeros días después del levantamiento.

Mientras que el EZLN y las tropas nacionales se enfrentaban en sangrientos combates[6], el pueblo mexicano salió a la calle para manifestar su rechazo al uso de las armas para dirimir el conflicto. El 12 de enero el Gobierno acató la voluntad expresada en estas manifestaciones de masas y declaró un alto el fuego unilateral. La propuesta de poner fin a las hostilidades fue aceptada por los zapatistas, se inició un diálogo entre ellos y el Gobierno y desde entonces han cesado las hostilidades, por lo menos oficialmente[7]. Pero ya antes de que se declarara el alto el fuego, el marco de interpretación desde el cual la guerrilla era percibida había empezado a alterarse. La manera en la que el EZLN había comenzado a actuar, algunas evoluciones en su forma de comunicar y el hecho de que sus textos fueran abandonando su rigidez doctrinaria inicial contribuyeron a que muchos empezaran a disociar a los zapatistas de otros movimientos con los que antes los habían comparado. Mientras que los primerísimos comunicados eran estigmatizados de tradicionales, bombásticos y vetustos y los observadores detectaban en ellos un léxico marxista de la vieja escuela, los comunicados posteriores empezaron a ser comentados con entusiasmo por un público atraído por su originalidad y su frescura (Ronfeldt *et al.* 1998: 57; Monsiváis 2001a). Como otros lectores de los textos zapatistas, Carlos Monsiváis pensó que había detectado el primer giro radical en el discurso del EZLN en el emocionante comunicado "¿De qué nos van a perdonar?" (comunicado del 18 de enero de 1994, en *EZLN1*: 89), una respuesta irónica y hasta sarcástica a un perdón otorgado a los zapatistas por el Gobierno. Pero ya antes, en un comunicado del 13 de enero de 1994, Marcos había empezado a bromear al intercalar palabras en inglés y referencias a una serie televisiva (*EZLN1*: 72). El modo en el que los zapatistas y especialmente Marcos abandonaron el tono solemne de su discurso inicial contribuyó sin duda a cambiar la opinión pública sobre el EZLN e hizo que empezaran a engrosarse las filas de los llamados 'zapatizantes', los simpatizantes de los rebeldes.

De esta manera, mientras que algunos, sobre todo los oponentes del EZLN, seguían apuntando las coincidencias entre esta 'nueva' guerrilla y sus

---

6 Sorprendido a pesar de las advertencias que ya se le habían hecho sobre la existencia de una guerrilla, el Gobierno mandó refuerzos al ejército destinado en Chiapas.

7 Se dice que habían caído unas 150 víctimas en ambos bandos durante la guerra (Huffschmid 2002: 17).

predecesores, otros insistían cada vez más en el perfil inédito de la guerrilla, intentando demostrar que ésta no resistía las comparaciones con las experiencias revolucionarias de las décadas pasadas. Una opinión que ganaba terreno era que el EZLN era innovador hasta tal punto que, al hablar de él, algunos volvieron a poner en circulación la célebre expresión "revolución en la revolución" que Régis Debray había aplicado varias décadas antes a la revolución cubana (véase, por ejemplo, Martínez Torres 1997). El sociólogo francés Alain Touraine, especialista en los movimientos sociales en América Latina, hablaba de una "ruptura epistemológica" en la historia de las guerrillas (en Najman 1997: 12)[8] y Jérôme Baschet consideraba al EZLN como "la guerrilla del fin de la guerrilla" (2002: 65). Aunque nadie discuta que la guerrilla viene a integrarse en una tradición de otros movimientos rebeldes en México y en América Latina (véase Huffschmid 2002: 117), hasta hoy en día uno de los aspectos del EZLN señalados con más empeño por sus simpatizantes y numerosos estudiosos es su carácter innovador y pionero.

Los aspectos inéditos del EZLN son interpretados como sendos gestos que subvierten y cuestionan las estrategias que hasta recientemente habían orientado a las rebeliones indígenas y los levantamientos guerrilleros. Esto explica por qué abundan el calificativo 'primero' y el prefijo 'pos' en las referencias al EZLN y por qué indican una ruptura. El levantamiento fue caracterizado por Carlos Fuentes como la primera rebelión poscomunista (1994), Roger Burbach lo describió como la primera revolución posmoderna (1994), Manuel Castells como el primer "informational guerrilla movement" (1997: 79) y Kathleen Bruhn como la primera guerrilla posguerrafría en América (1999). La perspectiva desde la cual los observadores contemplan la rebelión determina en gran medida qué novedades se ponen de relieve. Para los que se interesen por la cuestión del neoliberalismo y de la globalización, el levantamiento del EZLN fue la primera de una larga serie de revueltas simbólicas –Seattle, Davos...– en contra del carácter devastador de la globalización (Krishnan 1996: 1). Un reportero de *Le Monde*, Ignacio Ramonet, puso en evidencia el lazo entre ambos frentes en los que luchan los zapatistas al decir que Marcos fue el primero que intentó teorizar la articulación entre la "arrogancia triunfalista de la mundialización" y la "marginalización de los pobres en el Sur" (2001: 24). Entre los aspectos innovadores mencionados se señala igualmente el enorme interés que la guerrilla ha

[8] Touraine considera que se trata de una ruptura por dos razones: por el lugar central que ocupan lo social y los nuevos movimientos sociales para el EZLN y por la manera en la que éste articula la relación entre el individuo y los derechos universales (*ibíd.*).

despertado, también fuera de México (Nugent 1995: 135)[9]. Otros insisten en el uso sin complejos e inteligente que los zapatistas hacen de los medios de comunicación de masas (Gómez-Peña 1995: 90). Pero uno de los argumentos más frecuentemente alegados con miras a destacar la innovación aportada por el EZLN es el hecho de que los zapatistas digan y repitan que no tienen ganas de tomar el poder y que incluso aspiran a desaparecer como ejército (Burbach 1994; Bruhn 1999; Pellicer 1996: 200)[10].

Algunas de las innovaciones señaladas no son tan espectaculares si se las considera con una mirada crítica y el hecho de que se las enfatice se explica en gran medida por el entusiasmo de los comentaristas, quienes a menudo han transformado la innovación en un criterio valorativo. Por otra parte es difícil negar que el EZLN ha introducido novedades. Más adelante hablaré de la divulgación de su discurso por Internet, sin duda una práctica revolucionaria para una guerrilla. Y si nos concentramos tan sólo en las partes literarias del discurso zapatista, llaman la atención sobre todo dos novedades que serán estudiadas largamente en el curso del presente trabajo. La primera es la integración de pasajes genuinamente narrativos con personajes ficticios en un corpus de textos políticos emitidos por una guerrilla. La segunda novedad sería la ironía y un claro sentido de autorrelativización, bastante inusuales en el género del comunicado de prensa guerrillero.

A lo mejor es exagerado afirmar que las interpretaciones centradas en la novedad hayan sido sugeridas por los propios comunicados zapatistas. Puede afirmarse no obstante que han sido estimuladas y compartidas por los guerrilleros. El EZLN ha contribuido en efecto a poner en circulación un discurso sobre sí mismo en el que se detecta una atención peculiar hacia aquellos rasgos que sean heterodoxos y novedosos. En una crítica contra la imagen que el Gobierno trató de divulgar del EZLN, Marcos dio rienda suelta a su indignación haciendo hincapié en los aspectos innovadores de la guerrilla. La manera en la que redactó este comunicado, recurriendo a la sucesión de frases de corte semejante y sentido análogo, es típica de numerosos pasajes clave de sus textos (véase Jarquín 1998):

---

[9] Aunque la atención hacia el EZLN no siempre se haya mantenido en el mismo nivel –una lectura de los comunicados permite detectar los altibajos tales y como son percibidos por los mismos zapatistas–, puede decirse que ha sido importante por lo menos durante los primeros años.

[10] Esta aspiración ha sido realzada una y otra vez por el EZLN en sus comunicados y entrevistas. Marcos volvió a confirmarla diciendo que quien utiliza las armas para imponer sus ideas por cierto debe tener muy pocas ideas (en Ramonet 2001b: 49).

> ¿Qué otra guerrilla 'milenarista', 'fundamentalista' y dirigida por 'universitarios blancos' ha realizado las acciones militares que llevó a cabo el EZLN en enero de 1994 y en la ruptura del cerco de diciembre de 1994? ¿Qué otra guerrilla ha aceptado sentarse a dialogar a los cincuenta días de haberse alzado en armas? ¿Qué otra guerrilla ha apelado, no al proletariado como vanguardia histórica, sino a la sociedad civil que lucha por la democracia? ¿Qué otra guerrilla se ha hecho a un lado para no interferir en un proceso electoral? ¿Qué otra guerrilla ha convocado a un movimiento nacional democrático, civil y pacífico, para que haga inútil el recurso de la vía armada? ¿Qué otra guerrilla pregunta a sus bases de apoyo lo que debe hacer antes de hacerlo? ¿Qué otra guerrilla ha luchado por lograr un espacio democrático y no por el poder? ¿Qué otra guerrilla ha recurrido más a las palabras que a las balas? (comunicado del 20 de febrero de 1995, en *EZLN2*: 242-243)[11].

Al querer destacar el carácter poco tradicional del EZLN, Marcos manifestó además su desacuerdo con que se lo caracterizaba como 'revolucionario'. Cuando Ignacio Ramonet le preguntó si estaría de acuerdo en definir a la guerrilla zapatista como un movimiento revolucionario, rechazó la etiqueta porque a su juicio la palabra 'revolucionario' se asociaba demasiado con una tendencia de llegar a dirigir, mientras que "un rebelde social no deja jamás de ser un rebelde social" (2001:50).

Sin embargo, anteriormente los zapatistas hablaban libremente y sin complejos de sí mismos en términos de "fuerzas armadas revolucionarias" (véase por ejemplo *El despertador mexicano*, 1 de diciembre de 1993, en *EZLN1*: 36). En aquellos tiempos el término 'revolucionario' era perfectamente intercambiable con el de insurgente o rebelde. Pero como las palabras son tan importantes en la lucha del EZLN, éste se ha preocupado constantemente por manejarlas con prudencia y, simultáneamente, por revisarlas y reorientarlas periódicamente mediante redefiniciones semánticas. Una de estas revisiones concierne precisamente a la palabra 'revolucionario'. En cierto momento Marcos comenzó a escribirla con mayúsculas, un signo mediante el cual destacaba la petrificación, la falsa solemnidad y la búsque-

---

[11] La insistencia en su propia novedad ha seguido siendo una constante en el discurso del EZLN. En la "Cuarta declaración" del primero de enero de 1996 éste habló de la Consulta por la Paz y la Democracia en términos de "un ejercicio ciudadano que no tiene precedente en la historia mundial: una sociedad civil y pacífica dialogando con un grupo armado y clandestino" (en *EZLN3*: 83). Lo mismo se repite en un texto del 15 de febrero de 1996 (en *EZLN3*: 145). El EZLN realza su propia originalidad sobre todo en oposición al Ejército Popular Revolucionario con el que dice no tener nada en común (comunicado del 29 agosto de 1996, en *EZLN3*: 368). Volveré sobre esta comparación.

da del poder implícitas en la palabra. 'Revolucionario' se transformó así en un significante negativo y fue, por lo mismo, expulsado del paradigma semántico con el que los zapatistas se asociaban. Fue el escarabajo Durito, un personaje literario creado por Marcos, quien resemantizó la palabra de tal manera que su nexo con el EZLN quedara definitivamente cortado:

> Bueno, se trata de que la actitud que un ser humano asuma ante las sillas es la que lo define políticamente. El Revolucionario (así, con mayúsculas) mira con desprecio las sillas comunes y dice y se dice: "no tengo tiempo para sentarme, la pesada misión que la Historia (así, con mayúsculas) me ha encomendado me impide distraerme en pavadas". Así se pasa la vida hasta que llega frente a la silla del Poder, tumba de un tiro al que esté sentado en ella, se sienta con el ceño fruncido, como si estuviera estreñido, y dice y se dice: "la Historia, así, con mayúsculas, se ha cumplido. Todo, absolutamente todo, adquiere sentido. Yo estoy en La Silla (así, con mayúsculas) y soy la culminación de los tiempos". Ahí sigue hasta que otro Revolucionario (así, con mayúsculas) llega, lo tumba y la historia (así, con minúsculas) se repite (comunicado de octubre de 2002 en www.ezln.org).

La palabra 'rebelde', al contrario, escapó a las mayúsculas. Al escribirla con minúsculas Marcos mostró el valor semántico de la modestia que le es inherente y, asimismo, la falta de interés que los zapatistas profesan hacia el poder. La descripción humorística mediante la cual le da su significado peculiar al término constituye claramente un guiño a los textos que Julio Cortázar dedicó a los cronopios:

> El rebelde (así, con minúsculas), en cambio, cuando mira una silla común y corriente, la analiza detenidamente, después va y acerca otra silla, y otra y otra, y, en poco tiempo, eso ya parece una tertulia porque han llegado más rebeldes (así, con minúsculas) y empiezan a pulular el café, el tabaco y la palabra, y entonces, precisamente cuando todos empiezan a sentirse cómodos, se ponen inquietos, como si tuvieran gusanos en la coliflor, y no se sabe si fue por el efecto del café o del tabaco o de la palabra, pero se levantan todos y siguen su camino. Así hasta que se encuentran otra silla común y corriente y la historia se repite (*ibíd.*).

La novedad, la subversión, la locura y el hecho de no tener ganas de tomar el poder van de la mano, Marcos no desaprovecha ninguna ocasión para recalcarlo. En una entrevista con Marta Durán de Huerta que ha sido muy difundida, el Subcomandante comparó la insensatez de los zapatistas con la 'locura' de Don Quijote:

> Recuerdo la parte más llamativa del *Quijote*, cuando termina diciendo Alonso Quijano: "Estuve loco, ya estoy cuerdo", y cómo a pesar de eso el *Quijote* es recordado precisamente por sus locuras. La derrota de la locura, la imposibilidad de sensatez y la prudencia, es lo más doloroso de este libro. Pero a pesar de eso la gente siempre recuerda las acciones heroicas y locas del *Quijote* y no las partes en donde se vuelve a la vida normal, donde vuelve a entrar al aro. Esto siempre lo quisimos evitar: decir que estuvimos locos, que entrábamos al aro otra vez y que nos íbamos a poner cuerdos (en Durán de Huerta 1994: 21).

Pero lo inédito o lo subversivo son conceptos relativos, es decir, que hablar de novedad, locura o heterodoxia supone una perspectiva desde la cual estas características sean percibidas como tales[12]. En la literatura sobre el EZLN y en los propios comunicados de los zapatistas, al EZLN se lo compara ante todo con otros movimientos guerrilleros o se lo 'mide' frente a determinados rasgos de su principal oponente, la clase política mexicana. En tal comparación, es correcto realzar la heterodoxia. Cabe recordar, no obstante, que los guerrilleros han hecho su aparición en la sociedad mexicana y occidental contemporáneas y que apelan a las mentalidades prevalecientes en ellas. De ahí que también quepa medir la 'subversividad' de sus planteamientos y acciones en función de estas mentalidades. Entonces aparece una segunda cara –más cuerda– del EZLN de la que Marcos reniega al rechazar las comparaciones entre la figura de Alonso Quijano y los zapatistas. La cordura consiste en que, en consonancia con los sentimientos dominantes en la sociedad, el EZLN se ha plegado a la general repulsa de la violencia armada y a la opción mayoritariamente preferida por una solución negociada verbalmente. Luego, al abandonar el lenguaje de las izquierdas marxistas a favor de un discurso indigenista y antiglobalizador, ha sabido detectar los vacíos en el mercado discursivo y varios temas prometedores que son aceptables por igual para los públicos nacionales e internacionales. Los conceptos clave en su discurso –justicia, libertad y paz– y la peculiar forma en la que está asociado el tema de la identidad con el de la modernidad y la democracia están en la corriente. Al abordar el discurso zapatista desde este ángulo, la cara subversiva y heterodoxa que se le reconoce y que los zapatistas reivindican para sí mismos se desdobla en otra más acorde con el sentido práctico y la visión común dominantes. En el retrato global que resulta de estos rasgos, la 'locura' del Quijote y la 'sensatez' de Alonso Quijano van de

---

[12] Los conceptos de cordura y locura en el *Quijote* han sido estudiados con profusión (véase, por ejemplo, Riquer 1970). Aquí los uso tal como los emplea Marcos, como sinónimos de sensatez e insensatez respectivamente.

la mano. No es, por consiguiente, tanto la insensatez la que les ha granjeado simpatía y atención a los zapatistas sino la manera en la que combinan peculiar e inteligentemente esta 'locura' con la 'cordura'.

Tal conclusión está apoyada por una comparación entre la manera en la que muchos perciben al EZLN y la idea que esos mismos grupos de personas tienen de otro movimiento guerrillero mexicano contemporáneo, el Ejército Popular Revolucionario (EPR). El EPR surgió en la misma década que el EZLN pero con métodos más tradicionales y con un discurso cuya rigidez lo distingue del discurso zapatista. Es más intransigente, se ha negado a negociar con el Gobierno y proclama abiertamente que quiere tomar el poder (véase Bruhn 1999). Pese a que su designio –transformar a México en una verdadera democracia– coincide con el del EZLN, no ha suscitado ni una fracción de la simpatía o del interés que ha podido ganarse el EZLN, ni dentro ni tampoco fuera de México. Esta falta de atención se explica por el hecho de que el EPR no ha querido hacer concesiones a la 'cordura', habiéndose negado a adaptarse a las nuevas mentalidades que dominan en la sociedad mexicana y, más globalmente, en Occidente. Si es más ortodoxo frente a la tradición de las guerrillas, es mucho menos 'cuerdo' frente a las normas vigentes en esas sociedades.

Lo que aquí llamo la 'cordura' de los zapatistas ha sido caracterizado por varios observadores en distintas coyunturas de la lucha y, sobre todo, por los críticos del EZLN como un indicio de una política oportunista. Este estudio confirmará que la guerrilla le sigue a veces la corriente a los que en determinado momento le brindan el mayor apoyo o muestran por ella un interés especial. Cuando, ya en 1994, el público dio muestras de ser particularmente sensible al tema étnico, éste empezó a cobrar más importancia en el discurso zapatista. De la misma manera, conforme iba aumentando el interés de parte de los antiglobalistas por su causa, el EZLN empezó a emitir comunicados sobre el neoliberalismo y la globalización y a manejar a un público más internacional. Pero esta opción por la sensatez pareció tocar a su fin a finales de 2002. Entonces Marcos escribió una carta al rockero Ángel Luis Lara (comunicado del 12 de octubre de 2002) en la que descalificó al juez español Baltasar Garzón ridiculizándolo como "payaso grotesco" y hablando de sus actuaciones contra el ex dictador chileno en términos de un "cuento engañabobos de agarrar a Pinochet". Criticó igualmente el hecho de que Garzón hubiera ilegalizado a Batasuna, el partido político considerado el brazo derecho de ETA y condenó esta ilegalización como una "verdadera vocación fascista al negarle al pueblo vasco el derecho de luchar políticamente por una causa que es legítima". De este texto han desaparecido la prudencia, los matices y la burla de sí mismo que durante mucho tiempo habían caracterizado la prosa del Subcomandante. Asimismo, decayó la popularidad del EZLN y particularmente la de Marcos quien ya había empezado a marginarse y a perder la credibilidad que había tenido durante los primeros años de la rebelión. Carlos Monsiváis, que siempre había dado crédito a los zapatistas sin abandonar nunca su posición crítica, fue excepcionalmente duro entonces y dijo detectar un regreso a las "secciones mesiánicas" del primer manifiesto. Según Monsiváis, la carta era lamentable por "el lenguaje de la intolerancia, el chiste fácil y el engreimiento radical" (en *La Jornada*, 27 de noviembre de 2002).

Es difícil saber si esta evolución en el discurso de Marcos es un error de cálculo político o una opción consciente de su parte por dejar de ser cuerdo y prudente y por incrementar la dosis de heterodoxia frente a los valores defendibles en nuestras sociedades occidentales. Podría pensarse que el giro tiene que ver con los eventos del 11 de septiembre de 2002 que asentaron en cierto sentido el fin del 'fin de la historia' y volvieron a instaurar oposiciones que habían perdido algo de su nitidez anterior. Una serie de comunicados sobre la situación socioeconómica de México que Marcos publicó en *La Jornada* a principios de 2003 hace pensar que estamos efectivamente ante un cambio de orientación. En ellos describe en una lengua poco humorística o imaginativa la coyuntura en la que se encuentran los distintos estados mexicanos. Con todo, queda por ver si esta vuelta al registro inicial significa el cierre del 'círculo discursivo' del EZLN o si se trata de una fase más en su discurso.

2. El peso de las palabras

No mucho tiempo después de que se proclamara el alto el fuego, las interpretaciones acerca de los zapatistas se reorientaron aún de otra forma. Numerosos analistas del EZLN dejaron entonces de dedicar su atención única o, incluso, principalmente a la guerra o a las realidades sociales que dieron nacimiento a la insurrección y empezaron a interesarse por el discurso de la guerrilla y por las maneras en las que ésta divulgaba sus puntos de vista y se ponía en escena. Este cambio de enfoque en las miradas sobre el EZLN fue criticado acerbadamente por varios observadores. En un trabajo muy detractor acerca del EZLN, Marco Levario Turcott dijo que los indígenas desplazados por las hostilidades no eran noticia y criticó duramente esta relegación de la cuestión indígena: "Pero ellos [los refugiados indígenas] no eran noticia, sólo el saldo escondido en medio del espectáculo provocado por los zapatistas, la prensa y el olvido o la indolencia gubernamental. En el templete estaban la máscara y la pipa, el fusil de palo o de verdad, el lenguaje del pragmatismo y la arenga religiosa" (1999: 72). El antropólogo mexicanista Daniel Nugent compartía en cierta medida este punto de vista. Su crítica es digna de atención entre otros motivos porque la publicó un foro internacional importante, la *Monthly Review* (1995), bajo forma de una réplica a un texto de Roger Burbach, otro estudioso de América Latina, texto que había aparecido anteriormente (1994) en la *New Left Review*. En su reacción, Nugent sugirió que los analistas empezaron a tratar los aspectos más secundarios de la guerrilla –como sus medios de comunicación–, para consolidar su propia posición como periodistas o investigadores. A su modo de ver, esta actitud resultaba en una disminución del interés por los problemas de fondo: "It is more a way of allowing some intellectuals to appropriate these events, to situate these complex historical developments on their own (intellectual) terrain, to assimilate them to a discours that permits computer-literate academics to feel good about themselves" (1995: 129). Dentro de este marco, Nugent criticó a Burbach principalmente porque usaba el concepto de posmodernismo en sus reflexiones sobre el EZLN, por cuanto el posmodernismo no tiene nada que ver con la realidad zapatista y las referencias a él se explican meramente por las modas vigentes en las academias occidentales.

Hasta cierto punto Nugent tenía razón y, sobre todo, su crítica del uso del marco posmoderno me parece pertinente en la medida en que muchos investigadores y comentaristas ubican al EZLN de manera irreflexiva en el ámbito del posmodernismo. Sin embargo, no coincido con Nugent cuando afirma que este centrarse en el discurso o en la comunicación de los guerrilleros refleja únicamente intereses ligados a carreras periodísticas o académicas, ya que la manera de informar sobre Chiapas también se vio influenciada por otros factores entre los cuales el más evidente es la evolución en la propia coyuntura de la guerra. El alto el fuego y el comienzo de las negociaciones explicaron que la 'guerra de verdad' y las circunstancias que la originaron perdieran mucha visibilidad y que se incrementara simultáneamente la atención hacia la 'guerra de palabras' y el 'teatro de guerra'. Es decir, que la palabra y las formas de comunicar desempeñaron un papel cada vez más visible en este conflicto que acabó por ser calificado por algunos como 'una guerra de papel'. La lucha armada también se iba desplazando gradualmente a favor de una lucha política, una evolución que resultó el primero de enero de 1996 en la creación del Frente Zapatista de Liberación Nacional (FZLN), una fuerza política que hizo que la lucha zapatista entrara en una nueva etapa y que la comandancia dijera: "el EZLN no desaparece, pero su esfuerzo más importante irá por la lucha política" (comunicado del primero de enero de 1996, en *EZLN3*: 88). Son estas evoluciones, entre otros factores, las que se ven amplificadas en los textos dedicados al EZLN.

La razón por la cual Nugent considera que la atención hacia los aspectos discursivos y mediáticos del EZLN es inoportuna y que le falta pertinencia estriba en última instancia en su premisa, la idea de que el control de los medios de producción es independiente del control de los medios de comunicación o del uso que se hace de ellos:

> Focusing on, even celebrating, the EZLN's use of modems, fax machines, and e-mail suggests that their most distinctive feature as a political movement is to have shifted the object of struggle from control of the means of production to control of the means of communication; revolutionary ideals are to be advanced by the free exchange of rebel-friendly software and communications packages (1995: 129).

En su artículo, Nugent parece partir, en efecto, de la premisa de que no existe una relación causal significativa entre los medios de producción y los medios de comunicación. Sin embargo, en nuestra era de la informática y de la información, la reproducción de las estructuras de la injusticia depende en una medida no despreciable de la acumulación de fuerzas y estrategias mediáticas que permiten que dichas estructuras se reproduzcan. De ahí deriva que el análisis de los canales y estilos empleados para difundir las ideas del EZLN, lejos de carecer de interés, es un objeto de estudio válido.

Cuánto importa la forma en la que los zapatistas y los zapatizantes comunican, lo demuestra una investigación realizada por cuatro estudiosos del Rand Arroyo Center y destinada al ejército estadounidense, titulada *The Zapatista Social Netwar in Mexico* (Ronfeldt *et al.* 1998). En ella los autores demuestran a partir del caso zapatista cómo está surgiendo una nueva manera de hacer la guerra. Ubican al EZLN en el contexto de las nuevas sociedades fuertemente marcadas por la revolución en materia de información, revolución que sería favorable al surgimiento de grupos organizados bajo forma de redes que cuestionan las formas jerárquicas tradicionales y que contribuyen a que el poder vaya concentrándose poco a poco en manos de actores no estatales[13]. En opinión de los investigadores del Rand, en la medida en que la sociedad de la información se vaya arraigando y que tales grupos florezcan, los conflictos dependerán de un modo creciente de la

[13] Los propios textos zapatistas difunden esta idea. La "Segunda Declaración de La Realidad por la Humanidad y contra el Neoliberalismo" de agosto de 1996 insiste en la imagen de una red: "Esta red intercontinental de comunicación alternativa no es una estructura organizativa, no tiene centro rector ni decisorio, no tiene mando central ni jerarquías. La red somos todos los que nos buscamos y escuchamos" (en *EZLN3*: 350).

manera de comunicar y del saber, lo cual conllevará el surgimiento de nuevas formas de hacer la guerra y estimulará en particular la llamada *social netwar* calificada de la manera siguiente en el estudio:

> social netwar aims to shape beliefs and attitudes in the surrounding social milieu. A social netwar is likely to involve battles for public opinion and for media access and coverage, at local through global levels. It is also likely to revolve around propaganda campaigns, psychological warfare, and strategic public diplomacy, not just to educate and inform, but to deceive and desinform as well. [...] In other words, social netwar is more about a doctrinal leader like Subcomandante Marcos than about a lone, wild computer hacker like Kevin Mitnick (*ibíd.*: 21-22).

El estudio del Rand comparte con otros trabajos sobre el EZLN la idea de que los zapatistas comenzaron siendo una guerrilla tradicional pero que, en el lapso de unos días, acabaron por convertirse en los protagonistas de una guerra social de redes con una agenda más reformista que revolucionaria en la que el uso de la palabra y su difusión fue cobrando una importancia cada vez mayor. En un artículo de opinión publicado en *La Jornada*, Marcos Roitman Rosenmann escribió: "cualquier comunicado, carta o declaración cobra importancia enorme. Cada frase es analizada con microscopio, ya no con digamos con lupa, siendo diseccionada minuciosamente" (27 de noviembre de 2002). De esta manera, después de que México hubiera dado el prototipo de una revolución social al principio del siglo XX, habría vuelto al final del siglo a ser el escenario de otro caso seminal, esta vez de una 'revolución' social de redes en la era de la información. Esta idea acerca de la importancia de la comunicación entre sus demás modos de operar es compartida por los propios guerrilleros, quienes insisten en la función primordial de la palabra en su lucha: "A la palabra, y no a las armas de los zapatistas, es a lo que le teme el gobierno" escribe Marcos (comunicado del 11 de mayo de 1995, en *EZLN2*: 336), quien incluso se refiere a la lucha zapatista en términos de "la fiesta de la palabra" (comunicado del 22 de diciembre de 1995, en *EZLN3*: 63 y comunicado del 3 de enero de 1996 en *ibíd.*: 93) en clara referencia y oposición a la "fiesta de las balas" en *El águila y la serpiente*, novela de Martín Luis Guzmán sobre la Revolución Mexicana. La insistencia en el uso de la palabra en detrimento del empleo de las armas permite al EZLN, cuando le conviene, perfilarse como un movimiento pacífico y hacer olvidar que sigue siendo, a pesar de todo, una guerrilla armada.

El papel de cuidar la palabra y de modelar mediante ella la imagen del EZLN le viene al dedillo al Subcomandante Marcos, quien tiene una conciencia aguda del impacto de sus comunicados y ha confesado que esta conciencia le ha provocado no pocas angustias a la hora de redactarlos. La siguiente cita de un texto del 30 de junio de 1994, titulado "Proposition de préface à l'édition des communiqués de l'EZLN" y que sólo he podido encontrar en su versión francesa en el volumen *Ya Basta. Les insurgés zapatistes racontent un an de révoltes au Chiapas* (Sous-commandant Marcos *et al.* 1994), atestigua cómo la búsqueda de la palabra justa corresponde a un laborioso proceso de redacción que le causa verdaderos quebraderos de cabeza:

> C'est l'angoisse, l'incertitude qui, sous la forme d'une foule de questions, nous prenaient à chaque fois que les émissaires nous faisaient leurs adieux, emportant avec eux un ou plusieurs communiqués. Des questions et encore des questions qui s'acharnaient à hanter nos nuits, à nous accompagner dans nos tournées de contrôle des piquets, à s'asseoir avec nous sur un tronc d'arbre abattu à regarder le repas dans notre assiette, et forçaient notre main à repousser la nourriture et nos pieds à aller de long en large: 'Etaient-ce bien les meilleures paroles pour dire ce que nous voulions dire? – Etaient-elles opportunes? – Etaient-elles compréhensibles?' Jamais un communiqué ne nous a satisfaits au moment de l'envoyer (1994: 16-7).

Se comprende mejor que el portavoz de una guerrilla pueda tener una conciencia tan aguda del poder de las palabras cuando se sabe que, al final de sus estudios universitarios en la UNAM en 1980, Marcos presentó una tesina de licenciatura sobre las prácticas ideológicas en los manuales empleados en las escuelas primarias y que en ella buena parte de sus herramientas teóricas así como su epígrafe vienen de Michel Foucault (véase Gilly 1997).

Además, llaman la atención las afinidades considerables entre las estrategias del EZLN y las recomendaciones de Antonio Gramsci. Es legítimo pensar que estas afinidades se explican igualmente por la presencia de Marcos en sus filas. Sobre la manera en la que los zapatistas ponen en práctica los preceptos de Gramsci relativos a la 'guerra de posiciones', puede consultarse el ya mencionado artículo de Kathleen Bruhn (1999). Bruhn recuerda que Gramsci consideraba la lengua como un instrumento que puede dar fuerza al sentido común en una sociedad dada o, al revés, crear nuevos valores. Ahora bien, entre las estrategias de los zapatistas, el uso creativo de la lengua ocupa un lugar especial. Asimismo, los esfuerzos desplegados por los guerrilleros por ensanchar su auditorio externo atestiguan que comparten con Gramsci la fe de poder acabar con la 'hegemonía' de las clases dominantes al transformar mediante la lengua el sentido común que la sustenta. También el papel fundamental que los zapatistas le dan a la sociedad civil así como el modo en el que la oponen al Estado hacen pensar en Gramsci. Lo más probable es que Marcos haya leído a Gramsci ya que –como consta entre otros estudios en los de Aricó (1988) y Castañeda (1994: 199)– las ideas del filósofo italiano conocieron una difusión enorme en América Latina cuando el Subcomandante se movía en los medios universitarios del Distrito Federal. Especialmente en México, algunos conceptos gramscianos como el de la hegemonía o la sociedad civil empezaron entonces a ser referencias obligatorias para hablar de la nación mexicana y de su historia (Aricó *ibíd.*: 103)[14].

La importancia que tienen las palabras en el conflicto de Chiapas ha generado una cadena de causas y efectos. Por un lado, la existencia del EZLN ha llegado a relacionarse con la publicación de sus textos. "En tanto escriben, son, existen", dicen los editores de una colección de cuentos zapatistas publicados en España (en Huffschmid 2001: 133). Además, en la medida en que el discurso zapatista ha podido mantener vivo el interés de la comunidad intelectual internacional hacia Chiapas, ha contribuido a la protección del EZLN porque, como han señalado Noam Chomsky y otros, este interés ha garantizado a los zapatistas una protección contra la destrucción militar (Chomsky 1999). También es plausible razonar que, por su parte, esta atención ha contribuido a que el EZLN no haya abandonado la preeminencia de la acción verbal sobre los enfrentamientos físicos. Finalmente, podría sugerirse, al revés, que esta atención explica que el EZLN sigue existiendo como movimiento armado en la clandestinidad y que no ha sentido la urgencia de integrarse en la vida política del país. En este último caso, el interés suscitado por esta guerrilla 'pacífica' en cierto sentido habría llevado a que se haya retrasado el proceso de paz o, por lo menos, de desarme.

3. "A war of ink, on the Internet"

En abril de 1995, el entonces secretario mexicano de asuntos exteriores, José Ángel Gurría pronunció ante un grupo de hombres de negocios la siguiente frase que no iba a tardar a circular ampliamente y que debía tranquilizar a la comunidad financiera internacional respecto a la situación eco-

[14] "Sus grandes conceptos y preocupaciones (sociedad civil, sociedad política, hegemonía, bloque histórico, reforma moral e intelectual de la sociedad, el príncipe moderno, el mito popular de inspiración maquiaveliana, etc.) fueron convirtiéndose en referentes teóricos indispensables en el estudio de la nación mexicana y de su historia" (Aricó *ibíd.*: 103).

nómica y política de México: "Chiapas [...] is a place where there has not been a shot fired in the last fifteen months [...] The shots lasted ten days, and ever since the war has been a war of ink, of written word, a war on the Internet" (citado en *Reforma*, 26 de abril de 1995). En este pasaje, Gurría conecta la importancia de las palabras en la guerra zapatista con otro tema relacionado, el de sus soportes o canales de comunicación, que pueden ser materiales como es el caso de la red Internet o asociaciones de personas, como las ONGs. En este apartado pasaré someramente revista a los soportes de los comunicados del EZLN porque han desempeñado un papel de relieve en la difusión del ideario zapatista y de los relatos de Marcos. Además, puede pensarse que han influido en el propio discurso, tanto en su contenido y su forma como en el hecho de que los comunicados han continuado produciéndose durante muchos años seguidos hasta llegar a constituir un conjunto del tamaño de varios miles de páginas.

La guerra de redes descrita por Ronfeldt *et al.* se sirve entre otros soportes de un canal de comunicación que tiene la misma forma descentralizada, desjerarquizada y desterritorializada que una red, Internet. Si hay un elemento que es decididamente 'inédito' en la guerrilla zapatista es el modo de circulación electrónica de su programa, sus textos y sus ideas. Era algo nunca visto que las demandas de un movimiento armado y clandestino fueran accesibles en un tiempo récord a una escala tan masiva por los medios de comunicación electrónicos[15]. Esto garantizó un impacto internacional excepcional a los zapatistas (véanse Martínez Torres 1997; Cleaver 1998; Johnston y Laxer 2003). Sobre todo durante los dos años iniciales de la lucha se crearon decenas de páginas web sobre el EZLN, principalmente a su favor, aunque también hubo algunas en su contra[16], y hasta finales del siglo XX la actividad prozapatista en la web no cesó del todo (Ronfeldt *et al.* 1998: 85)[17].

Se ha llegado a decir que el Subcomandante Marcos se dedica a difundir en persona los mensajes zapatistas por medio de la Red, con lo cual empezó a circular el mito de un guerrillero constantemente conectado a Internet y navegando en permanencia por la Red. El propio Marcos ha desmentido esta hipótesis, alegando que la falta de electricidad y las condiciones de la

[15] Para una descripción de las fuentes sobre el EZLN en Internet, véase <http://www.eco.utexas.edu/faculty/Cleaver/zapsincyber.html>.

[16] La periodista e investigadora alemana Anne Huffschmid (2002: 83) reseña un total de 89 sitios web en 21 países distintos.

[17] La principal página dedicada al EZLN –¡Ya Basta!– , por ejemplo, estuvo durante mucho tiempo entre las más visitadas a partir del motor de búsqueda Yahoo.

jungla y de la guerra no permitirían que fuera así (en Ramonet 2001b: 39). Los especialistas en las ciencias de la comunicación que han dedicado atención a la manera en la que los mensajes de Marcos llegaron a circular y estar disponibles en la Red, confirman la versión del Subcomandante. En un amplio estudio dedicado a la comunicación de los zapatistas, Arnout Ponsioen (s.d.) desmiente la versión popular de un Subcomandante con un ordenador portátil quien, usando la electricidad del encendedor de su *pick-up*, entraría en Internet a partir de la dirección lacandon@aol.com.1. Ponsioen afirma, por el contrario, que Internet como soporte del discurso zapatista es la fase final de la comunicación, y no la inicial. Ésta es también la conclusión a la que llegaron los investigadores del Rand Arroyo Center, quienes ponen de relieve la creciente actividad de las ONGs en la información sobre Chiapas. Es debido al activismo transnacional de estas ONGs y no a la naturaleza de la insurgencia en sí, que se han transformado los soportes de los textos zapatistas y que han llegado a ser tan importantes los medios electrónicos en la lucha (Ronfeldt *et al.* 1998: 23; Cleaver 1998). Asimismo, Ronfeldt *et al.* señalan que es probable que la *social netwar* mediante la Red haya tenido el efecto político importante de sentar a Salinas y después a Zedillo en la mesa de la negociación: "In both instances, the transnational activist netwar –particularly the information operations stemming from it– was a key contributing factor. It lay behind many of the other explanations, including arousing media attention and alarming foreign investors. This activism was made possible by networking capabilities that had emerged only recently as a result of the information revolution. In this conflict, 'global civil society' proved itself for the first time as a key new actor in relations between states and vis-à-vis other non-state actors. The NGOs were able to accomplish this because of their informations operations. Mexican officials admit that they were overwhelmed by the 'information war' in the early days of the conflict" (Ronfeldt *et al.* 1998: 63).

De especial interés ha sido un sitio web creado por un estudiante de Letras de Pennsylvania, Justin Paulson. Paulson creó en marzo de 1994 una página que daba acceso directo a los textos del EZLN y que a menudo iba a considerarse como la página web oficial del EZLN. De hecho, no lo era pero la página tal como se puede consultar hoy en día, www.ezln.org, ha recibido su nombre con el consentimiento del EZLN. Recoge sus comunicados, traducciones al inglés, francés, italiano y portugués, entre otros, y una cantidad de enlaces a otras páginas de los comités de solidaridad con los zapatistas. Según Harry Cleaver, la proliferación del empleo de Internet en el caso de Chiapas hizo que los zapatistas adaptaran su política a este fenómeno inesperado (1998: 629).

Antes de que sus ideas hubieran empezado a circular por los medios electrónicos, los zapatistas habían recurrido a otros soportes para darse a conocer, tanto a medios de comunicación más tradicionales como la prensa y la radio como al menos tradicional vídeo. Desde el inicio de su lucha dirigieron sus textos –comunicados y cartas de presentación– a algunas revistas y periódicos seleccionados por ellos: dos periódicos mexicanos de circulación nacional, *La Jornada* y *El Financiero*, el periódico regional chiapaneco *Tiempo* y el semanario *Proceso*. Hasta el momento de finalizar la redacción del presente trabajo (principios de 2004), *La Jornada* ha continuado publicando de manera sistemática los comunicados zapatistas, una práctica que ha llegado a formar parte integral de su estrategia editorial y que ha sido tanto más importante para la difusión de los comunicados cuanto que el periódico tiene una edición electrónica gratuita en la Red[18]. Según Marcos, no siempre era fácil hacer que llegaran sus comunicados a su destino. Dijo: "para llegar a ustedes, el paquete de documentos debe recorrer días de camino por caminos reales, brechas y picadas y atravesar sierras y valles, brincar tanques de guerra, vehículos militares y miles de uniformes verde olivo y, en fin, todo ese arsenal de guerra con el que pretenden intimidarnos" (comunicado del 13 de enero de 1994, en *EZLN1*: 70). Pero la máquina de la exclusión también funcionó en la otra dirección ya que el EZLN ejerció por su parte un veto contra diversos canales de información. Víctor de la Grange y Maite Rico (1998), Mario Vargas Llosa (1996) y Marco Levario Turcott (1999: 69), entre otros, han criticado la censura practicada por el EZLN que excluyó sobre todo a los medios de comunicación asociados con la posición gubernamental como las compañías Televisa y Televisión Azteca[19].

Después de las primeras publicaciones hemerográficas, empezaron a salir a la venta distintos volúmenes con diversas selecciones de los comunicados y las cartas de los zapatistas. Entre las compilaciones más completas están las publicadas por la editorial Era en una serie de cuatro tomos a los que me refiero en el presente estudio y que incluyen los comunicados hasta el 2 de diciembre de 2000 (*EZLN1* publicado en 1994, *EZLN2* en 1995, *EZLN3* en 1997 y *EZLN4* en 2003). Los comunicados posteriores, publicados desde finales de

---

[18] En su estudio sobre la relación entre el EZLN y la prensa mexicana (1999), Levario Turcott considera que la prensa ha sido determinante en la configuración del conflicto y que simultáneamente éste ha provocado cambios profundos en la prensa mexicana que se habría independizado del poder oficial a raíz de la rebelión del EZLN.

[19] Otros, al revés, han apreciado esta estrategia del EZLN por la importancia que ha tenido en la sensibilización pública en torno a la democratización de los medios de información (véase Karam 2000).

2000 hasta el 2 de abril de 2001, fueron recogidos en un volumen editado por Causa Ciudadana/Rizoma en 2001 (EZLN 2001). Además, una selección de los textos emitidos entre abril de 1996 y diciembre de 1999 fue publicada en dos tomos editados por Plaza y Janés en 2000, *Desde las montañas del sureste mexicano* y *Detrás de nosotros estamos ustedes*, ambos bajo la autoría de Marcos. Aparte de éstas, se han editado otras compilaciones en diversos países como Estados Unidos, España e Italia donde existe mucho interés por el EZLN. Si bien dichas compilaciones son parciales, han ayudado a difundir a gran escala los comunicados más importantes o llamativos.

Aún existen otras maneras mediante las cuales las ideas zapatistas se han difundido ampliamente. Entre ellas, las consultas, las marchas y las reuniones públicas organizadas por los guerrilleros en la selva o por sus simpatizantes fuera de ella, han desempeñado un papel nada despreciable. A veces una reunión se estaba cerrando cuando ya se empezaron los preparativos de otra. Marcos dijo en 1996: "declaro formalmente el final de esta reunión preparatoria, la continuación de la búsqueda de América y el comienzo de los preparativos para el Encuentro Intercontinental por la Humanidad y contra el Neoliberalismo" (comunicado del 7 de abril de 1996, en *EZLN3*: 225). La Consulta del pueblo sobre el rumbo político que el EZLN debía tomar (el 27 de agosto de 1995), la fundación del Congreso Nacional Indígena y la alocución célebre de la Comandante Ramona en el Zócalo de la Ciudad de México (el 12 de octubre de 1995), la marcha de 1.111 zapatistas hacia la capital (del 11 al 13 de septiembre de 1997) y la marcha más reciente, la "Marcha de la dignidad indígena" de febrero y marzo de 2001, también conocida como el "Zapatour", hicieron posible que un auditorio numéricamente importante escuchara y viera a los zapatistas. Durante la Convención Nacional Democrática en agosto de 1994 y el Encuentro Intergaláctico contra el Neoliberalismo y por la Humanidad en julio y agosto de 1996, entre otros, los zapatistas han logrado movilizar a miles de personas y atraer a la selva a personalidades de diferentes nacionalidades y de ámbitos tan diversos como la política, la literatura y el cine. Entre sus visitantes más ilustres figuran Carlos Monsiváis, Elena Poniatowska, Danielle Mitterrand, Oliver Stone, Régis Debray, José Saramago y Ofelia Medina. Como otros zapatizantes, ellos dieron una resonancia peculiar al ideario zapatista, especialmente en los países de donde son originarios. Pero los guerrilleros zapatistas también han logrado hacerse escuchar en grandes movilizaciones fuera de México. El 15 de febrero de 2003, en el momento crítico de las negociaciones en torno a una posible guerra contra Irak, un mensaje de la Comandancia General del EZLN fue leído en una manifestación de masas en Roma por la madre de Carlo Giuliani, el activista antiglobalista asesinado en Génova en julio de 2001 (*La Jornada*, 17 de febrero de 2003).

Un último soporte del discurso zapatista del que aquí quisiera dejar constancia son los vídeos que se han realizado sobre el EZLN o que el propio EZLN ha difundido. Que yo sepa no existen análisis profundizados de estos documentos visuales que tampoco son el objeto de estudio del presente trabajo. Sin embargo, su importancia como canal de difusión del ideario zapatista y de la realidad en Chiapas no puede subestimarse. Un poco en la misma línea, puede pensarse en la música que, de una manera especialmente literal, 'da voz' al ideario de los zapatistas. Un estudio de Cathérine Héau-Lambert y Gilberto Giménez (1997) ha demostrado que en México el mensaje del EZLN se ha recogido en cantidad de corridos nuevos. Además, en el extranjero varios cantautores se han encargado de difundirlo. Por sólo dar dos ejemplos, la voz de Marcos se escucha en el disco *Clandestino* de Manu Chao que está dedicado al EZLN y el Subcomandante tiene una canción con Joaquín Sabina titulada "Como un dolor de muelas".

4. El diálogo y sus límites

En comparación con otros aspectos del EZLN, las características formales de sus comunicados han llamado poco la atención de los estudiosos[20]. Sin embargo, su originalidad y el hecho de que los zapatistas les concedan una importancia singular hacen que merezca la pena detenerse en ellos. Algunas excepciones aparte, los comunicados son redactados por el Comité Clandestino Revolucionario Indígena, Comandancia General (CCRI-CG) o por el Subcomandante Insurgente Marcos. Son concebidos como cartas y, a veces, cuando son redactados por el CCRI-CG, introducidos por otra carta de acompañamiento, firmada por el Subcomandante Marcos. Incluyen numerosos aspectos inherentes al género epistolar. Tienen un destinatario, usualmente "hermanos" en los comunicados redactados por la Comandancia Indígena, a menudo "señores" cuando el redactor es Marcos. Las cartas son dirigidas principalmente al pueblo de México pero también y en forma creciente a otras instancias más específicas, nacionales o extranjeras, o a personas privadas. Las cartas de Marcos que acompañan a los comunicados propiamente dichos comienzan usualmente con una frase que se refiere explícitamente al género epistolar: "Señores, va otra carta de agradecimiento" (comunicado del 17 de marzo de 1995, en *EZLN2*: 278) y suelen termi-

[20] Una excepción constituye un interesante trabajo de Caren Irr (2003) acerca de los derechos de propiedad intelectual de los comunicados.

nar con una fórmula de despedida que comienza con: "Vale. Salud y...". Lo que sigue a veces pertenece al registro lírico o cursi como "Salud, y si los ojos brillan, ¿qué importa que la noche nos ahogue?" (comunicado del 30 de junio de 1995, en *EZLN2*: 403). A veces la despedida se redacta en un tono humorístico como en "Salud y un salvavidas (para las vacaciones y para la crisis)" (comunicado del 4 de abril de 1995, en *EZLN2*: 298). La mayor parte de los comunicados está fechada y enviada "Desde las montañas del Sureste mexicano" o, más brevemente, "Desde el Sureste mexicano". Muchos llevan posdatas. Sobre todo en éstas los distintos géneros discursivos –cuentos y poemas, alegorías, reportajes de guerra y demandas y análisis políticos– están imbricados unos en otros de un modo complejo, de manera que Juan Pellicer las ha comparado con los grandes retablos barrocos que proyectan el discurso religioso de la época colonial (1996: 200). Tal disposición compleja y plurigenérica contribuye a la creación de un efecto de sentido múltiple y descentralizado en los textos.

Si la inclusión de una posdata en una correspondencia guerrillera ya de por sí llama la atención, el hecho de que Marcos incluya varias de ellas en una sola carta es definitivamente sorprendente. El 'género' de la posdata, en efecto, no suele asociarse con un género 'serio' como el panfleto político o el comunicado de una guerrilla y más bien hace pensar en los tipos de correspondencia informal. La inclusión de las posdatas hace que las cartas de Marcos se vayan construyendo mediante excrecencias y prolongaciones que aun aumentan el efecto de multiplicación y dispersión. En una ocasión, una carta (comunicado del 11 de marzo de 1995, en *EZLN2*: 256) lleva hasta ocho posdatas que se construyen como cajas chinas, una posdata sirviendo de marco a un cuento en el cual se intercala un soneto seguido a su vez por otra posdata, etc. Las convenciones genéricas se subvierten también mediante la inversión de la jerarquía tradicional entre carta y posdata porque en muchos casos las posdatas son más largas que las cartas y éstas se convierten en meras introducciones a aquéllas. Otra desviación frente a las convenciones del género epistolar es que las posdatas vienen casi siempre personificadas. Marcos obtiene este efecto al convertir la posdata en el sujeto sintáctico de un verbo que suele utilizarse con un sujeto persona. "PD que pregunta por mera curiosidad" (*ibíd.*) o "PD que vuelve a blindarse el corazón para contar lo que sigue" (*ibíd.*). La acumulación de procedimientos inhabituales ilustra que a Marcos le divierte trastocar las categorías preestablecidas[21].

---

[21] Rincón relaciona la desaparición de los géneros tradicionales con la mezcla de niveles culturales en América Latina (1995: 236). También es posible relacionar este

Pero también, al enviar los comunicados como cartas o al acompañarlos de cartas, Marcos y los zapatistas pretenden dar forma a uno de los objetivos básicos de su lucha, que consiste en estimular un diálogo que englobe al mayor número de personas. El movimiento zapatista quiere incluir, en efecto, a todos los mexicanos en las discusiones en torno al futuro de su país: "sin importar su filiación política, credo religioso, raza o color" (en *El Despertador Mexicano* n° 1, diciembre de 1993, en *EZLN1*: 36 *et passim*). Es un objetivo que se recuerda reiteradamente en el curso de los años. En un comunicado del 20 de octubre de 1995, el Comité Indígena escribe: "Hemos ratificado en los hechos nuestra postura: no pedimos que se excluya a nadie, queremos que se incluya a los siempre excluidos, a los siempre sin voz" (en *EZLN3*: 46). Un comunicado del 18 de marzo de 1996 repite el mensaje: "los zapatistas hemos conseguido un diálogo abierto, participativo, tolerante e incluyente" (en *EZLN3*: 194). El deseo de los guerrilleros de convertirse en un acicate para el diálogo y un puente entre diversos grupos de mexicanos acaba por determinar, pues, su forma de comunicar. Simultáneamente el género epistolar realza uno de los rasgos que dominan en el autorretrato de la guerrilla: su gran apertura y su disposición para escuchar opiniones ajenas. Quien manda una carta a un destinatario, en efecto, normalmente espera una reacción. Aunque la posibilidad de que se reciba una respuesta a veces sea pequeña, el redactor de la carta nunca tiene la garantía de poder decir la última palabra. También es inherente al género el que el lector se sienta directamente abordado. De esta manera aumenta su implicación.

La carta o el diálogo epistolar, además de proporcionar las características formales de los comunicados, se ha convertido en un tema recurrente en ellos. Aparte de que las cartas de Marcos suelen comenzar por presentarse explícitamente como tales, la tematización aún se efectúa bajo otras formas. Un comunicado que incluye siete cartas lleva un epígrafe del poeta español Miguel Hernández sobre cartas (comunicado del 23 de septiembre de 1999, en Subcomandante Marcos 2000b: 175):

El palomar de las cartas
abre su imposible vuelo
desde las trémulas mesas

procedimiento de derrumbar las fronteras genéricas con una tendencia actual en las letras hispanoamericanas que se reproduce igualmente en la literatura chiapaneca. Según Caldwell, en el caso de muchas novelas chiapanecas contemporáneas los géneros del ensayo y de la ficción se cruzan, lo que resulta en un discurso ensayístico cuyo mensaje social penetra en la superficie ficticia de la novela (1999: 216).

donde se apoya el recuerdo,
la gravedad de la ausencia,
el corazón, el silencio.

Otro comunicado abre con otro epígrafe de Hernández sobre el mismo tema al que le sigue la siguiente cita de Jaime Gil de Biedma: "Tardan las cartas y son poco para decir lo que uno quiere" (comunicado del 8 de marzo de 2000, en *EZLN4*: 417). En la guerrilla zapatista las cartas se multiplican de tal forma que el Subcomandante Marcos llega a comparar con una central de correos la ceiba en la que dice estar sentado la mayoría del tiempo (*ibíd.*). A pesar de la cantidad de cartas que llegan, aún a finales de 1994, desde la clandestinidad, Marcos se proponía contestarlas todas: "Siempre me hice el propósito de responder todas y cada una de las cartas que nos llegaron. Me parecía, y me sigue pareciendo, que era lo menos que podía hacer para corresponder a tanta gente que se tomó la molestia de escribir unas cuantas líneas y se arriesgó a poner su nombre y su dirección esperando respuesta" (comunicado de diciembre de 1994, en *EZLN2*: 153). La tematización del diálogo epistolar constituye un elemento metatextual llamativo en los comunicados y da una visibilidad particular al aspecto de intercambio de ideas, aspecto que aún se vuelve más visible porque los relatos que se incluyen en las cartas están llenos de diálogos, como constará en el capítulo siguiente.

Los comunicados dan a entender que la disposición dialógica de los guerrilleros ha provocado que muchos interlocutores les han enviado cartas. Tres grupos específicos adquieren un protagonismo especial en el diálogo epistolar de los zapatistas. El primero está constituido por niños que les envían cartas y dibujos a la Selva Lacandona. Por lo demás, varios comunicados están dirigidos a niños. Las mujeres constituyen un segundo grupo de interlocutores particularmente involucrado, sobre todo con respecto a Marcos. El aura que rodea al Subcomandante así como su físico y su estilo le hacen atractivo y explican que su relación con las mujeres haya adquirido muchas veces un toque erótico (Gómez-Peña 1995: 92; Bruhn 1999; De la Grange y Rico 1998: 213). Finalmente, el Subcomandante intercambia cartas con integrantes de la comunidad intelectual. Ha dialogado, entre muchos otros, con Carlos Monsiváis (septiembre-noviembre de 1995, entre otros), Emilio Krieger (octubre de 1996), Pablo González Casanova (febrero de 2000), Carlos Fuentes (junio de 1994), Juan Gelman (1996), Manuel Vázquez Montalbán (1997; 1999) y Gabriel García Márquez (2001).

Ocasionalmente, el EZLN ha hecho su autocrítica al admitir que su disposición al diálogo a veces ha sido involuntariamente limitada: "De nosotros, los zapatistas, ha salido el viento involuntario que refleja espontáneamente la escalera del privilegio de la interlocución. Aquellos que pelean por que la palabra sea de todos, nosotros, no hablan con todos. Con unos hablan, con otros no" (comunicado del 7 de abril de 1996, en *EZLN3*: 222). Pero esta autocrítica tiene poca visibilidad frente al arsenal de recursos empleados por la guerrilla para insistir en su apertura. La forma de los comunicados, la tematización en ellos del diálogo y del género epistolar, el que las cartas sean publicadas en la prensa, por lo cual algunas aparecen desprendidas de su aparente afán de privacidad[22], las referencias a las reacciones de diversos interlocutores, constituyen un conjunto de recursos con los que el EZLN quiere patentizar su disposición a dialogar y hacer creer que quienes se asocien con su movimiento entran en un mundo donde reina la circulación ilimitada y la libertad completa de la palabra. Simultáneamente dichos recursos contribuyen a desviar la atención de los silencios, los tabúes o las represiones que constituyen otra faceta del discurso zapatista. Diversos trabajos (entre los cuales el de Maite Rico y Bertrand de la Grange ha sido particularmente divulgado) insisten en estas represiones, pero el carácter tendencioso de muchas de estas publicaciones hace que debamos leerlas con cautela. Menos sospechosos son los comentarios del ya citado Jan De Vos quien dedicó una parte del último volumen de su trilogía chiapaneca a los rebeldes zapatistas (2002). De Vos, a quien difícilmente se puede tildar de parcial en dicho estudio, parte de la observación de que el EZLN es una estructura militar, advierte que lo más lógico es que en él rija una disciplina estricta y demuestra que esta disciplina también atañe a lo que sus integrantes están autorizados a decir o a escribir, por lo que la palabra pública de los zapatistas es sometida a un control severo (*ibíd.*: 333).

Con el primer indicio de este control se topan los lectores de los comunicados publicados bajo forma de libros. Vistas las reediciones de dichos volúmenes y visto que son más fáciles de consultar que las fuentes hemerográficas, no se puede subestimar el número de sus lectores y, por lo mismo, su impacto. En los libros en cuestión sólo se recoge la palabra zapatista, nunca la carta que dio lugar a ella ni la que la contestó. Se trata, pues, de un diálogo a una sola voz. Por supuesto, es posible que tal presentación de las cosas se haya decidido a nivel editorial. No obstante, que yo sepa, no ha habido críticas o reparos de parte de los zapatistas sobre la forma en la que se publi-

[22] Son publicadas en la prensa las cartas encabezadas con los calificativos "confidencial y secreto", como es el caso de unas letras dirigidas a Esteban Moctezuma Barragán (comunicado del 2 de febrero de 1995, en *EZLN2*: 210) o una respuesta a una carta confidencial suya (comunicado del 3 de abril de 1995, en *EZLN2*: 297).

caron dichos volúmenes. Otro límite del diálogo tiene que ver con los interlocutores. "Nuestro interlocutor no es el gobierno mexicano", escribió Marcos después de la masacre por un grupo paramilitar de 45 indígenas en el pueblo de Acteal a finales de 1997 (comunicado del 21 de enero de 1998, en Subcomandante Marcos 2000a: 266). En un comunicado anterior, escrito con ocasión de la gran ofensiva del ejército en febrero de 1995 contra su persona, había sugerido, bajo forma de una crítica disfrazada de autocrítica, que la exclusión del diálogo no corre a cuenta del EZLN sino que el Gobierno traicionó a los zapatistas:

> La verdad es que me molesta que no estábamos preparados. Y no estábamos preparados por mi culpa. Yo creí que el gobierno sí quería el diálogo y entonces había dado la orden de que empezaran las consultas para los delegados. Cuando nos atacaron nosotros estábamos discutiendo las condiciones del diálogo. Nos sorprendieron. Me sorprendieron... –dije con pena y coraje (DD 17, comunicado del 11 de marzo de 1995).

Marcos afirma que el Gobierno se excluye a sí mismo del diálogo al que lo habían invitado los zapatistas porque quiere boicotear las negociaciones. Por esto, no son válidas las críticas que los gobernantes dirigen contra el EZLN. Pero el discurso del EZLN a menudo toma un giro más generalmente antipolítico. Esto se deduce por ejemplo de la siguiente posdata: "P.D. Que acepta todos los regaños que no vengan de la mediocre soberbia que preside a ciertos partidos políticos" (DD 81, comunicado del 27 de octubre de 1995). El concepto de "partidos políticos soberbios" es tan vago que deja un amplio margen para incluir en él a cuantos partidos y políticos los zapatistas consideren deben ser excluidos de su gran diálogo.

Otra crítica disfrazada de autocrítica permite observar cómo el espacio del diálogo se sigue reduciendo. En ella Marcos confiesa que volvió a cometer un error estratégico, con lo cual dio pie a que los enemigos de los zapatistas le criticaran. El escarabajo Durito se lo reprocha: "Habéis demostrado, una vez más, que hablando tenéis la habilidad de una estampida de elefantes dentro de una cristalería. Y no sólo eso, vuestra torpeza ha permitido que un alud de mediocres declaren tontería y media respecto a la media tontería que dijisteis" (comunicado del 27 de octubre de 1995, en *EZLN3*: 52; también publicado en DD 81). La vaguedad y la agresividad ("tontería y media" y "un alud de mediocres") que impregnan este fragmento no invitan al diálogo. La puerta hacia los observadores críticos del EZLN parece cerrada.

Por supuesto, todo esto no debería sorprender tratándose de un movimiento opositor clandestino y armado. Pero lo que precede muestra que la disposición dialógica de los zapatistas termina donde comienzan las 'malas voluntades', las verdaderas suspicacias y críticas. Estos límites dirigen la atención hacia otro aspecto del género epistolar, un aspecto que las cartas escamotean y que los comentaristas suelen pasar por alto. Recuerdan que el género epistolar no sólo posibilita el diálogo sino que la carta, en la medida en que es un diálogo diferido, también permite que éste aparezca truncado.

5. Armas y letras

En sus textos, Marcos se refiere a la construcción del auditorio Aguascalientes, un lugar de encuentro en plena Selva Lacandona. Al construirlo para acoger a los participantes de la Convención Nacional Democrática (el 8 de agosto de 1994), los arquitectos indígenas lo rodearon con una construcción en forma de caracol que comenzaba y terminaba en una 'casa de seguridad' pero también en una biblioteca[23]. Esto llama la atención sobre un aspecto del EZLN que Marcos ha realzado en varias ocasiones, su intensa vida cultural[24]. A Juan Gelman, el Subcomandante le dijo que en los primeros años de la gestación de su movimiento (1984-1985) los zapatistas organizaban actos culturales todos los lunes. Entonces el grupo de combatientes se reunía en lo que llamaban la célula cultural para recitar poemas, cantar y representar obras de teatro (*La Jornada*, 21 de abril de 1996). El caso del EZLN apoya en este sentido la conclusión de John Beverley y Marc Zimmerman, quienes afirman en su análisis de las literaturas centroamericanas que en las sociedades periféricas lo estético a menudo funciona para estimular el anticonformismo (1990: 9).

Algunos comentaristas han aducido que el impacto de los comunicados EZLN se debe en parte a la diversidad de los registros estéticos utilizados en éstos. Mientras que unos son partes de guerra que informan sobre la coyuntura chiapaneca, otros tienen un carácter más ensayístico y analizan la política mexicana o las secuelas de la globalización neoliberal en el ámbito mundial. Pasan de la declaración de guerra a la parodia, la visión profética y el sermón. Si bien está claro que no tienen como finalidad principal ser

[23] Después, este 'caracol maya' fue destruido por el ejército (comunicado del 4 de abril de 1995, en *EZLN2*: 295).

[24] La historia del mural de Taniperla, pintado en 1998 por hombres y mujeres de la Cañada de Taniperla es otra ilustración de la importancia que tiene la expresión artística en las comunidades prozapatistas (véase De Vos 2002: 376 *et passim*).

documentos literarios ni han sido creados como productos estéticos, en comparación con otras guerrillas los zapatistas se preocupan mucho por la estructura y la forma de su mensaje. En ellos se acumulan las aliteraciones, metáforas, hipérboles y demás recursos poéticos (véase Jarquín 1998). Estas características que apelan a las sensibilidades culturales del lector pueden ilustrarse con un ejemplo contrastivo. Tanto el Ejército Popular Revolucionario como el EZLN publicaron un documento sobre la situación socioeconómica de México. El EPR dio una descripción bastante "tradicional" de ella, como lo ilustran las frases siguientes:

> En la mayoría de los hogares mexicanos se depende de un ingreso económico inestable y menguado en su poder adquisitivo, uno por provenir del subempleo y otro de un salario mínimo que ha quedado reducido a un ingreso de sobrevivencia. Estos males anacrónicos y crecientes hacen imposible alcanzar bienestar y seguridad familiar. Es así que la salida de la crisis no tiene para cuando verse [...]; los pobres engrosan las filas de los que se debaten en la miseria extrema y los que tenían una situación económica estable engrosan las de los pobres (anónimo, en *El Insurgente* n° 3, noviembre de 1997).

El contraste con el documento correspondiente del EZLN –redactado por Marcos a mediados de 1992 con miras a despertar la conciencia de las personas que se estaban acercando a la lucha (*EZLN1*: 49)– es llamativo y ya destaca desde el título: "Chiapas: el Sureste en dos vientos, una tormenta y una profecía" (enero de 1994, en *EZLN1*: 49). En este texto, que ha sido estudiado más en detalle por Juan Pellicer (1996), Marcos invita al lector a suponer que está visitando Chiapas por primera vez y le describe lo que está viendo en el relato de un viaje. La ironía, la narración y la intertextualidad nunca están lejos, tampoco en la introducción al "Capítulo 1" que inaugura una larga serie de pastiches del *Quijote*, donde el verbo "enternecer" significa lo contrario de lo que dice y que empieza por prometer una narración:

> Que narra cómo el supremo gobierno se enterneció de la miseria indígena de Chiapas y tuvo a bien dotar a la entidad de hoteles, cárceles, cuarteles y un aeropuerto militar. Y que narra también cómo la bestia se alimenta de la sangre de este pueblo y otros infelices y desdichados sucesos (comunicado de enero de 1994, en *EZLN1*: 50).

Aparte de que los comunicados zapatistas y particularmente aquellos redactados por Marcos emplean imágenes literarias, juegan con los sentidos y los sonidos de las palabras y van coloreándose con un dejo especial, algunos de ellos integran relatos. Estos relatos a veces coinciden con el propio comunicado que se publica entonces bajo forma de cuento, en otros casos los relatos se incluyen en los comunicados o en las cartas que los acompañan, como ya he dicho, a menudo en la parte de las posdatas[25]. Constituyen una especie de excrecencia literaria a textos que informan sobre la coyuntura en la zona del conflicto, las demandas del EZLN o la política mexicana. Marcos es el redactor de los más literarios de los comunicados, de aquellos cuyos personajes y eventos son ficticios[26].

Según el protagonista que aparezca en ellos, los pasajes con personajes ficticios, a los que llamaré los relatos de Marcos, pueden dividirse en dos 'series'. La línea divisoria entre ambas es porosa y en algunas ocasiones los dos protagonistas aparecen juntos o se refieren el uno al otro[27]. La primera 'serie' se desarrolla en la selva en torno a un anciano indígena maya, el Viejo Antonio, quien le cuenta a otro personaje, el 'yo', fábulas y alegorías que parecen inspiradas en las tradiciones autóctonas. El Viejo Antonio apareció por primera vez en un texto de agosto de 1992, dirigido a los indígenas de la región, texto que se hizo público a una escala más amplia el 28 de mayo de 1994. El último texto sobre el anciano que se incluye en el volumen *Relatos de el Viejo Antonio* es del 17 de julio de 1998. Es difícil saber hasta qué punto los relatos se remontan a un patrimonio comunitario o en qué medida son una creación personal de Marcos. Ezequiel Maldonado, quien los ha estudiado en función de su vínculo con la oralidad tradicional, ha llamado la atención sobre la improvisación en ellos, la experimentación verbal, y concluyó que se trata de un fenómeno "muy cercano a la concepción occidental de la literatura", pero también advirtió que por boca del Viejo Antonio "habla la conciencia memoriosa de la comunidad, la voz del pueblo, de sus ancianos" (2001: 150). Si bien esta dualidad parece aceptable, poco la demuestra con certeza, tampoco en el análisis de Maldonado.

---

[25] En los volúmenes de los comunicados publicados por la editorial Era, la primera posdata que se incluye es del 26 de enero de 1994. A partir de aquel entonces se multiplican a un ritmo muy alto.

[26] También circulaba la versión de que eran diferentes personas las que escribían (en Jarquín 1998: 74). Pero no creo que sea una hipótesis válida. En una entrevista realizada el 24 de octubre de 1994 por Carmen Castillo y Tessa Brisac, Marcos dio algunas claves que permiten entender cómo y por qué llegó a sorprender a propios y extraños mediante sus relatos (véase "Historia de Marcos y de los hombres de la noche", en Gilly, Subcomandante Marcos, Ginzburg 1995: 129).

[27] El Viejo Antonio y Durito aparecen juntos en los comunicados del 25 de diciembre de 1995 (*EZLN3*: 73), del 18 de mayo de 1996 (*EZLN3*: 247) y del 23 de octubre de 1996 (*EZLN3*: 399), entre otros.

Otra tesis cuyos fundamentos no aparecen en su estudio y que difícilmente se puede averiguar a partir de los relatos es que éstos constituyeron una experiencia compartida y reforzaron la cohesión del grupo (*ibíd.*: 151). Por su parte, Jan De Vos ha propuesto una lectura peculiar de los relatos del Viejo Antonio, considerándolos como un juego intertextual con los textos sagrados católicos: "Las historias de El Viejo Antonio forman una 'Sagrada Escritura según Marcos' que igual que la Biblia contiene relatos de creación (Génesis), imperativos éticos (Decálogo), parábolas (Evangelio) y fábulas (Sabiduría). Sin embargo, el tono dominante en todo ese *Corpus Antonianum* es moralista, aunque el humor y el gusto narrativo relativizan a menudo la solemnidad del mensaje" (2002: 372). Los relatos del Viejo Antonio son breves relatos cosmogónicos en los que los siete dioses primeros establecen el orden según el cual los hombres han de vivir.

La segunda figura protagónica es Durito, un escarabajo que se presenta bajo diversas identidades, la más frecuente de ellas siendo la del caballero andante Don Durito de la Lacandona. El escarabajo apareció por primera vez en un comunicado (10 de abril de 1994) que Marcos escribió para una niña en agradecimiento por un dibujo que ésta le había enviado, y volvió a hacer su aparición el 11 de marzo de 1995. El último texto sobre el escarabajo parlante incluido en el libro *Don Durito de la Lacandona* es del 8 de diciembre de 1996. Pero posteriormente Marcos ha publicado otros relatos sobre el personaje que han sido valorados de manera más o menos general como los mayores logros de su prosa. Octavio Paz, por ejemplo, dijo que, aunque las tiradas poéticas de Durito sólo le conquistaban a medias, se trataba de una "invención memorable" (en *Vuelta*, n° 231, 1996, pág.12). También moralistas, los relatos sobre Durito son menos tradicionales que los del Viejo Antonio. Se resumen difícilmente ya que a menudo distan de ser narraciones acabadas con una trama clara y un principio y un fin definidos. Más bien muchos de ellos pueden describirse como reflexiones y juegos de escritura en apariencia espontáneos y a veces algo desordenados. Su estilo tanto como sus temas se diferencian de los relatos del Viejo Antonio. Mientras que éstos parecen ampliar el canon literario mexicano con mitos indígenas, las historias sobre Durito se construyen esencialmente con aportes de la cultura occidental contemporánea y son juguetonas y representativas de la era del pastiche.

Pero cabe tener presente que, por más distintas que sean, ambas series de relatos están al servicio del proyecto político de los zapatistas, de la misma manera que muchas literaturas centroamericanas de las últimas décadas estuvieron al servicio de un proyecto de liberación nacional (Beverley y Zimmerman 1990). Esto no quiere decir que representen las ideas de las bases del EZLN o sus 'verdaderos' objetivos sino que, en virtud de su naturaleza pública, reflejan los esfuerzos de Marcos por dar forma a la imagen de los zapatistas e influir a la sociedad en su favor. El propio Subcomandante ha corroborado esto al decir que considera los cuentos de Durito como un arma dirigida al corazón de sus lectores (en Le Bot 1997: 356). Marcos también ha dicho respecto a Durito que "escogió como interlocutor primero al niño que tenemos dentro y que hemos olvidado junto a la vergüenza" (comunicado del 25 de diciembre de 1995, en *EZLN3*: 72)[28]. Ilustrativo del carácter más solemne de su metadiscurso sobre los relatos del Viejo Antonio –y, dicho sea de paso, de la índole a menudo menos lúdica de los propios relatos de Antonio– es el hecho de que ha afirmado que el indígena regaló sus historias "más como peso y responsabilidad que como distracción o alivio" (agosto de 1999, en Subcomandante Marcos 2000b: 139).

Cuando aparecen bajo forma de posdatas, los relatos de Marcos expresan más de una vez de manera metafórica algunos aspectos de los comunicados a los que van añadidos. De esta manera intercalan un nivel literario intermedio de referencia y enriquecen el amplio corpus de literatura comprometida en América Latina. Otra coincidencia entre los relatos de Antonio y los cuentos sobre Durito es que han conocido una evolución parecida ya que ambas series de narraciones han acabado por tener una vida independiente de los comunicados. Han sido reunidas en antologías tanto en su versión original en español como en otros idiomas[29]. Ninguna de esas antologías es exhaustiva, no sólo por una falta de cuidado de los editores sino también porque, en la medida en que el EZLN sigue existiendo y que Marcos ha seguido escribiendo relatos, han aparecido continuamente nuevas historias. Pero el lector hispanohablante tuvo acceso, respectivamente en

---

[28] Según dice Marcos, también cuenta muchos relatos del Viejo Antonio a instancias de niños chiapanecos, los cuales forman uno de los grupos protagónicos de su prosa (véanse el comunicado del 2 de noviembre de 1994, en *EZLN2*: 121 y el comunicado de diciembre de 1994, en *EZLN2*: 159).

[29] Véase Irr (2003: 246) para los sucesos en torno a la publicación en EE.UU. de la edición bilingüe de *The Story of Colors/La historia de los colores*. El National Endowment for the Arts iba a contribuir a la financiación de la traducción pero, tras darse cuenta de que el autor era un guerrillero, anuló la subvención prevista. Poco después, la Lannan Foundation, una fundación independiente que apoya las artes y las luchas indígenas, entró en el proyecto y ayudó a la pequeña editorial Texas Cinco Punto Press a publicar la obra. Para septiembre de 1999 ya se habían vendido por lo menos 18.000 ejemplares, lo cual era una cifra inusual para la pequeña casa editora. Irr dice que, de esta manera, "The book has become a kind of cause célèbre for left-liberals in the United States" (*ibíd*: 247).

1998 y en 1999, a dos libros que recogen una gran cantidad de los relatos, *Relatos de el Viejo Antonio* (VA) y *Don Durito de la Lacandona* (DD), ambos publicados por el Centro de Información y Análisis de Chiapas (CIACH). En el libro que reúne los textos sobre Durito, la reminiscencia de su publicación inicial en la prensa es mayor porque, contrariamente a lo que pasa con los relatos del Viejo Antonio, al final de los textos sobre Durito se menciona la fecha original de su publicación.

El paso de los relatos desde los comunicados de prensa a las antologías en cuestión tiene varias implicaciones. La primera concierne al tipo de literatura que el lector encuentra. Los comunicados, mezclas de un discurso político y otro literario, cuyos cuerpos a menudo son más cortos que las posdatas que siguen, se convierten en 'relatos' mucho menos híbridos, con lo cual los editores hacen una concesión a las normas literarias tradicionales y lo que aumenta de manera bastante notoria la comodidad de la lectura. Otra transformación de relieve es que desaparece la información contextual. En el libro *Don Durito de la Lacandona*, por ejemplo, Marcos empieza inmediatamente con la presentación de Durito y el lector se queda sin saber a quién se refiere el pronombre 'te' en "Te voy a platicar una historia que me pasó el otro día", que hace referencia a la niña que le había enviado el dibujo. Además, en el caso de las posdatas, la concomitante desaparición de los comunicados propiamente políticos que acompañaban originalmente las cartas de introducción a las que iban añadidas, implica una disminución de las referencias a la situación bélica o social. Es el caso, por ejemplo, de una carta (del 9 de junio de 1996, en *EZLN3*: 253) que informa sobre la rebeldía, el hambre y la resistencia. Con su paso a libro, sólo quedó una posdata con un comentario del escarabajo Durito quien da a entender que le apetecería comer un helado de nuez:

> Dice Durito que cuándo será que a alguien se le ocurra hacer una campaña que se llame *Un helado de nuez para mi escarabajo*. Yo le dije que no rima, pero Durito dijo que, frente a un helado de nuez, la métrica se puede permitir ciertas licencias. Le regalé tabaco. "No sabe igual", se inconforma Durito, pero recarga y enciende su pipa, y sigue escribiendo. "¿Qué escribes?", le pregunto. "¡Ah! Una sorpresa", dice mientras se protege de la lluvia debajo de una hojita (*ibíd.*: 254; también en DD 132).

En otras palabras, la dimensión política disminuye a favor de la más estrictamente literaria. Publicados bajo forma de libros, los relatos ya no funcionan tanto como pantallas de percepción de una realidad militar y social concreta sino que permiten que el lector escape más fácilmente a zonas de ensueño alejadas de esa realidad. Unas visitas a las más grandes librerías del

DF (junio de 2001 y septiembre de 2003) comprueban la 'literaturización' que se ha ido operando sobre una parte del discurso zapatista. Mientras que los primeros volúmenes de comunicados estaban colocados en la sección "política", algunos de los posteriores se encontraban bajo el rótulo de "literatura".

La progresiva visibilidad de lo literario coincide con el creciente protagonismo del Subcomandante en calidad de autor. Los volúmenes de Era que reúnen los comunicados zapatistas publicados en la prensa y que incluyen las posdatas y los relatos de Marcos se han publicado bajo la autoría del EZLN. En cambio, los libros que publican los relatos de manera separada y varias antologías publicadas posteriormente, aun cuando incluyen textos redactados por la Comandancia General del EZLN, llevan a Marcos como autor. El Subcomandante aparece como autor de los dos libros de cuentos mencionados y su nombre figura en la cubierta de *La historia de los colores* (1996), *Cuentos para una soledad desvelada* (1997), *Siete piezas sueltas del rompecabezas mundial* (1999), *Desde las montañas del sureste mexicano (Cuentos, leyendas y otras posdatas del Sup Marcos)* (2000) y *Detrás de nosotros estamos ustedes* (2000).

El protagonismo del Subcomandante sale todavía más reforzado porque ya desde temprano se ha convertido en un tema prominente de los comunicados[30]. En varios casos y como demostraré en el capítulo siguiente, se trata de textos cuyo designio consiste en convencer a la gente de que Marcos es una persona prescindible y reemplazable en la lucha de los zapatistas. A menudo, este argumento se defiende en comunicados burlones e irónicos del propio Marcos, con lo cual, paradójicamente, su presencia se vuelve cada vez más protagónica y su estilo deja cada vez más huellas en el discurso del EZLN. En cuanto a los relatos, tanto en las historias del Viejo Antonio como en los textos sobre Durito, el escritor-guerrillero se transforma en narrador y se presenta a sí mismo como personaje literario con lo cual su presencia aun se afirma de otras maneras.

Si bien con apreciaciones distintas, numerosos escritores e intelectuales mexicanos han opinado sobre la escritura de Marcos (véase Jarquín 1998 para un muestrario de algunos juicios). Por un lado, a muchos escritores su prosa les parece *kitsch* y de mala calidad. El poeta de Chiapas Jaime Sabines dijo a su entrevistador Hernán Becerra Pino que Marcos era "un princi-

[30] Véanse, entre otros, el comunicado del primero de junio de 1994, en *EZLN1*: 108; 22 de octubre de 1994, en *EZLN2*: 108; 27 de octubre de 1994, en *EZLN2*: 114; 20 de febrero de 1995, en *EZLN2*: 243; 14 de marzo de 1995, en *EZLN2*: 271; 2000a: 224.

piante de escritor" y "un aprendiz de poeta" (1999: 12). En un seminario con Mario Vargas Llosa en la Universidad Católica de Lovaina (4 de febrero de 2003), el autor peruano contestó muy claro a una pregunta al respecto negando rotundamente que la prosa de Marcos tuviera calidad alguna. Otros escritores, también entre los mexicanos, comparten este juicio. Por otro lado, los textos de Marcos han recibido igualmente apreciaciones positivas. El Subcomandante fue propuesto al Premio Chiapas de Literatura por José Emilio Pacheco, Juan Bañuelos y Óscar Oliva (véase *La Jornada Semanal*, 14 de enero de 1996). Según Gutiérrez Carlín, en los primeros días de diciembre de 1995, "registraron formalmente la candidatura del Subcomandante Marcos para el premio Chiapas en Arte como 'escritor del pueblo' (en el mes pasado aparecieron publicadas diversas cartas de apoyo a su candidatura de escritores como Eduardo Galeano, Elena Poniatowska, José Emilio Pacheco, entre varios más)" (1996: 284). En un arrebato de gran entusiasmo, Régis Debray afirmó que era el mejor escritor latinoamericano del momento, "el más modernista, el más libre, el de mayor repercusión" (1995); en opinión de Hermann Bellinghausen era el escritor de izquierda más leído y apreciado en México (en Vázquez Montalbán 1999b: 210) y desde una posición de antipatía Octavio Paz se refirió a la renovación que la escritura de Marcos significaba para el lenguaje político (1994: 57). En el ámbito académico internacional de las letras hispánicas, ha sido Juan Pellicer quien, con un artículo en *Revista Iberoamericana*, dio a conocer a Marcos como un nuevo escritor mexicano que desempeña su oficio con "magistral destreza" (1996: 201)[31]. Ambas evoluciones –la 'literaturización' del discurso zapatista y el creciente protagonismo autorial de Marcos– implican que el perfil de Marcos como guerrillero y actor político se ha desdoblado cada vez más en otro de escritor e intelectual, por lo cual un análisis de sus textos literarios cobra un interés peculiar.

---

[31] También llama la atención que la literatura sobre el EZLN haya sido influenciada por el tono literario de los comunicados zapatistas. En ella abundan las citas intertextuales a las obras literarias y a los autores más conocidos de México. Antonio García de León dijo que los comunicados estaban impregnados de un "sentimiento rulfiano ante la muerte" (1994: 12), Adolfo Gilly publicó un artículo titulado "Los relámpagos de enero" (*La Jornada*, 19 de enero de 1994) cuyo título remite a la novela *Los relámpagos de agosto* de Jorge Ibargüengoitia, y Carlos Fuentes hizo referencia a Tolstoi en su artículo "Chiapas: la guerra y la paz" (*La Jornada*, 9 de enero de 1998).

Capítulo II

¿Pueden hablar los indígenas zapatistas?

En el prefacio de los *Relatos de el Viejo Antonio* (1998: 7), el antropólogo mexicano Armando Bartra recuerda el mito tzotzil según el cual el ladino "se robó el libro". Como consecuencia de este robo del soporte simbólico del saber, a los indígenas se les ha considerado ignorantes y los mestizos se han proclamado hombres de razón. Tras hacer este recordatorio triste, Bartra prosigue, en un tono más optimista, diciendo que los acontecimientos del primero de enero de 1994 pusieron fin a este estado discriminatorio porque entonces los indígenas consiguieron "recuperar su libro". La figura clave en esta recuperación es un hombre "justiciero y narigudo". Son calificativos con los que Bartra se refiere, entre burlona y amablemente, al Subcomandante Insurgente Marcos. Marcos es un sobrenombre o seudónimo que le sirve al Subcomandante para encubrir su verdadera identidad y renegar de su vida anterior a su llegada a la selva[1]. Esta ocultación en lo simbólico va a la par con otra en lo físico donde el pasamontañas esconde sus facciones. Pero lo que no puede ocultar ni el seudónimo, ni el pasamontañas es el hecho de que Marcos hable español a la manera de la mayoría de los mexicanos mestizos, sea más alto que los indígenas y tenga los ojos menos rasgados que ellos. Estos datos bastan para saber que quien devolvió su libro a los indígenas es, como los que lo robaron, un 'ladino'.

El prólogo escrito por Bartra apunta al meollo de algunas de las cuestiones más discutidas a raíz de la insurrección zapatista e introduce varios temas –como discriminación, voz, representación y mediación– debatidos por los

[1] Circulan numerosas versiones sobre el origen del nombre. A Vicente Leñero y a Yvon Le Bot, Marcos les dijo que había tomado el nombre de un compañero llamado Marcos que había muerto en la lucha hacía años (*Proceso*, 21 de febrero de 1994; Le Bot 1997: 161). Esta declaración no impidió que muchos siguieran especulando sobre el nombre, sugiriendo otras etimologías (véase Gómez-Peña 1995: 92-93). Matamoros Ponce (1998: 131) dice que circula una versión según la cual el nombre está formado a partir de dos pueblos zapatistas de Chiapas: las Margaritas (mar) y Ocosingo (cos). Otra versión pretende que Marcos sería la representación del evangelista San Marcos. A Medea Benjamin, Marcos le niega que su nombre se haya construido a partir de las letras iniciales de 'Movimiento Armado Revolucionario Comandante Obispo Samuel' o 'Margaritas, Altamirano, Rancho Nuevo, Comitán, Ocosingo, San Cristóbal' (todas comunidades chiapanecas ocupadas durante la rebelión) (Benjamin 1995: 70).

investigadores en los estudios subalternos quienes quieren restituir las contribuciones históricas y la movilización política de aquellos grupos que no pueden acceder al poder hegemónico y quienes desean devolver a dichos grupos el control sobre su propia representación para que puedan salir de su condición de subalternos (Ashcroft *et al.* 1998: 215; Latin American Subaltern Studies Group 1995). ¿En qué medida el EZLN se ha convertido en el *locus enuntiationis* anhelado por Santiago Castro-Gómez, el lugar desde el que los sujetos subalternos articulan sus propias representaciones? (Castro-Gómez 1999: 84) ¿Es correcto hacer abstracción del papel de Marcos y decir que se ha realizado el deseo de los 'subalternistas' latinoamericanos de poner "fin al papel central de los intelectuales y la cultura intelectual en la historia social"? (Latin American Subaltern Studies Group 1995: 145) ¿O es más apropiado verlo como un intelectual que esencializa al grupo de los indígenas cuyas exigencias dice traducir? ¿Cómo identifica Marcos las distorsiones que introduce la cultura oficial o de élites cuando intenta 'traducir' las voces de los desposeídos y cuando critica las estrategias de 'subalternización' desarrolladas por la modernidad? (*ibíd.*: 136) ¿Siguen siendo 'subalternos' estos indígenas si han empezado a hablar por sí mismos? (Rabasa 2000) ¿O significa esto que han abandonado la esfera de la subalternidad, como argumentaría Gayatri Chakravorty Spivak? (1994 [1985]).

En este capítulo partiré de estas preguntas para ver cuáles son las respuestas que se han formulado al respecto. Empezaré por delinear algunas posiciones significativas en lo que se refiere a la mediación y la 'representatividad' de Marcos. Después pasaré revista a la argumentación desarrollada por Marcos y los zapatistas indígenas al respecto. Sobre el tema, el Subcomandante difunde en sus relatos unas imágenes que apoyan el mensaje que se desprende de otras zonas en los comunicados pero lo hace recurriendo a la ficción literaria. Es lo que estudiaré en la parte siguiente. Finalmente, una figura desposeída a quien dedico un análisis por separado es la mujer indígena. Los zapatistas han afirmado, en efecto, que su combate incluye una lucha por la emancipación de la mujer y han dicho que se esfuerzan por hacer que ésta sea capaz de hablar por sí misma dentro y fuera de las filas de la guerrilla. Concluyo el capítulo con algunas reflexiones que sitúan a Marcos con respecto a varias tradiciones intelectuales en América Latina y especialmente en México.

1. Mediación y representatividad

En un artículo titulado "New Ethnicities" que publicó en 1989, Stuart Hall subrayó que es importante estudiar cómo se representa a los diversos grupos de marginados porque el modo de representarlos es constitutivo de su identidad: "how things are represented and the 'machineries' and regimes of representation in a culture do play a 'constitutive', and not merely a reflexive, after-the-event, role" (1996 [1989]: 443). Tras estudiar cómo la gente se acerca a la cuestión de la representación, Hall concluye que existen esencialmente dos maneras de enfocar el tema. Algunos atienden más bien a las "relaciones de representación" (*ibíd.*), considerando principalmente la manera en la que los desheredados salen de su condición de marginalidad. Otros, por el contrario, privilegian el tema de "las políticas de la representación" (*ibíd.*) refiriéndose sobre todo a los problemas que surgen cuando uno quiere representar a una población marginada. Estos últimos apuntan que la diversidad de posiciones subjetivas, experiencias sociales e identidades culturales dentro de un grupo social hace que sea difícil representarlo de manera adecuada. Ambos enfoques aparecen en la literatura acerca del EZLN: mientras que una parte de los comentaristas subraya que los guerrilleros indígenas se han emancipado, otros atienden más bien a las dificultades provocadas por la presencia de Marcos en calidad de 'representante' suyo.

Desde que el EZLN salió a la luz pública han aparecido referencias a él en la literatura académica latinoamericanista sobre el tema de los subalternos. José Rabasa ha recordado la intervención de la Comandante Trinidad en una sesión de los diálogos con el Gobierno como un "momento de lucidez" porque se dirigió en tojolabal a los representantes gubernamentales para luego preguntarles en español si habían entendido. Rabasa afirma que en aquel momento el Gobierno tomó conciencia de que su supuesto monopolio sobre la racionalidad estaba en bancarrota: "La pregunta célebre de Gayatri Spivak sobre si puede hablar el subalterno toma un giro inesperado puesto que resulta ser el gobierno el imposibilitado de hablar, es decir, termina siendo un sujeto racista, epistemológicamente torpe" (2000: 109). Por su lado, Santiago Castro-Gómez (1999: 84) y Walter Mignolo y Freia Schiwy (2000) han afirmado que los indígenas zapatistas constituyen un ejemplo de cómo los subalternos pueden hablar por sí mismos, con lo cual su diagnóstico coincide con el de Bartra de que han recuperado su libro. Castro-Gómez arguye que en el EZLN los subalternos por fin pueden representarse "sin precisar de la ilustración de nadie" (Castro-Gómez 1999: 86) y Mignolo y Schiwy se entusiasman con el EZLN en la medida en que da una prueba de la posibilidad que tienen los subalternos de 'desubalternizarse': "At the end of the twentieth century we are witnessing a desubalternization or, if you wish, a decolonization of knowledge that places translation/transculturation in a different epistemological level and structure of power" (2000). En un análisis sociolingüístico, Alejandro Raiter llega a una conclusión parecida. Tras estudiar el "dispositivo de enunciación" de los comunicados zapatistas, Raiter afirma que se distinguen de los textos políticos tradicionales por el hecho de que no se dirigen a sus propios combatientes. Deduce de ahí que, lógicamente, los guerrilleros indígenas "quedan constituidos del lado del enunciador" (1999: 41) y que "Tenemos, pues, un dispositivo de enunciación compuesto por el EZLN (Marcos, los pueblos indígenas, el Comité Clandestino Revolucionario Indígena-Comandancia General) como emisor" (*ibíd.*: 42). Raiter considera a los distintos enunciadores zapatistas como un solo bloque por el hecho de que operan dentro del mismo campo político y militar. Por tanto, concentra su atención en la posición y el discurso de los zapatistas frente a instancias externas, un enfoque que comparte con Castro-Gómez y Mignolo y Schiwy. Este punto de vista tiene como consecuencia que dichos investigadores apenas tematizan la delegación de palabras dentro del EZLN o la función mediadora de Marcos y les hace posible afirmar que los indígenas han salido de su posición subalterna. Enfatizan lo que Hall llama las relaciones de representación. Es plausible pensar que adoptan este punto de vista porque comparten con los zapatistas el objetivo de cambiar la imagen de los subalternos y de devolverles la voz a los que durante mucho tiempo han carecido de ella. Sin embargo y por otra parte, la falta de atención de dichos investigadores hacia la mediación no deja de sorprender, dado que el tema constituye uno de los puntos más debatidos en las discusiones recientes en torno al género testimonial.

En algunos casos la falta de atención hacia la función mediadora de Marcos se desdobla en una inconsciencia con respecto a la propia posición mediadora del comentarista. La ingenuidad de pensarse como altavoz a través del cual el lector tiene un acceso directo a las voces de los indígenas es llamativa sobre todo entre las personas que simpatizan con los zapatistas y quieren convertirse en un instrumento para su defensa y para la divulgación de sus ideas. Particularmente, algunos recopiladores de entrevistas hechas a los indígenas pasan por alto su propia mediación discursiva y se convierten en una especie de presencia ausente. Ivonne Gutiérrez Carlín anuncia en la introducción de su libro que en él: "hablan los sin voz y aparecen los invisibles" (1996: 15). Si bien es verdad que la autora hasta cierto punto logra realizar su propósito, con todo llama la atención que no tematice siquiera su intervención como entrevistadora y compiladora del material.

Otros observadores llegan a conclusiones parecidas con respecto a la emancipación de los indígenas pero sus análisis difieren de los arriba citados en la medida en que atienden más a la cuestión de la representación tematizando más el papel desempeñado por Marcos. Lo definen como un médium y un puente (Bartra 1998: 14), un interlocutor (Romero 1994: 20), un pasador (Le Bot, en Duterme 1999: 66), un portavoz (Vázquez Montalbán 1999b: 80), un intermediario (Hachez 1999: 90) o un *ghostwriter* (Huffschmid 2001: 149). Estas definiciones, aunque a veces tengan matices distintos, coinciden en lo esencial. Sugieren que los indígenas deciden el contenido de los comunicados mientras que Marcos se ocupa de transmitir este mensaje hacia un público externo. Conviene señalar que ninguno de estos comentaristas o investigadores habla de los límites que cada traducción inevitablemente trae consigo por la inconmensurabilidad de las diferentes lenguas y visiones del mundo.

En cuanto a los observadores más críticos del EZLN, ellos dirigen su atención de manera bastante sistemática a las 'políticas de la representación' refiriéndose a las dificultades suscitadas por la pretensión de Marcos (frente a los zapatistas indígenas) o de los zapatistas (frente a otros indígenas no zapatistas o al pueblo mexicano en general) de representar a una población marginal sumamente heterogénea. El punto de mira de dichos críticos lo constituye sobre todo la función mediadora de Marcos. Problematizan su representación en los dos sentidos importantes de la palabra que han sido recordados por Childs y Williams (1997: 104). Primero cuestionan su papel en el sentido político al dudar que un individuo específico, Marcos, pueda representar a un grupo poblacional numéricamente importante, heterogéneo y con el que no comparte ni su origen étnico o social ni su formación cultural o política. Estas críticas a la función representativa de Marcos y –cuando aún no se conocía bien el papel peculiar desempeñado por él– en contra de todo el grupo de los subcomandantes mestizos, surgieron inmediatamente después de la rebelión y se pueden rastrear, entre otros muchos foros, en *Vuelta*. En varios artículos sobre Chiapas que se publicaron en la revista desde febrero de 1994 se señala la diferencia entre los designios de 'los de abajo' y 'los de arriba' en el movimiento. Octavio Paz advirtió entonces la dificultad que estribaba en "la diferencia de intereses, perspectivas, finalidades e incluso lenguaje entre algunos dirigentes de extracción urbana y las [*sic*] de los líderes indígenas" (*Suplemento extraordinario de Vuelta*, n° 207: f-g)[2]. La crítica a la posición de Marcos también es recurrente en el volumen *Chiapas. La guerra de las ideas* compilado por Raúl Trejo Delarbre (1994) y constituye el meollo del libro *Sous-commandant Marcos l'imposture géniale* (1998), traducido al español bajo el título *Subcomandante Marcos, la genial impostura*, de los periodistas Maite Rico y Bertrand de la

2 Véanse también en *Vuelta*, Krauze n° 207: j; Paz n° 208: 55; Sánchez Susarrey n° 227: 52.

Grange, corresponsales respectivamente de *El País* y *Le Monde*, quienes critican a Marcos porque, a pesar de llevar el título de subcomandante, sería el verdadero líder del movimiento armado (1998: 34-35) y porque en esa calidad aterrorizaría entre sus propios seguidores a cuantos tuvieran una opinión distinta a la suya. Según ambos periodistas, Marcos reprime a los reprimidos a quienes dice representar, utilizándolos en función de sus ambiciones personales. Afirman igualmente que los intereses de las comunidades indígenas de hecho están subordinados a la ambición de Marcos (*ibíd.*: 230). Desde este punto de vista, Marcos pertenecería al grupo más abyecto de los 'letrados' latinoamericanos. No sólo dice a los desposeídos desde una posición de superioridad cómo deben ser y practica una política específica e interesada de su representación, sino que los manipula y amedrenta.

Algunos también ponen reparos a la otra faceta de la representación de Marcos al criticar la manera en la que retrata o describe los diversos aspectos de la lucha. Un evento que suscitó numerosos comentarios al respecto fue el Encuentro Intercontinental por la Humanidad y contra el Neoliberalismo que se celebró en la Selva Lacandona entre julio y agosto de 1996. Diversos observadores denostaron entonces a Marcos y a los demás 'occidentales' presentes porque le daban un carácter frívolo al encuentro, fracasando así en proponer una representación adecuada de los objetivos del EZLN y de la precaria situación en la que seguían viviendo los indígenas. En un severo artículo de opinión publicado en *El País*, Mario Vargas Llosa escribió:

> Leo, en un despacho de prensa (*EL PAÍS*, 5-8-96) que los indígenas de la zona "asistieron, silenciosos y ocultos con pasamontañas, a sesiones de poesía erótica, declamaciones teatrales, explicaciones sobre los métodos de *okupación* de viviendas y reuniones energéticas". No me extraña nada que estuvieran silenciosos; apostaría que bostezaban bajo sus máscaras, en aquellas sesiones, divertidas, tal vez, para la señora Mitterrand, mi amigo Régis Debray y los turistas revolucionarios ávidos de experiencias fuertes y exóticas (sin duda, las tuvieron), pero incomprensibles y hasta obscenas desde la perspectiva de quienes afrontan problemas básicos de supervivencia (*El País*, 11 de agosto de 1996, pág. 9).

Una instancia aparte entre las que han problematizado el papel de Marcos ha sido el Gobierno nacional. La fascinación que el secreto de la identidad del Subcomandante ejercía sobre el pueblo mexicano así como la esperanza de poder deshacer el hechizo hicieron que algunos altos funcionarios políticos se obstinaran en descubrir esta identidad para poder desvelarla cuanto antes[3]. En febrero de 1995 el presidente Zedillo reveló en un programa televisivo la identidad de Marcos. Destacó los rasgos que lo diferenciaban de los indígenas a fin de desautorizarlo en calidad de representante suyo, subrayó que no era indígena sino un intelectual con formación universitaria filosófica de la Universidad Nacional Autónoma de México, que había dado clases en la Universidad Autónoma Metropolitana, que era originario de la ciudad de Tampico, en el norte del Golfo de México, e hijo de comerciantes burgueses nacido el 19 de junio de 1957. Reveló también el verdadero nombre de Marcos, Rafael Sebastián Guillén Vicente. Marcos nunca ha dado la razón a estas 'acusaciones' respecto a su verdadera identidad y, consciente del poder de seducción que emana del secreto, insistió en continuar siendo Marcos. Así, cuando el entonces presidente Zedillo propuso en cierto momento a Rafael Guillén que se encontraran, Marcos contestó: "No me importa que venga Guillén a la reunión, así seremos tres: Zedillo, Guillén y yo" (en Vázquez Montalbán 1999b: 80).

La atracción que ejerce el anonimato entre sus seguidores también puede explicar que éstos no hayan pedido conocer la identidad del Subcomandante y que, incluso, hayan preferido seguir ignorándola (*ibíd.*: 145; Gómez Peña 1995: 94; De la Grange y Rico 1998: 217; Monsiváis 1994: 323). Además, el seudónimo de Marcos había calado tan hondo en la imaginación popular que las revelaciones apenas lograron desprestigiarlo. Algunos columnistas señalaron que muchos mexicanos habían recibido la noticia sin demasiado escándalo y comentaron que ésta era algo así como anunciar que Superman se llamaba en realidad Clark Kent o que el verdadero nombre de Pancho Villa era Doroteo Arango (véanse Villoro 2001; McCaughan 1999: 142). Tras la revelación, miles de personas manifestaron en diversas movilizaciones su simpatía por el Subcomandante al cantar "todos somos Marcos".

2. La versión del EZLN

Sobre todo durante los primeros años de su lucha, el EZLN se preocupó por divulgar su propia versión sobre la representación en sus filas. Se refería entonces a 'los guerrilleros', 'los indígenas', 'los pueblos' 'el EZLN', 'el CCRI', 'el CCRI –CG', 'el Subcomandante', 'los comandantes' y 'los sub-

[3] El proceso de la investigación al respecto y la revelación final de la verdadera identidad de Marcos quedan detalladamente consignados en el reportaje de De la Grange y Rico (1998).

comandantes'. En los textos al respecto, las relaciones jerárquicas entre estas instancias a menudo distan de ser delineadas de manera transparente o unívoca. Sobre todo la posición de Marcos se presta a confusión.

Según los comunicados, la autoridad a la que cualquier zapatista debe obedecer son los pueblos indígenas[4]. Seis dirigentes lo dijeron en una entrevista concedida a *La Jornada* un mes después del inicio de las hostilidades (*La Jornada*, 3 y 4 de febrero de 1994, también en EZLN 1994: 131). En un español deficiente explicaron su relación con las comunidades indígenas a las que decían representar:

> Así, decidimos que no hay otro camino más que organizar y decidir levantar así en luchas armadas. Si empezamos a organizarnos así, clandestinamente, en una organización revolucionaria. Pero cuando se va avanzando pues cada pueblos ha elegido a sus representantes, a sus dirigentes. Pero así tomando la decisión, mismo pueblos propusieron pues quién va a dirigir esas organizaciones. Los mismos pueblos nos han nombrado. Así, primero, se ha nombrado responsable de cada pueblo. Pues así avanzando de pueblo en pueblo, hubo tiempo, pues, de nombrar delegados. Así llegamos, pues, a ser el CCRI [...] Así es que si algún miembro del CCRI si no cumple con su trabajo, si no respeta a la gente, pues compita, pues ahí no te conviene estar. Entonces pues discúlpanos pero tenemos que poner otro en tu lugar. Que el pueblo diga, pues. Así está constituido el comité, de una manera democrática (EZLN 1994: 132-133).

Este mensaje llama la atención sobre el principio ético básico profesado por los zapatistas, un principio que guía su funcionamiento interno y que preside su concepción de la política: los líderes políticos deben 'obedecer', acatar la voluntad del pueblo si no, no mandan como es debido[5]. La cita también presenta al Comité Clandestino Revolucionario Indígena (CCRI), un grupo de indígenas de los pueblos mayas que se comprometieron en la guerrilla[6]. Son ellos los que representan a los pueblos y encabezan al EZLN. A su vez, el CCRI está representado por un núcleo de comandantes que se eli-

[4] Benítez Manaut señala que las palabras 'pueblos' y 'comunidades' tienen resonancias específicas y están cargadas de connotaciones políticas. Mientras que el EZLN habla de 'pueblos', el Gobierno prefiere la palabra 'comunidades' (2000: 11).

[5] Baschet afirma que la expresión y la costumbre de 'mandar obedeciendo' han sido importadas en las comunidades indígenas por la acción pastoral y que han sido luego retomadas por el EZLN (2002: 26).

[6] Se trata de los choles, los tojolabales, los tzotziles y los tzeltales (Le Bot 1997: 196). Según Hernández Castillo los mam siguieron con interés y simpatía la lucha de los zapatistas pero sin integrarse en sus filas (2001: 203 *et passim*).

gen en su seno y que constituyen la Comandancia General del Comité Clandestino Revolucionario Indígena (CCRI-CG), la máxima autoridad entre los guerrilleros. Como ya he dicho, el CCRI-CG es presentado como autor de una buena parte de los comunicados.

Al enfatizar que el liderazgo del EZLN es asumido por indígenas, los zapatistas responden a cuantos pretenden que los campesinos indígenas son una vez más las víctimas inocentes de un intelectual de extracción urbana que se aprovecha de ellos. Por otra parte, de esta manera intentan acabar con una imagen bastante difundida que los retrata como menores de edad y que les niega el poder de control sobre sus propias acciones. En la inauguración del Encuentro Intercontinental por la Humanidad y contra el Neoliberalismo, la indígena Ana María presentó esa imagen en los términos siguientes: "Nuestras vidas valían menos que las máquinas y los animales. Éramos como piedras, como plantas que hay en los caminos. No teníamos palabra. No teníamos rostro. No teníamos nombre. No teníamos mañana. Nosotros no existíamos" (texto de julio de 1996, en *EZLN3*: 312-313). Llama la atención que Ana María use las mismas imágenes que Octavio Paz empleó para referirse a los indígenas en *El laberinto de la soledad* –piedras, plantas, silencio– aunque sea para negarlas. Paz escribió en 1950: "El indio se funde con el paisaje, se confunde con la barda blanca en que se apoya por la tarde, con la tierra oscura en que se tiende a mediodía, con el silencio que lo rodea. Se disimula tanto su humana singularidad que acaba por abolirla; y se vuelve piedra, pirú, muro, silencio" (1990: 39). Al rechazar las metáforas vegetales y minerales, la zapatista atribuye a la sociedad mexicana tradicional una concepción racista acerca de la población indígena. Mediante su alocución quiere desvirtuar tal concepción al mostrar de manera directa y personal que los indígenas son capaces de representarse a sí mismos, incluso en un foro público eminente.

Otro zapatista indígena negó a su vez la pertinencia de las imágenes tradicionales al despotricar contra un autor contemporáneo que había difundido la idea sobre la inconsciencia indígena en un artículo de periódico y al rechazar la identificación entre niño y 'hombre primitivo', corriente en cierto imaginario 'occidental' (véase Torgovnick 1990: 10): "Ángel empieza a dar vuelta y vuelta; enfurecido, no alcanza a hablar con orden, mezcla atropelladamente palabras en dialecto y en 'castilla'. '¿Por qué siempre nos piensan como niños chiquitos?, me avienta en la cara la pregunta'" (comunicado del 26 de enero de 1994, en *EZLN1*: 108). Los campesinos indígenas son tan capaces de representarse y organizarse a sí mismos como cualquier otro grupo social. La élite política comete un error estratégico al tratarles en tanto ciudadanos de rango inferior. La convicción se repite a lo largo de los comunicados[7]. Pero contrariamente a Ana María quien habla personalmente en un discurso directo, la voz de Ángel es mediada por la de Marcos quien le pone en la boca una lengua torpe que debe aumentar la credibilidad y la autenticidad de un mensaje de parte de una persona desposeída.

Esta mediación socava otro mensaje en los comunicados zapatistas en la medida en que éstos estipulan que la mayoría de edad de los indígenas hace que la función de su tradicional representante letrado se desvalorice. Los indígenas dicen claramente que no necesitan un portavoz que tome su palabra: "rechazamos también cualquier otra propuesta o autopropuesta de tomar nuestra voz y nuestra palabra, nuestra voz empezó a caminar desde siglos y no se apagará nunca más" (comunicado del 11 de enero de 1994, en *EZLN1*: 79). Esto no implica que tengan reparos contra quienes se presenten como voluntarios para mediar y ayudar a buscar una solución y una salida a la guerra: "saludamos y recibimos bien todos los intentos y propuestas, hechas de buena fe y con honestidad, de intermediación entre este EZLN y el gobierno" (*ibíd.*). Pero no quieren que nadie los represente o hable en su nombre, aunque fuera con buenas intenciones. Desean evitar así que los intelectuales, burócratas o tinterillos se aprovechen de su lucha y la desvirtúen en provecho propio[8].

La emancipación de los indígenas, el hecho de que insistan en que pueden representarse a sí mismos, tiene implicaciones importantes asimismo para el papel que se atribuye a Marcos. Como acabamos de ver, los observadores favorables al EZLN a menudo han considerado a Marcos como el portavoz del movimiento zapatista. Sin embargo y de manera interesante, los propios zapatistas han descartado este calificativo. Según ellos, un portavoz ocupa una posición excepcional dentro de un grupo. Por su prestigio o sus habilidades discursivas, es la persona más autorizada para expresar una opinión colectiva. En los comunicados se lee, por el contrario, que Marcos no goza de este prestigio ni tiene más habilidad para hablar que otros zapatistas. Además, en ellos se insiste en que no es preciso que alguien dé coherencia a las ideas de los zapatistas ya que éstas son coherentes y racionalmente articuladas por los indígenas. Marcos interviene únicamente para hacer que

[7] "El gobierno repite el error de considerar a los indígenas de ser incapaces de organizarse solos y que sólo pueden moverse si alguien los lleva de la mano. Están equivocados; nosotros los indígenas somos capaces" (comunicado del 21 de abril de 1995, en *EZLN2*: 323).

[8] Abusos de este tipo han sido criticados con relación a la Revolución Mexicana tanto por Mariano Azuela en *Los de abajo* como por otros muchos intelectuales mexicanos críticos (Vanden Berghe 2004).

el mensaje de los indígenas sea comprensible para un público externo, es decir que su papel es el de un traductor. En una entrevista, algunos indígenas zapatistas lo dijeron en los siguientes términos: "*Marcos* tiene la facilidad del castilla. Nosotros todavía fallan un chingo" (EZLN 1994: 142). Esta división del trabajo entre los indígenas y Marcos es presentada en los mismos términos por éste en una carta a Ivonne Gutiérrez Carlín. Escribió que sólo hacía pasar el mensaje de los indígenas a un público externo y que prefería verse como un traductor más bien que como un portavoz: "El hecho de ser el portavoz, en realidad yo prefiero decir que soy el 'traductor'" (Marcos, en Gutiérrez Carlín 1996: 161). Tales afirmaciones por parte de los indígenas y de Marcos simultáneamente enfatizan los problemas de la comunicación entre el mundo zapatista indígena y el exterior y minimizan la responsabilidad de Marcos en lo que toca al contenido de los mensajes del EZLN.

De esta manera los zapatistas acabaron por redefinir la división del trabajo entre los marginados y su representante letrado tal y como era tradicionalmente presentada en la historiografía y la ensayística mexicanas. Según recuerda Max Parra, en éstas se solía asociar a las masas campesinas revolucionarias con la acción intuitiva mientras que el intelectual debía ocuparse de la articulación de estas demandas espontáneas y proponer las ideas racionales (Parra 1995). El discurso del EZLN va contracorriente en la medida en que afirma que el trabajo técnico ejecutivo de la traducción corresponde al letrado Marcos mientras que las ideas y los contenidos incumben a los indígenas. De esta nueva división del trabajo hay un ejemplo en un comunicado dirigido por los niños indígenas (nosotros) a los demás niños dentro y fuera de México (ustedes): "Le hemos pedido al Subcomandante Insurgente Marcos que busque las palabras que ustedes entiendan para que conozcan así lo que es nuestro pensamiento" (comunicado del 30 de abril de 1994, en *EZLN1*: 225). En otras palabras, las ideas vienen de los indígenas –incluso si son niños– mientras que el Subcomandante se encarga de traducirlas para un público externo. Conviene señalar aún que en el marco del EZLN el concepto de 'traducción' no sólo se debe entender como una actividad únicamente lingüística, una transcripción en español de comunicados originalmente redactados o dictados en una o varias lenguas indígenas sino que se trata ante todo de asegurar una 'traducción cultural' entre dos públicos cuyas formas de ver y de comprender el mundo a veces son tan distintas que dificultan la buena comprensión.

En varias ocasiones Marcos ha afirmado que sus intervenciones como traductor son estrechamente vigiladas por los indígenas quienes se preocupan por que su mensaje sea difundido de manera cabal. También ha dicho que el

CCRI-CG le ha llamado la atención en diversas ocasiones. Sobre todo cuando salpica sus textos con bromas desenvueltas o de cariz erótico, los indígenas lo habrían desaprobado porque les parecía que estaba traicionando su papel de traductor. Según afirma Marcos, esto implica que alguna que otra vez ha debido reescribir sus textos antes de que recibieran el visto bueno de los indígenas del CCRI-CG. Más precisamente dijo que en los textos que redacta como presentación de los comunicados suele ser más desenvuelto y que más de una de esas cartas de presentación ha sido reprobada por los miembros del CCRI, lo cual muestra que la vigilancia del Comité no se relaja nunca (Sous-commandant Marcos *et al.* 1994: 15). Por otra parte, el control de los indígenas no siempre parece ser previo al envío de los comunicados, por lo cual han aparecido también comunicados o partes de comunicados que, después de su publicación, fueron desaprobados por el CCRI.

La versión que muestra al Subcomandante llevando a cabo una tarea esencialmente ejecutiva y controlada por los indígenas es significativa de cómo el EZLN presenta la relación jerárquica entre ambas instancias. Interrogados sin cesar sobre el tema, los zapatistas han insistido en que el prefijo 'sub' en 'subcomandante' no es gratuito ni simbólico sino que traduce una posición genuinamente subordinada. Los autorretratos de Marcos confirman esta versión. Uno de los comunicados que tratan el tema de manera explícita fue enviado bajo forma de una carta, el 20 de enero de 1994, a la revista *Proceso* y a los periódicos *La Jornada*, *El Financiero* y *Tiempo* y se titula "Carta de Marcos sobre su posición en el EZLN y sobre las demandas y formas de lucha de éste". Su intención consistió en disipar desde muy temprano las dudas al respecto de la posición de Marcos:

> Tengo el honor de tener como mis superiores a los mejores hombres y mujeres de las etnias tzeltal, tzotzil, chol, tojolabal, mam y zoque. Con ellos he vivido más de 10 años y me enorgullece obedecerlos y servirlos con mis armas y mi alma. Me han enseñado más de lo que ahora enseñan al país y al mundo entero. Ellos son mis comandantes y les seguiré por las rutas que elijan (EZLN 1994: 115).

Varios años después, 'el sup' confirmó su rango inferior en las filas zapatistas delante de su entrevistador Manuel Vázquez Montalbán: "no hay nada más bajo que subcomandante, está invertida la pirámide" (en Vázquez Montalbán 1999b: 168). Las declaraciones de Marcos coinciden, por tanto, con las de los otros zapatistas en la medida en que tienden a minimizar de manera insistente la importancia y la responsabilidad del Subcomandante.

En algunos pasajes, el discurso sobre la mediación se radicaliza todavía más, ya que afirman que los indígenas son perfectamente capaces de representarse a sí mismos. De esta manera se acaba por cuestionar incluso la necesidad de la función traductora, lo cual entra en flagrante contradicción con las afirmaciones arriba citadas sobre la importancia que reviste dicha función en el contacto con una audiencia externa. No es casual que la radicalización del discurso sobre la representación por Marcos se produzca en la primera mitad de 1995. Todo induce a pensar que constituye una réplica a la revelación de la identidad de Marcos en el mes de febrero y a los subsiguientes intentos por parte del Gobierno para desautorizarlo:

> *En el CCRI-CG* [que sólo incluye a los dirigentes indígenas] *tenemos muchos compañeros igual o más capaces que Marcos para explicar nuestra lucha*, para dirigir nuestro movimiento y para mandar obedeciendo. Los compañeros comandantes que representan las diferentes etnias en el Comité son grandes compañeros y buenos dirigentes (comunicado del 11 de mayo de 1995, en *EZLN2*: 333; subrayado mío).

Una vez más, Marcos ha confirmado lo que han dicho los indígenas. Cuando Medea Benjamin le interrogó sobre los peligros de la personalización de la lucha zapatista por el enorme éxito de su 'traductor', le contestó alegando que, como no tiene cara, nadie sabe quién es y cualquiera puede reemplazarlo: "So if they kill me, someone else can put on the mask and say they're Marcos. This way there will always be a Marcos" (1995: 70)[9].

3. Ambigüedades

Un objetivo fundamental del Grupo Latinoamericano de Estudios Subalternos consiste en cambiar la imagen de los sectores discriminados y los pueblos desheredados. En el marco de este proyecto insisten en que los investigadores busquen las huellas de iniciativas subalternas autónomas en textos que aparentan negarlas (Latin American Subaltern Studies Group 1995). Ya que los zapatistas, por el contrario, destacan que los indígenas controlan su propio pensamiento y su propia voz no es ilógico que invirtamos los postulados de los subalternistas y que busquemos en sus comunicados los silencios de los indígenas. Esta lectura a contrapelo muestra que el discurso sobre los subalternos pensantes y su representante letrado subordi-

---

[9] Véase también Le Bot (1997: 365) para una declaración semejante. Según Le Bot existe el riesgo de que la desaparición de Marcos traiga consigo que el movimiento estalle en grupos rivales o que caiga en arranques de violencia intercomunitarios (1997: 108).

nado y meramente traductor está salpicado de ambigüedades que sugieren que la función de Marcos es menos estrictamente ejecutiva y subordinada de lo que dicen los comunicados zapatistas anteriormente citados.

El conjunto de los comunicados zapatistas está atravesado por una serie de contradicciones leves que ponen constantemente en entredicho la versión sobre la posición del Subcomandante que se acaba de mencionar. Una de esas contradicciones se encuentra en los comentarios sobre el proceso de gestación del sociolecto, el lenguaje de grupo, zapatista. Con respecto a este lenguaje, Marcos ha afirmado que nació del encuentro de dos sociolectos cuyos hablantes tenían preocupaciones semejantes, que es el producto de una interacción entre los elementos indígenas de Chiapas y los urbanos de los guerrilleros que vienen de fuera, el resultado de una fertilización entre las lenguas y cosmologías autóctonas y los conceptos occidentales revolucionarios (en Le Bot 1997: 199; en Vázquez Montalbán 1999b: 139), un proceso de hibridación al que Mignolo y Schiwy (2000) se han referido con los términos *translation/transculturation*. Asimismo, Marcos puso un énfasis especial en la influencia que los indígenas ejercieron sobre el lenguaje de los guerrilleros urbanos y mestizos hablando de la "indianización del EZLN" (en Le Bot *ibíd.*: 148). Según esta versión, los 'compañeros mestizos' llegaron a las comunidades indígenas armados con un lenguaje de izquierdistas revolucionarios tradicionales. Pero como ese lenguaje no sirvió y a fin de poder organizar el movimiento guerrillero y de ser comprendidos por los mayas, los mestizos tuvieron que adaptarse a la manera de expresarse y pensar indígena, menos dura y menos ideológica. Esto implicó también y, sobre todo, que los no indígenas urbanos estuvieran dispuestos a escuchar, una disposición que creó la posibilidad posterior de hablar y comunicarse[10]. Reaparece aquí la versión de los indígenas en posición dominante de decidores del código y los mestizos como subordinados que deben adaptarse a él: "Para poder sobrevivir teníamos que traducirnos a otro código" (Marcos, en Vázquez Montalbán 1999b: 139). Inmediatamente después de decir esta frase, sin embargo, Marcos invierte la jerarquía al emplear la expresión "los de abajo" –que los zapatistas suelen utilizar, quizás aludiendo a la novela de Mariano Azuela sobre la Revolución Mexicana, para hablar de los subalternos discriminados (véase el texto sobre el viento de arriba y el viento de abajo de enero de 1994, en *EZLN1*: 62)– para referirse

[10] La insistencia de Marcos en esta disposición hace pensar en Guha. En su artículo "La pequeña voz de la historia", postula que distinguir el lugar del subalterno supone saber escuchar (Guha 1996: 1-12). Escuchar es constitutivo del discurso.

a los indígenas mientras que los guerrilleros mestizos estarían 'arriba': "ese lenguaje se construye de abajo hacia arriba" (*ibíd.*). Este tipo de deslices son leves. Con todo contribuyen a dar un carácter peculiar y tenso al discurso del EZLN y de Marcos.

Pero desde bastante temprano éste también cayó en contradicciones más visibles. En el comunicado del 17 de noviembre de 1994, Marcos contó que el Comandante Tacho había vuelto a entregarle el bastón de mando:

> En noviembre de 1993, en vísperas del inicio de nuestra justa guerra, recibí de los jefes de las diferentes fuerzas indígenas que forman nuestro ejército el bastón de mando para conducir la totalidad de las tropas zapatistas y marchar junto a ellas a cumplir nuestro deber. Del corazón de nuestros más altos jefes tzotziles, tzeltales, choles, tojolabales, mames y zoques, recibí la vida de los muertos de siempre, el orgullo de los humillados, la riqueza de los desposeídos, la voz de los sin voz, el nombre de los innombrables, el rostro de los sin rostro. Hoy he recibido, de nuevo, el bastón de mando de nuestra jefatura indígena (en *EZLN2*: 139).

El mensaje es ambiguo. Por una parte Marcos está frente a sus superiores –"nuestra jefatura indígena"–, por otra parte, afirma que éstos le han transformado a su vez en un mando y no esconde que asume la dirección militar de la guerrilla (véase también *EZLN2*: 145 y 222). Por supuesto, también puede decirse que es un traductor en este sentido ya que debe iniciar a los indígenas en las formas occidentales de hacer la guerra. No obstante, la acumulación de tareas intermediarias llega a ser tan importante que es legítimo preguntarse si el papel de Marcos es realmente tan sólo ejecutivo y si, en calidad de individuo, su persona carece verdaderamente de espesor y sustancia como los comentarios arriba citados quieren hacer creer.

Cabe señalar además que, ya en 1994, los zapatistas y el propio Marcos reconocieron que éste era demasiado protagónico y que este protagonismo amenazaba con disminuir la credibilidad del EZLN. En un comunicado del 17 de noviembre de ese año, Marcos admitió que había cometido errores y que una parte de ellos se explicaba por sus "excesos protagónicos" (en *EZLN2*: 136). Más de medio año después, los zapatistas recordaron este comunicado y declararon haber hecho esfuerzos por corregirse:

> La necesidad de un traductor entre la cultura indígena zapatista y la cultura nacional e internacional provocó que la obvia nariz, además de estornudar, hablara y escribiera. Todos ustedes estarán de acuerdo con que lo hizo y en demasía. Habló y habló y, por momentos, pudo parecerles a muchos que el EZLN era sólo esa evidente nariz. Fue éste un error que tardamos en ver y que

> reconocimos en la celebración del 17 de noviembre de 1994. Pero no nos quedamos en reconocer este protagonismo que fue, no pocas veces, contraproducente a la justa causa que nos anima. Durante todos estos meses, los compañeros del Comité se han preparado intensamente para llevar, en su voz, la voz de todos, y para que esta voz sea escuchada y entendida por todos ustedes. Los protagonistas reales serán ahora los protagonistas formales. La nariz pronunciada volverá a estornudar más y a hablar menos (comunicado del 11 de mayo de 1995, en *EZLN2*: 333-334).

Sin embargo, la trayectoria del Subcomandante va en sentido contrario. Una conversación bastante posterior con Yvon Le Bot en la que Marcos admitió tener un gran poder de influencia en las comunidades indígenas confirma que el problema sigue y, asimismo, justifica plenamente la pertinencia de la duda respecto a su papel supuestamente sólo ejecutivo y su actitud obediente:

> Después del 94 trato por lo regular, de no meterme mucho en las decisiones de la comunidad, porque mi palabra pesa mucho. Como hay encargados, trato de que los problemas no lleguen a mí para no tomar partido. Porque entonces, sin quererlo, meto mucho ruido. Puedo inclinar la balanza de un lado a otro, hasta que una minoría se vuelva mayoría porque el Sup dijo... etcétera. Entonces tiene que haber mayor distancia (en Le Bot 1997: 157).

Más adelante en la entrevista Marcos vuelve a repetir esencialmente lo mismo: "quiero ser sincero, pues, no mentirle, el peso de Marcos en el interior de la organización es mayor que el que se percibe. Su cercanía con las comunidades y el cómo toman en cuenta a Marcos es mucho mayor de como se percibe así, a simple vista" (*ibíd.*: 363). En estos comentarios el Subcomandante ya no se presenta como un guerrillero de rango inferior que "sigue la ruta que elijan sus superiores indígenas" sino como una persona con una gran influencia y un importante poder de decisión dentro del movimiento zapatista. Hacen aparecer una versión de los hechos que desdice la imagen de Marcos difundida en otros textos zapatistas. Pero aún es más llamativo que esta afirmación de Marcos no esté nada encubierta y que, por el contrario, en ella Marcos contradiga de manera explícita otras declaraciones suyas y de los indígenas. Si las contradicciones más leves aún se pueden considerar como deslices involuntarios en el discurso, aquí es como si el Subcomandante fuera ambiguo a propósito y rehusara de antemano cualquier intento de construirse un autorretrato coherente.

Las desviaciones y la evolución en la autoría del discurso zapatista hacen aparecer fisuras en la imagen de Marcos como subordinado que ejecuta las órdenes de los indígenas, muestran el carácter retórico de un eslogan como

"Todos somos Marcos" y apuntan a la índole poco crítica o matizada de los calificativos utilizados en la literatura para referirse a Marcos. De hecho, ni siquiera es necesario empezar un análisis discursivo para llegar a problematizar la imagen de un 'simple traductor' o un *ghostwriter*. En el contexto de una guerra que se libra en gran medida en los medios de comunicación y en la que el trabajo de la escritura constituye uno de los actos principales del drama, el que maneja las armas verbales no puede sino tener un gran poder y una enorme responsabilidad, incluso si escribe por encargo. Si en la teoría puede ser interesante distinguir entre las funciones de portavoz, traductor y dirigente, en el funcionamiento real de la guerrilla zapatista tales distinciones son probablemente menos relevantes de lo que puede aparecer.

Quede claro que con esto no quiero decir que los indígenas en el EZLN no hayan podido hablar. Las alocuciones públicas, los testimonios y las entrevistas de Ramona, Ana María, David, Tacho y otros zapatistas indígenas han tenido un gran impacto en la opinión pública mexicana y han contado con mucha atención por parte de los periodistas. Sin duda se los puede considerar como intervenciones que balizan el discurso y la existencia pública del EZLN. Por estas y otras razones merecen que se les dediquen análisis separados. Sin embargo, la importancia relativa de tales intervenciones individuales, junto con la aportación decisiva de los comunicados del CCRI-CG indígena, no justifican que se minimice sistemáticamente la contribución de Marcos o que se hable sin matices de una 'desubalternización' de los indígenas zapatistas.

4. Marcos y los indígenas: ¿metáfora o metonimia?

En un trabajo dedicado al testimonio de Rigoberta Menchú, Doris Sommer (1996) postuló que cabe distinguir dos tipos de relaciones entre actores sociales que simpatizan unos con otros. El primer tipo implica una identificación del uno con el otro, lo cual crea una relación metafórica. El segundo tipo introduce cierta distancia generando así una relación metonímica[11].

[11] "In rhetorical terms, whose political consequences should be evident by now, there is a fundamental difference between the *metaphor* of autobiography and heroic narrative in general, which assumes an identity-by-substitution, whereby one (superior) signifier replaces another [...], and *metonymy*, a lateral move of identification-through-relationship, which ackowledges the possible differences among "us" as components of a centerless whole. This is where we can come in as readers, invited to be (*estar*) with the speaker rather than to be (*ser*) her" (1996: 146).

Menchú pretende silenciar muchas cosas ya que no quiere exhibir los secretos de su comunidad indígena delante de los ojos de sus lectores occidentales. Sommer no está convencida de la importancia real de tales secretos e incluso tiene sus dudas respecto a su mera existencia. Pero piensa que esta cuestión quizás ni siquiera es relevante. Lo que importa es que Menchú crea una distancia con el lector para evitar que éste se identifique demasiado con los indígenas (*ibíd.*: 143)[12]. Una relación de tipo metafórico no dejaría el espacio necesario para una cooperación fructífera entre dos socios distintos. En cambio, una relación metonímica sentaría las bases de una buena colaboración. Estas consideraciones de Sommer tratan de una narradora indígena y sus lectores occidentales. Si bien hay que insistir en las numerosas y muy fundamentales diferencias entre esta relación y la que existe entre los indígenas del EZLN y su 'traductor' mestizo, las ideas de Sommer constituyen un punto de partida estimulante para seguir reflexionando sobre la posición de Marcos. La pregunta surge entonces si las nuevas relaciones jerárquicas entre los marginados y su letrado tales como las presenta el discurso del EZLN también implican una nueva relación identitaria. En otras palabras, debemos preguntarnos si en los comunicados Marcos también es presentado como un indígena.

Con ocasión de la conmemoración de la conquista de América en octubre de 1994, el CCRI-CG contestó que sí, ya que hizo saber que Marcos había llegado a integrarse en los pueblos indígenas y que era incorrecto presentarlo como una instancia separada. Marcos habría renunciado a su identidad mestiza mediante un ejercicio que Ramón de la Campa ha llamado en el caso del autorretrato que se hizo Eduardo Galeano en *Guatemala, país ocupado*, "a cultural equalizer of sorts" (1999: 48) y que José Rabasa, refiriéndose al propio Subcomandante y remitiendo a una fórmula de Spivak, ha llamado "un desaprendizaje de un privilegio histórico y epistemológico en la práctica cotidiana" (2000: 112):

> Desde el principio del año ha escogido nuestro andar armado y sin rostro la voz de un mexicano para que por ella hable nuestra palabra. Siendo clara la piel de este hombre y su paso anterior a estas tierras, vino a ser parte nuestra. Es su corazón indígena como cualquiera de nuestros muertos y tiene el alma morena

[12] "The calculated result of Rigoberta's gesture for sympathetic readers, paradoxically, is to exclude us from her circle of intimates. In fact, any way we read her, we are either intellectually or ethically unfit for Rigoberta's secrets, so that our interpretation does not vary the effect of reading. Either way, it produces a particular kind of distance akin to respect" (1996: 143).

como la entraña de estos suelos. No es más lo que fue antes. No es ya él sino nosotros (comunicado del 12 de octubre de 1994, en *EZLN2*: 102).

El pronombre de la tercera persona del singular desaparece y se fusiona en el 'nosotros' plural. Como ilustra el fragmento siguiente de un comunicado de Marcos, el sistema pronominal empleado en diversos textos escritos por el propio Subcomandante confirma la versión del comunicado indígena arriba citado: "Nos encontramos con un país dispuesto a escuchar a los que nadie escuchó antes, dispuesto a dar vida a quienes siempre murieron en el olvido, dispuesto a hablar a quienes siempre fueron ignorados, dispuesto a incluirnos en el 'nosotros'" (comunicado del 25 de agosto de 1995, en *EZLN2*: 434). En este texto, Marcos expresa su satisfacción por el hecho de que la nación mexicana haya acabado por estar dispuesta a tratar a los indígenas como personas de pleno derecho. En un nivel más implícito, sin embargo, aún dice otra cosa. Llama la atención que escriba "incluirnos" y no "incluir a los indígenas". El pronombre objeto directo apoya la afirmación susodicha de los indígenas porque mediante él Marcos se presenta como uno de ellos.

Pero la manera en la que Marcos emplea el sistema pronominal carece de coherencia: en varios comunicados alternan las formas del 'yo'/'ellos' y del 'nosotros'. La declaración arriba citada da cuenta de ello en la medida en que Marcos, en combinación con la primera persona del plural, "incluirnos", también utiliza la tercera persona "murieron" y "fueron ignorados". Es una contradicción que sigue produciéndose en varios textos suyos donde la primera y la tercera persona se alternan sin que haya una distribución lógica entre ambas. En otros muchos comunicados Marcos incluso se retrata sistemática y abiertamente como mestizo o como diferente frente a los indígenas. Así suele destacar su nariz, excepcionalmente grande y nada maya. Otro indicio de su origen y cultura mestiza es su estilo. Aunque emplee numerosas formas que parecen tomadas prestadas de las lenguas indígenas (véase el capítulo siguiente), maneja un estilo propio que hace que a menudo sea posible distinguir desde el íncipit los textos firmados por él de los comunicados atribuidos al CCRI-CG. La ironía, la intertextualidad, y un amplio conocimiento de la cultura occidental –desde el *Quijote* hasta Brigitte Bardot– son algunos ingredientes básicos de estos textos. De haber querido verdaderamente que el público lo viera como un indígena, Marcos habría copiado sin duda de manera más sistemática el estilo de los comunicados atribuidos al CCRI-CG. Está claro que hubiera sido capaz si lo hubiera querido. Además, uno puede preguntarse si los comunicados supuestamente redactados por el CCRI-CG no son igualmente (o parcialmente) el producto de la pluma de Marcos. Es plausible pensar que sí ya que, aunque los textos que publica en nombre propio tengan características peculiares, también muestran muchas semejanzas estilísticas con los comunicados del CCRI-CG. Otra posibilidad real es que algunos comunicados sean el producto de varios autores conjuntos –los indígenas y Marcos– y de diferentes etapas de redacción.

Sommer interpreta la distancia introducida por Rigoberta Menchú frente a su público occidental como una estrategia. Se trataría para la mujer indígena de aumentar las posibilidades de que se establezca una relación exitosa entre aliados potenciales. La distancia creada por Marcos entre sí mismo y los indígenas puede entenderse a partir de una preocupación similar. Se puede pensar que el Subcomandante parte de la premisa de que una identificación con los indígenas no es necesaria ni deseable si se trata de realizar un proyecto común en calidad de aliados dignos. Además, parece sugerir que una identificación sólo en parte es posible y que él, como no indígena, nunca podrá formar totalmente parte de los pueblos indígenas. Pero acabamos de mostrar que Marcos a veces también se presenta en una relación 'metafórica' con los indígenas, como un integrante de estos pueblos. Una vez más, da la impresión de que las contradicciones no son deslices accidentales sino que Marcos las introduce con miras a hacerse un autorretrato en el que predominan los trazos desestabilizadores y poco nítidos. De esta manera se presenta a sí mismo como un peón versátil cuya función en el relato que hace sobre el EZLN se adapta a las necesidades cambiantes de la guerra discursiva.

5. Primer autorretrato: los pasos perdidos

Todo parece diferenciar los cuentos de Durito y los relatos del Viejo Antonio: el estilo, el origen de los intertextos, la lengua. Pero cuando se analizan ambas series de narraciones desde el punto de vista de los personajes resalta que estas distinciones se apoyan en un reparto de los papeles que es básicamente idéntico. Tanto en unos como en otros relatos, el autor Marcos es al mismo tiempo el narrador principal. Además, se escenifica a sí mismo, lo cual hace que aparezca también como personaje. Esto me ha llevado a indagar cómo se tematiza el problema de la representación en los relatos, primero en los *Relatos de el Viejo Antonio* y después en *Don Durito de la Lacandona*.

El primer protagonista, el Viejo Antonio, es un indígena maya y el fundador simbólico del EZLN. En plena Selva Lacandona cuenta relatos mitológicos, situados en un tiempo cuando “todo era noche” (VA 41)[13] o “todavía no había tiempo” (VA 117) y que explican la génesis de fenómenos naturales como las estrellas o la guacamaya y relatan a manera de fábulas las fricciones entre los indígenas y los mestizos en la región. En calidad de narrador, Antonio es al mismo tiempo un transmisor, ya que transmite los relatos que le contó su padre don Antonio o los dioses primeros quienes “Por los sueños nos hablan y nos enseñan” (VA 78). De esta manera se establece una delegación de voces entre Don Antonio, el Viejo Antonio y el ‘yo’ que hace pensar en las delegaciones de palabras en las filas zapatistas entre los pueblos, el CCRI-CG y Marcos:

> Cuenta el viejo Antonio que cuando era joven su padre don Antonio le enseñó a matar al león sin arma de fuego. Cuenta el Viejo Antonio que cuando era joven Antonio y su padre era el viejo Antonio le contó la historia que ahora me dicta al oído para que la mar la conozca de mis labios (VA 123).

Esta cita, que es la narración marco de uno de los relatos, pone en escena al destinatario de los relatos contados por el Viejo Antonio. Se trata del narrador principal, el ‘yo’ anónimo cuya fisonomía es más bien indefinida. Ésta es, precisamente, una de las indicaciones que llevan a identificarlo con el Subcomandante Marcos. Como éste, el ‘yo’ no tiene nombre ni rostro y como éste, funciona como puente ya que debe transmitir a su vez las palabras del Viejo Antonio a una audiencia, ‘la mar’. Además, se presenta como neófito en la selva y guerrillero. En el libro el ‘yo’ sólo una vez aparece como un personaje llamado Marcos. El narrador se refiere a él en tercera persona y lo presenta junto con Antonio hijo. Los dos jóvenes aparecen entonces como los oyentes de los relatos del viejo: “El Viejo Antonio habla para guiar y velar su sueño. Lleva su voz, de la mano, a Antonio hijo y a Marcos a un tiempo anterior” (VA 63). La aparición conjunta del hijo del Viejo Antonio y de Marcos entraña que vemos a éste en una relación de parentesco con el anciano, como una especie de hijo adoptivo.

Llama la atención que el ‘yo’ casi siempre funcione como oyente frente al Viejo Antonio y que, cuando habla, suela ser para preguntar. Esta repartición de los papeles se desprende de la conjugación de los verbos de expresión. Mientras que los verbos que pertenecen al campo semántico del saber llevan como sujeto sintáctico al Viejo Antonio, los que indican la petición o

---

[13] Los números entre paréntesis se refieren a las páginas del libro (Subcomandante Marcos 1998).

recepción de información van sistemáticamente asociados con el narrador principal. Ya cuando éste aparece por primera vez, leemos: "Me contó el Viejo Antonio", "Le pregunté", "Me enseñó" y "me dijo" (VA 22). La edad de los dos personajes refuerza esta jerarquía: es fácil asociar la vejez del anciano con la sabiduría. Al revés, el 'yo' aparece como joven vigoroso que aún debe aprender muchas cosas. La relación entre maestro y discípulo que caracteriza el intercambio de palabras se reproduce en el terreno de los actos no verbales ya que el 'yo' se retrata como un torpe que se beneficia de la ayuda del indígena. La relación de fuerzas es particularmente evidente en el relato XIX cuando el 'yo' y el Viejo Antonio persiguen a los venados y se ven cercados por la noche. Entonces el 'yo' toma la iniciativa para encontrar el camino de regreso:

> Tenemos que encontrar el camino de regreso –me escucho decir, y agrego–: Traigo brújula –le digo yo como si dijera 'tengo móvil, por si quieres un aventón'. –Sí pues –dice de nuevo el Viejo Antonio como dejándome la iniciativa y mostrándose dispuesto a seguirme.
>
> Yo recojo el desafío y me declaro dispuesto a hacer gala de mis conocimientos guerrilleros de dos años en montaña. Me arrincono bajo un árbol. Saco el mapa, el altímetro y la brújula. Como hablando en voz alta, pero en realidad alardeando frente al Viejo Antonio, describo alturas sobre el nivel del mar, cotas topográficas, presión barométrica, grados y milímetros, puntos visados y otros etcéteras de lo que los militares llamamos 'navegación terrestre' (VA 103).

Tras caminar un buen rato y no llegar a ningún lado, el 'yo' mira con vergüenza al Viejo Antonio quien toma la iniciativa y encuentra el camino sin ningún esfuerzo. El relato –una alegoría sobre cómo los pueblos indígenas pueden encontrar su lugar en la historia– me interesa aquí porque permite demostrar que se reproduce una y otra vez la relación de dependencia entre el sabio Antonio y el ignorante 'yo'. Esta jerarquía se establece hasta en la ceremonia del tabaco, tal vez la imagen más clara de que a ambos hombres también les une una relación de compañerismo[14]. El 'yo' prepara al Viejo Antonio un cigarrillo con 'doblador': "Se lo tiendo sin palabras, él lo examina y lo deshace. 'Te falta', me dice mientras lo vuelve a forjar" (VA 29). La misma relación jerárquica aún se 'lee' en los diseños de la portada y la contraportada del libro editado por el CIACH. El retrato del Viejo Antonio,

[14] Al analizar los símbolos en algunos cuentos del Viejo Antonio, Ruiz Ávila observa que el humo entre los mayas tiene poderes mágicos que posibilitan desviar las desgracias y purificar el ambiente (2001: 11).

con bastón y sombrero, se imprime en la portada, por lo cual aparece como personaje principal. Además, su retrato es más grande que el de Marcos que figura en la contraportada con pasamontañas, gorra y bandolera. Una vez más, la relación de índole jerárquica se enlaza con otra que hace resaltar el compañerismo y la solidaridad ya que las imágenes de Antonio y de Marcos se tocan y entretejen mediante el humo que sale de la boca de Marcos quien está fumando una pipa.

Marcos hubiera podido escribir los relatos contados por el Viejo Antonio prescindiendo de una narración marco. Ésta, no obstante, no es gratuita sino que tiene varias implicaciones. Le ha dado al autor la posibilidad de integrar el principio del diálogo didáctico, lo cual le ha permitido a su vez escenificarse a sí mismo como receptor y transmisor de los mensajes indígenas, *in casu* las historias del Viejo Antonio. Esta estructura actancial reproduce uno de los mensajes en los comunicados zapatistas arriba analizados: el Subcomandante no es sino un intermediario, un traductor que recibe y transmite los mensajes de los indígenas. Pero la narración marco aún realza un segundo rasgo de Marcos. Éste habría podido silenciar su condición de mestizo oriundo de la ciudad. Sin embargo, optó por resaltarla. Al ubicarse a sí mismo como forastero en la selva –difícil de penetrar, donde casi siempre llueve y hace frío– introduce en sus textos uno de los temas centrales de la literatura poscolonial, también frecuente en la novelística latinoamericana, el de la estancia de un chapucero extranjero en un paisaje no familiar y guiado por un nativo (Ashcroft *et al.* 1989: 27). Este tema le permite dar un nuevo contenido a los rasgos que sus adversarios utilizan para demostrar que carece de la condición de pobre y marginado y que, por tanto, no puede representar legítimamente a los indígenas. En un contexto de selva tropical y de lucha guerrillera, el hecho de que sea licenciado y que venga de la ciudad estorba y lo transforma en un subalterno entre los subalternos, incluso lo margina en segundo grado ya que hace que dependa y aprenda de ellos. De esta manera, la narración de su carrera tiene características de un *Bildungsroman*. En la jungla, Marcos no es una autoridad que victimiza a los desposeídos, sino que su suerte está en las manos de éstos.

6. Segundo autorretrato: un Sancho Panza narizón

Un año después de la publicación de los *Relatos de el Viejo Antonio*, el Centro de Análisis e Información de Chiapas publicó *Don Durito de la Lacandona* (1999), un libro que reúne una buena parte de los textos de Marcos sobre Durito, un pequeño escarabajo de caparazón duro. Durito suele tomar identidades distintas según la ocasión. Y aunque sea ante todo un animalito, también es el intelectual en los comunicados de Marcos y lleva a cuestas los atributos –viejos y modernos– vinculados a este estatuto: desde una pipa hasta una mini microcomputadora. Al mismo tiempo Durito se presenta como caballero andante. Para desempeñar este papel arrastra otros tantos atributos. Una tapita de frasco de medicina le sirve de escudo, un clip enderezado es su lanza, una ramita su espada, Excalibur. Media cáscara de avellana silvestre en su cabeza le sirve de casco y una tortuga –su corcel– completa su atuendo (DD 37, comunicado del 15 de abril de 1995)[15]. Al llamarle a Durito "Don Durito de la Lacandona", Marcos lo transforma en un caballero andante, un Don Quijote contemporáneo. Esta asociación codetermina varios rasgos fundamentales de su protagonista, como su compromiso con los que necesitan socorro, su idealismo y su saber excéntrico.

El personaje de Durito lucha por emancipar a los marginados y es al mismo tiempo uno de ellos. No sólo ni siquiera pertenece a la especie humana sino que, como escarabajo, figura entre los más pequeños y vulnerables de los animales. Cuando aparece por primera vez, está estudiando las estrategias del neoliberalismo en América Latina. Lo hace únicamente por interés propio ya que quiere saber cuánto tiempo tomará hasta que el neoliberalismo sea vencido. Sólo entonces desaparecerán de la selva las botas de soldados y guerrilleros (DD 12, comunicado del 10 de abril de 1994). En otra ocasión, más de dos años después, Durito anuncia la fundación de un círculo antibototas: "para cartas de admiración, solicitud de entrevistas, claveles y firmas de apoyo para la 'Sociedad Escarabajil Antibototas', favor de dirigirse a…" (DD 164, comunicado del 12 de octubre de 1996). La asociación del escarabajo con la figura de Don Quijote refuerza estos rasgos de su imagen: loco, utopista e ingenuo, también el protagonista cervantino es en muchos sentidos marginal.

Por otra parte, el pequeño Durito está asociado con los libros y el conocimiento. Es el intelectual en los comunicados porque las partes explícitamente didácticas –como clases y conferencias– se ponen sistemáticamente en su boca. En la figura de su protagonista, Marcos ennoblece, por tanto, el saber de todos los que están en una situación ex-céntrica con respecto a los tradicionales centros del saber. Sin embargo, no sublima tal saber sino que lo relativiza al burlarse no pocas veces de Durito y al asociarlo con la figura de Don Quijote, un personaje que evoca también la locura y los límites de la

[15] Las referencias remiten a la página en el libro, cuando el texto está incluido en él, seguida de la fecha original del comunicado.

sabiduría. Al relacionar los textos sobre Durito con el contexto de la lucha zapatista queda claro que el escarabajo caballero andante representa a los guerrilleros. Tal y como aquéllos, lucha desde la marginalidad y anhela el fin del neoliberalismo. Simultáneamente, de la misma manera que los indígenas y el Viejo Antonio, es representado como el depositario de un saber excéntrico.

En los textos de Durito –como en los relatos del Viejo Antonio– el diálogo es un principio constituyente. El escarabajo caballero andante no tarda en asignarse a sí mismo un escudero, un Sancho Panza, el SupMarcos. Una vez más, el guerrillero Marcos, autor y narrador, se retrata a sí mismo como personaje e interlocutor. En el personaje que le corresponde destaca un rasgo particular que lo acerca al personaje del 'yo' en los relatos del Viejo Antonio: frente a Don Durito de la Lacandona, Sancho Panza/SupMarcos ocupa una posición subordinada y dependiente. De hecho, Marcos vuelve a intensificar la posición de subordinación del personaje. En calidad de escudero, Marcos debería servir a su amo; sin embargo y por el contrario, le ruega constantemente a Durito que le ayude. A una de estas súplicas, Durito contesta: "Yo, señor mío, soy un caballero andante, y los caballeros andantes no podemos dejar de socorrer al necesitado, por más narizón y delincuente que sea el desvalido en cuestión" (DD 53, comunicado de mayo de 1995). Dicho de otra manera, tal y como el 'yo' en los relatos del Viejo Antonio era subalterno en segundo grado, el SupMarcos/Sancho Panza es doblemente dependiente.

Además, aunque sea de otra forma, el Subcomandante vuelve a autorretratarse como un antihéroe. Si en el contexto de la selva tropical Marcos es el personaje que pierde el rumbo y no puede con la lluvia, en un contexto de referencias librescas y de juegos intelectuales su imagen corresponde unas veces a la del escudero y otras a la del profesor despistado. Siempre anda absorto en sus pensamientos (a menudo está pensando en la luna), no logra respetar las fechas límite que le ponen los periódicos o los organizadores de coloquios (entonces Durito debe echarle una mano), es un verdadero dormilón y además narizón. Durito se basa en este último rasgo para llamarle a Marcos "mi decadente y narizón escudero" (DD 154, comunicado del 18 de septiembre de 1996) y establecer comparaciones con Cyrano de Bergerac, anotando, sin embargo, que éste tenía mejor pluma (DD 124, comunicado del 6 de abril de 1996; DD 153, comunicado del 18 de septiembre de 1996).

Conociendo las críticas que la educación citadina y la formación universitaria de Marcos han suscitado, es legítimo leer los personajes del 'yo' en *Relatos de el Viejo Antonio* y de Sancho Panza en *Don Durito de la Lacandona* como respuestas del Subcomandante a cuantos le critiquen. Como dichos personajes están en una situación de dependencia, en ellos intenta acercar discursivamente el lugar desde donde él mismo habla a los indígenas cuyos mensajes quiere traducir. Esta interpretación del 'yo' y del sup-Marcos/Sancho Panza también permite establecer cierta analogía entre estos personajes literarios y el pasamontañas. Respectivamente en el nivel discursivo y físico funcionan como disfraces con los que Marcos desvía la atención de su verdadera identidad al escamotear sus rasgos 'superiores' que lo distinguen de los zapatistas indígenas. En este sentido los textos literarios ilustran que Marcos aspira a ser visto como marginado entre los marginados. El Subcomandante invierte de este modo la tesis central que Frantz Fanon sostuvo en *Peau noire, masques blancs* (1952). Según ésta, el hombre de color desea parecerse a su amo blanco. En las filas zapatistas, así lo sugiere Marcos, no son los indígenas los que toman como ejemplo a los mestizos, sino al revés, son los mestizos los que quieren adaptarse a los indígenas.

Pero los relatos –sobre todo aquellos donde aparece Durito– son polisémicos, de modo que podemos avanzar otra interpretación con respecto al tema del personaje de Marcos. De hecho, Durito no sólo se presenta como Don Quijote y Marcos no sale únicamente 'disfrazado' de Sancho Panza o de interlocutor del Viejo Antonio. Conforme los textos se publican, las identidades se multiplican y se borran, con lo cual Marcos también acaba por ofrecer imágenes literarias a veces contradictorias de su identidad. Con ocasión de la apertura del Primer Encuentro Intercontinental por la Humanidad y contra el Neoliberalismo Marcos se dirigió a su público con las palabras siguientes:

> Buenas tardes a todos. Hemos llegado un poco tarde y les pedimos que nos disculpen, pero es que nos hemos topado con unos gigantes multinacionales que nos querían impedir llegar. El mayor Moisés nos dice que son molinos de viento; el comandante Tacho dice que son helicópteros. Yo les digo que no les crean: eran gigantes (citado en Vázquez Montalbán 1999b: s. p.).

En esta cita, Marcos se asigna a sí mismo el rol de Don Quijote –el que imagina ver a los gigantes– en vez del de Sancho Panza. En otro momento se convierte en boca de Durito en "mi querido Guatson" (DD 75, comunicado del 17 de julio de 1995; comunicado de septiembre/octubre de 1995) o "Whatson Sup" (DD 18, comunicado del 11 de marzo de 1995). Esto haría pensar que Durito se presentaría como Sherlock Holmes. Sin embargo, una vez más los papeles se mezclan ya que Durito no es Sherlock Holmes sino que éste es un antiguo alumno del escarabajo quien se sorprende del hecho de que "Jolms" haya llegado a ser un personaje literario famoso. Otro escritor que se hizo famoso gracias a Durito es Bertolt Brecht. Durito resulta ser el autor verdadero de la obra de Brecht a quien dejó, por simpatía, el honor de firmar sus textos: "Bueno debo advertirte que Bertolt se limitaba a transcribir lo que yo le iba dictando. Algo muy parecido a lo que tú haces ahora. Pero ese detalle no lo hagas público" (DD 137, comunicado del 5 de julio de 1996). En honor a Brecht, Durito está dispuesto a hacer como si los dos hubieran escrito juntos el texto en cuestión. Su título: "Ponencia conjunta del Bertolt y el Durito". El lugar y la fecha: "Berlín-San Cristóbal, 1949-1996". Marcos le advierte en cierto momento a Durito: "Creo que te están confundiendo los tiempos y las novelas" (DD 33, comunicado del 4 de abril de 1995). A esta crítica, Durito opone repetidamente su propia visión lamentando que Marcos no la pueda compartir ya que no conoce la teoría de Umberto Eco sobre la *opera aperta* (DD 91, comunicado del 14 de enero de 1996). Además de ser un adepto de dicha teoría, Durito está convencido de que la naturaleza imita al arte (DD 67, comunicado del 30 de junio de 1995), una afirmación que confirma la función prioritaria de los signos en la guerrilla zapatista.

La confusión entre personajes y voces y el cuestionamiento de la función del autor en los textos sobre Durito son elementos que inducen a ver a los personajes creados por Marcos, y sobre todo a aquellos que le corresponden a él mismo, en relación con la índole intercambiable y fluctuante de las identidades individuales en las filas zapatistas. Entre los guerrilleros, cada uno es todos y todos son cada uno. Por una parte, se puede relacionar la irrelevancia de las identidades con la cultura maya. Según el antropólogo Carlos Lenkersdorf, el papel del sujeto creador no se realza en el contexto intersubjetivo de los mayas. Entre ellos las obras culturales ni siquiera reciben la firma del artista (1996: 121, 148), una ausencia de 'solistas' que tiene como complemento la importancia de la comunidad (*ibíd.*: 159). Por otra parte y sobre todo, dichos elementos parecen sugerir que no importa Marcos ya que no importa quién le presta su voz a la comunidad. De nuevo podemos relacionar estas interpretaciones con la imagen del pasamontañas. Ya no lo consideramos, entonces, en función del color oscuro con el que permite al Subcomandante cubrirse, sino como un signo de la falta de trascendencia de la voz individual en el ejército zapatista y de la identidad plural, cambiante, poco definida y aún menos significativa de Marcos[16].

---

[16] Por otra vía, Pellicer llega a una conclusión parecida: "Si al principio el pasamontañas obedecía a una medida de seguridad para ocultar una identidad, hoy la máscara ya

7. Las mujeres de maíz, doblemente discriminadas

Desde temprano, el EZLN ha llamado la atención sobre un grupo especialmente afectado por la cuestión de la representación, las mujeres indígenas[17]. En los comunicados, éstas aparecen retratadas como doblemente discriminadas, sufriendo la dominación de diferentes personificaciones de 'patriarcado' y en este sentido comparables con Miranda, la figura de la hija del náufrago Próspero en la última obra de Shakespeare, *The Tempest*, dominada tanto por el autóctono Calibán como por el colonizador en la figura de su propio padre (Donaldson 1992). Las indígenas estaban en una situación de doble desventaja, marginadas por un criterio de género en sus propias tradiciones indígenas en el plano local y por un criterio étnico y económico en la sociedad mestiza en el ámbito nacional. A fin de mejorar esta situación, los zapatistas especificaron las demandas de las mujeres en varios tipos de documentos. Las recogieron primero en textos destinados a un uso interno antes de incluirlas en pliegos de demandas dirigidos a actores externos, entre ellos el Gobierno de la nación. Empezaré por analizar estos documentos para confrontarlos después con la imagen de la mujer tal y como aparece en los relatos de Marcos.

Primero se hicieron públicas las demandas internas. Fueron reunidas en un capítulo de las 'leyes revolucionarias' publicadas por la guerrilla el primero de diciembre de 1993 en *El Despertador Mexicano*, su órgano informativo oficial (en *EZLN1*: 36) y divulgadas en los periódicos en enero de 1994 (*EZLN1*: 45). El capítulo sobre las mujeres fue aprobado en marzo de 1993. Mediante esa 'Ley revolucionaria de mujeres' los zapatistas querían poner en práctica en el seno de su propio movimiento un principio por el que luchaban en el plano nacional, desterrar cualquier situación de subordinación y dar una voz a los más marginados. Concretamente, dicha ley recoge diez exigencias que tienen que ver por una parte con la posición de las mujeres dentro de los pueblos indígenas y que se centran por otra parte en su inserción en la estructura de la guerrilla. En lo que toca a ésta, se estipula

sólo enciende la imaginación y así revela una identidad: la del autor o creador. Es así el mejor ejemplo, el más diáfano, de lo que la teoría literaria se ha empeñado en llamar el 'autor implícito'. No importa su existencia personal –'nombre, señas particulares, etc.'– sino la existencia que exclusivamente revela el texto" (1996: 201).

[17] También los homosexuales reciben mucha atención en los comunicados del EZLN y se los asocia varias veces con los indígenas (véanse, por ejemplo, *EZLN2*: 409, *EZLN2*: 450, *EZLN3*: 262, *EZLN3*: 304, *EZLN3*: 430, Subcomandante Marcos 2000a: 210, Subcomandante Marcos 2000b: 114).

que las mujeres podrán ocupar cargos de dirección y tener grados militares (*ibíd.*: 45). En lo que concierne a sus pueblos, se pide, entre otros cambios, que las mujeres tengan derecho a elegir su pareja, que no sean obligadas por la fuerza a contraer matrimonio, que puedan decidir el número de hijos que quieran tener y que no sean maltratadas. Pero las leyes también insisten en la necesidad de que el papel de la mujer, tradicionalmente reducido a la vida privada, se amplíe hacia funciones públicas. Afirman, por ejemplo, que las mujeres tienen derecho a trabajar y a recibir un salario justo así como a participar en los asuntos de la comunidad. Si bien algunos relativizan la supuesta posición subordinada a la que la mujer indígena habría estado relegada antes del alzamiento zapatista (véase Lenkersdorf 1996: 82), la mayoría de los observadores celebran esas leyes por su carácter revolucionario dentro del ámbito indígena chiapaneco precisando que el sistema de gobierno en los pueblos indígenas involucrados en la rebelión era tradicionalmente una gerontocracia masculina que excluía la participación de las mujeres en las deliberaciones y las decisiones (véanse Le Bot 1997: 84; Rovira 1997; Millán 1998; Gil Tébar 1999: 145; Hernández Castillo 2001). La exclusión de las mujeres en la siembra del maíz ejemplifica esta situación. Es significativa en la medida en que el maíz tiene una importancia simbólica muy grande en esas culturas fundadas sobre su cultivo: "El maíz, como planta sagrada que simboliza a la propia cultura, sólo puede ser cultivado por los hombres. De algún modo, por tanto, se está queriendo emitir el mensaje de que son ellos los auténticos y únicos portadores de esta cultura, ya que en sus manos está el poder de perpetuación que les confiere la exclusividad de la siembra" (Gil Tébar 1999: 170).

La cuestión de la mujer volvió a surgir en un pliego de demandas frente a actores externos. Un comunicado publicado en 1994, cuando se acercaba el día de la mujer, recoge 34 demandas en total. Una de ellas, la vigésimo novena, se presenta como "petición de las mujeres indígenas": "Nosotras, las mujeres campesinas indígenas, pedimos la solución inmediata de nuestras necesidades urgentes, a las que el gobierno nunca ha dado solución" (comunicado del primero de marzo de 1994, en *EZLN1*: 183). La lista incluye once demandas relacionadas sobre todo con la falta de infraestructura en materia de educación y alimentación. Así, las mujeres piden que se edifiquen maternidades con ginecólogos y que se construya una red de transportes para que puedan comerciar sus productos (*ibíd.*: 184). Esto provoca una ambigüedad en el discurso del EZLN sobre la mujer. En las demandas internas, los zapatistas piden que el rol tradicional privado de las mujeres se amplíe hacia otros papeles públicos. En las demandas externas, por el contrario, las mujeres se reposicionan otra vez en papeles tradicionales y privados de madres, educadoras y suministradoras de comida para la familia. Se podría inferir de ahí que el EZLN no asocia la cuestión de la emancipación de la mujer con la democratización del Estado, una asociación medular en el pensamiento feminista[18].

No obstante esta dificultad, las propuestas del EZLN relativas a la emancipación de los marginados y su reconocimiento del estatuto específico de las mujeres entre éstos han despertado el interés de varias corrientes feministas[19]. Las pensadoras ubicadas en el ámbito de la revista *La Correa Feminista*, por ejemplo, han comentado la posición de la guerrilla con respecto al papel de la mujer. En 1999 reunieron algunos de sus puntos de vista en una antología titulada *Chiapas ¿y las mujeres qué?*[20]. La publicación deja entrever que, desde el punto de vista de las feministas, el EZLN abandera ideales positivos pero actúa a veces de manera indigna. La crítica más incisiva se dirige contra el uso de la violencia. Ximena Bedregal sostiene que el discurso que porta la visión del EZLN es fuertemente patriarcal, en dos sentidos:

> El primero porque fortalece la idea de que a la violencia sólo se la puede combatir con la violencia y de que ésta es válida si viene de los desamparados, los desposeídos, los oprimidos. Argumento contra el cual el feminismo ya ha dicho bastante [...]. El segundo porque premeditadamente buscó, en la propia ética que dice combatir (el poder económico y político nacional e internacional), el permiso para matar y morir (1999: 47).

También la posición marginal de la actuación femenina en el ámbito zapatista es criticada. Aunque la 'Ley de mujeres' es un indicio del esfuerzo por proporcionar a las mujeres un lugar equivalente en las filas zapatistas al lugar ocupado por los hombres, varias feministas han observado que las mujeres guerrilleras siguen desempeñando, con todo, papeles bastante secundarios en la lucha. Bedregal se muestra escéptica frente a la valoración verbal de las mujeres. Recuerda que es una tradición en la historia de las guerrillas valorar temporalmente la fuerza femenina y señala que ello no

---

[18] En su estudio sobre los mam, *Histories and Stories from Chiapas. Border Identities in Southern Mexico*, Aída Hernández Castillo dice que las propias mujeres chiapanecas en el Encuentro-Taller Los Derechos de las Mujeres en Nuestras Costumbres y Tradiciones de mayo de 1994 sí establecieron una relación entre la reforma y la democratización del Estado por una parte y las demandas de las mujeres zapatistas por otra (2001: 220).

[19] Según Harry Cleaver, el tema de la emancipación de la mujer incluso explica en parte la atención internacional de la que se ha beneficiado el EZLN (1998: 624, nota 9).

[20] El libro está disponible en Internet <www.creatividadfeminista.org/libros.htm>.

implica necesariamente un avance real en las condiciones de vida de las mujeres (1999: 54)[21]. Por su parte, Rosa Rojas (1999: XII) opina que el EZLN no valora suficientemente a la mujer, ni siquiera verbalmente. Critica a la guerrilla porque posterga las voces de las indígenas y se niega a escucharlas (*ibíd.*).

Esta cuestión de la voz es un tema bastante debatido. Sobre todo las mujeres han observado que la mujer indígena no sólo es arrinconada en calidad de actora dentro de la guerrilla zapatista propiamente dicha sino que también es periférica su palabra dentro del discurso público de los zapatistas. Rojas (1999: 11), Pérez U. y Castellanos (1999: 27), Álvarez Herrera (1999: 91) y Belausteguigoitia (2000) han llamado la atención sobre el hecho de que, aparte de algunas excepciones a menudo mencionadas por los zapatistas a modo de ejemplo, las indígenas no hablan por sí mismas[22]. Admiten, sin embargo, que no todo se debe a la mala voluntad o a un hábito patriarcal inamovible al reconocer que las mujeres indígenas carecen a menudo del capital cultural necesario para poder hablar a un auditorio externo. Particularmente decisivo en este sentido es que les falten los conocimientos del español, por lo cual suelen necesitar la mediación de un hombre que traduzca. Sea cual fuere el motivo de su silencio, la mujer es más bien el objeto de un discurso zapatista masculino que una voz participante. Este análisis contrasta mucho con aquel hecho por Marcos en septiembre de 1994 cuando dijo: “No necesitan ya que nadie hable por ellas, su palabra sigue la doble ruta de la rebelión con motor propio” (en *EZLN2*: 59).

Los reparos de las feministas alternan con valoraciones positivas, incluso de parte de las mismas. Ximena Bedregal, quien critica a los zapatistas por haber adoptado la lógica bélica, afirma simultáneamente que cabe diferenciar entre diversas maneras de hacer la guerra y aprecia sobremanera el objetivo del EZLN de devolverles la voz a los sin voz: “La guerra de Chiapas tiene un elemento también rebelde y particular que posiblemente no existe en las guerras oficiales y que es: tomar la palabra contra quien la niega. En eso los indios se parecen a las mujeres: son una otredad invisibili-

[21] En su estudio *Las conspiradoras. La representación de la mujer en México* Jean Franco observa, por su parte, que las mexicanas siempre han sido fuertes en tiempos de guerras y conflictos civiles (1994: 129).

[22] La investigación sobre el multilingüismo en Chiapas de Rodrigo de la Torre Yarza que fue publicada en el año de la rebelión zapatista muestra que el hábito de aislar a la mujer sigue vivo. Todos sus entrevistados son hombres debido a que “el acceso a la plática con las mujeres es difícil, ya que no es bien visto que conversen con hombres y menos con desconocidos” (1994: 83).

zada, silenciada, castigada y oprimida. A muchos análisis sobre la situación de los indios se les podría cambiar la palabra 'indios' por 'mujeres' y a muchos sobre las mujeres por el de 'indios' y no se notaría" (1999: 44, véanse también Gil Tébar 1999 y Rovira 1997). Otro aspecto acogido con entusiasmo por distintas feministas es el estilo de Marcos (Álvarez Herrera 1999: 95). Incluso a Bedregal, que no es parca en críticas al movimiento zapatista, le parece que el Subcomandante ha dado una lección a las feministas porque ha sido capaz de llegar a la gente, un proyecto en el que el feminismo a menudo ha fracasado: "Una comunicación parecida a ésta ha sido una de las utopías feministas de la comunicación" (*ibíd.*: 51).

En cuanto a Marcos, éste sugiere de distintas maneras que es sensible hacia el tema del género. En el nivel sintáctico se muestra consciente del androcentrismo lingüístico del castellano que, al emplear el género masculino, incluye el femenino. A menudo cuestiona esta inclusión al especificar ambos géneros. Insta por ejemplo "a todos y todas las y los brigadistas, y a las distintas coordinadoras a que se mantengan en contacto" (Subcomandante Marcos 2000b: 67). No obstante, esta sensibilidad no es sistemática y Marcos trata la cuestión del género principalmente en ocasiones especiales como el día de la mujer. En efecto, entre los zapatistas, el ocho de marzo no pasa desapercibido. Marcos escribe con respecto a eso: "Cada 8 de marzo, los insurgentes nos ponemos frente a las insurgentas y les damos el saludo militar. Por lo regular suele seguir una pequeña fiesta con los magros recursos de nuestros campamentos de campaña" (comunicado de marzo de 2000, en *EZLN4*: 417-418). Entonces acostumbra a hacer protagonista a alguna de las "insurgentas" (*sic*) más excepcionales para luego subrayar que este carácter excepcional no lo es tanto cuando se las compara con las demás mujeres zapatistas, ya que las más anónimas entre ellas son mujeres admirables.

Entre las zapatistas que aparecen destacadas en los textos de Marcos se encuentran Lucía, la autora de la letra del himno zapatista; Mariana, su novia, con quien entretanto habría formalizado su relación (Huffschmid 2001: 146), que aparece en los comunicados desde fines de 1996 y a quien Marcos en sus relatos llama 'la mar'; Ramona, una indígena de pequeña estatura que padeció una larga enfermedad; Susana, la primera revolucionaria que impulsó las leyes de mujeres y Ana María, la mayor del ejército zapatista que organizó la toma de San Cristóbal de las Casas el famoso primero de enero y quien, según De Vos, fue la compañera de Marcos durante más de diez años y posiblemente la hija del Viejo Antonio, quien en realidad se habría llamado José Antonio (2002: 369). Marcos ha tratado sobre el papel de Susana en uno de los primeros comunicados que dirigió a la prensa después del alzamiento:

> Susana, tzotzil, está enojada. Hace rato la burlaban porque, dicen los demás del CCRI, ella tuvo la culpa del primer alzamiento del EZLN, en marzo de 1993. 'Estoy brava', me dice. Yo, mientras averiguo de qué se trata, me protejo tras una roca. 'Los compañeros dicen que por mi culpa se alzaron los zapatistas el año pasado'. Yo me empiezo a acercar cauteloso. Después de un rato descubro de qué se trata (comunicado del 26 de enero de 1994, en *EZLN1*: 108).

Ocurrió que Susana fue la responsable de recorrer decenas de comunidades indígenas para recoger las opiniones de las mujeres. En la asamblea del CCRI, a ella le tocó luego leer sus conclusiones y dar a conocer las demandas de las mujeres. Marcos describe las reacciones del público de la manera siguiente:

> Al final [Susana] dejó un silencio pesado. Las 'leyes de mujeres' que acababa de leer Susana significaban, para las comunidades indígenas, una verdadera revolución. Las responsables mujeres estaban todavía recibiendo la traducción, en sus dialectos, de lo dicho por Susana. Los varones se miraban unos a otros, nerviosos, inquietos. De pronto, casi simultáneamente, las traductoras acabaron y, en un movimiento que se fue agregando, las compañeras responsables empezaron a aplaudir y hablar entre ellas. Ni qué decir que las leyes 'de mujeres' fueron aprobadas por unanimidad (*ibíd.*: 109).

En los fragmentos citados Susana aparece como la que infunde autoridad y hasta miedo (Marcos se protege) y toma las decisiones finales (las leyes se aprobaron a pesar del descontento masculino). Finalmente, su identidad individual resume una identidad global puesto que es apoyada por las demás mujeres que se imponen como grupo a los hombres.

Seis años después, el ocho de marzo de 2000, con ocasión del día de la mujer, Marcos difundió otro comunicado titulado "¡Insurgentas! (*La Mar* en marzo)", dedicado, entre otras personas, a su compañera Mariana. En el texto, subraya las dificultades encontradas por Mariana y las mujeres indígenas cuando entran en las filas zapatistas e insiste en la discriminación que sufren: "Además de enfrentarse a un medio físico que es particularmente agresivo, las *insurgentas* deben también enfrentarse a un código cultural que, por encima de la división mestizo-indígena, determina *espacios* (quiero decir actitudes, lugares, cargos, trabajos, responsabilidades y los etcéteras múltiples que agrega una sociedad construida en la exclusión) que no son para mujeres" (comunicado de marzo de 2000, en *EZLN4*: 418). Apunta luego a lo que llama "sinsabores y cegueras" del mundo indígena frente a las mujeres y alude al doble anonimato en que éstas trabajan al afirmar en un lenguaje asombrosamente parecido al de Spivak en su texto

"Can the Subaltern Speak?" que "las *insurgentas* suman una *sombra* más a la del pasamontañas que portan: son mujeres" (en *EZLN4*: 419; subrayado mío)[23]. La tarea es doblemente difícil para mujeres que ocupan un rango de mando porque "deben enfrentarse a la resistencia mayoritaria de los insurgentes a recibir órdenes de una mujer" (*ibíd.*: 418). En el comunicado, Marcos vuelve a llamar la atención sobre el protagonismo de la mujer entre los zapatistas al contar que fue Mariana quien organizó la consulta zapatista en 1999 mediante la cual el EZLN pidió a la sociedad civil su opinión sobre los puntos centrales de la agenda zapatista (véase Molina Esquivel 2003: 23). Esto le permite al mismo tiempo minimizar una vez más sus propias intervenciones:

> Ella fue la arquitecta de la consulta nacional e internacional de hace un año (y parte importante de todas y cada una de las iniciativas de paz en estos seis años) y, como frecuentemente ocurre con las zapatistas, su anonimato es doble por el hecho de ser mujer. Ahora, puesto que 8 de marzo, quisiera dejar claro que, aunque me corresponde la figura pública las más de las veces, muchas iniciativas son autoría, en su diseño y concreción, de otros compañeros y compañeras. En el caso de la consulta, fue una mujer, una zapatista, *La Mar* (*EZLN4*: 420).

Las palabras que el Subcomandante dice en alabanza del grupo de mujeres son de tal orden que éstas aparecen siendo superiores a los combatientes masculinos: "saludamos a todas las que nos precedieron, y que, en más de un sentido, nos *trascienden*" (*ibíd.*: 419; subrayado mío)[24].

La breve muestra precedente permite deducir que los comunicados dedicados por Marcos a la presencia femenina en el ejército zapatista configuran una galería de retratos de mujeres que tienen unos rasgos comunes. Bien se llamen Mariana, Ana María, Lucía, Ramona o Susana, aparecen por una parte como mujeres excepcionales que son, por otra parte, representativas de todas las mujeres que participan en la guerrilla zapatista. Cada una le sirve a Marcos para enfatizar el protagonismo del grupo de las mujeres en el

---

[23] Quince años antes de este comunicado de Marcos, Spivak escribió en dicho artículo –"Can the subaltern speak?"–: "If, in the context of colonial production, the subaltern has no history and cannot speak, the subaltern as female is even more in the shadow" (1994 [1985]: 83).

[24] Marcos afirma que, en el caso de la consulta, la movilización de las mujeres fue la columna vertebral y que ellas fueron mayoría. Según Gutiérrez Carlín, las mujeres desempeñan, en efecto, un papel importante en la organización logística del EZLN. Avanza cifras según las cuales el 55% de las bases de apoyo y el 33% de las fuerzas combatientes de la guerrilla están constituidos por mujeres (1996: 28).

EZLN. Un segundo rasgo asociado con ellas es el carácter revolucionario de su quehacer. Si Susana causó una revolución entre los indígenas al hacerse portavoz de las leyes de las mujeres, también las demás aparecen como revolucionarias al cuadrado ya que deben rebelarse contra una situación doblemente discriminatoria. Finalmente, en los comunicados que se les dedican, las mujeres aparecen como sujetos activos: hablan en público, participan en la toma de decisiones y empuñan las riendas de su propio destino así como las del porvenir de sus pueblos. Está claro que en los ensayos que el Subcomandante dedica a la mujer, crea la imagen de una 'mujer nueva', combativa y combatiente en la vida pública.

8. Entre Susana y Dulcinea

En los relatos sobre el Viejo Antonio y sobre Durito también hay personajes femeninos. Incluso suelen tener los mismos nombres que los personajes que aparecen en los textos menos literarios y ficticios de Marcos que se acaban de citar. Así, Mariana aparece en la cadena de delegaciones de voces en los relatos del Viejo Antonio como destinataria de la historia: "Cuenta el viejo Antonio que cuando era joven Antonio y su padre era el viejo Antonio le contó la historia que ahora me dicta al oído *para que la mar la conozca de mis labios*" (VA 123; subrayado mío). El receptor final del mensaje en la cadena de transmisores masculinos –don Antonio, el Viejo Antonio y Marcos–, es, pues, una mujer. Su participación es silenciosa en la medida en que prácticamente sólo escucha y casi no habla[25]. También llama la atención el hecho de que no haya casi ninguna relación directa entre el Viejo Antonio como sabio de la comunidad y Mariana que, sin embargo, siempre está al lado de Marcos. A veces incluso ambos personajes se cruzan sin que llegue a establecerse ningún contacto entre ellos: "En ese momento, por entre la

[25] La única mujer combativa que aparece en los *Relatos de el Viejo Antonio* es Ana María. Cuando es la hora de decidir el uso del pasamontañas, surge una discusión entre distintos zapatistas a la que ella pone fin:

> "¿Y cómo vamos a hacer las mujeres con el pelo largo?". Pregunta y protesta Ana María.
> "Que lo corten su pelo", dice Alfredo.
> "¡N'ombre! ¿Cómo crees? Yo digo que hasta falda deben llevar", dice Josué.
> "Que lleve falda tu abuela", responde Ana María.
> (VA 38).

niebla de la alta montaña e *inadvertido por la mar*, se llega el Viejo Antonio a mi lado" (VA 115; subrayado mío)[26]. Es como si la presencia de Mariana sólo se debiera a una circunstancia de su vida privada, su relación de noviazgo con el Subcomandante. La otra mujer que aparece en la narración marco es la esposa del Viejo Antonio, doña Juanita. Las referencias a ella en el libro la muestran ocupada en tareas caseras tradicionalmente femeninas. Atiza el fogón (VA 19), hace el café (VA 105) y prepara el pan de maíz y azúcar (VA 113). De la misma manera que la Mar está atenta a la palabra de su compañero, Juanita está pendiente de las necesidades diarias de su esposo y sus hijos. En los *Relatos de el Viejo Antonio* los protagonistas son masculinos y las mujeres, pendientes de ellos, personajes tradicionales y silenciosos retratados en función de su relación privada con los hombres y relegados a la sombra de la acción y de la comunicación.

Una lectura de los textos sobre Durito en función del mismo tema saca a la luz que las coincidencias son abundantes. La primera concierne al sexo de los protagonistas, Durito y Marcos. Durito, como se deduce directamente de su nombre, es un personaje muy masculino. Sin embargo, la propia condición de escarabajo es neutra en cuanto se refiere al género, por lo cual Marcos hubiera podido darle otro nombre y asociarlo tanto con el género femenino como con el masculino. También los constantes cambios de identidad de Durito hubieran posibilitado presentarlo como una mujer. En un texto dedicado a las mujeres, Marcos lo presenta de la manera siguiente:

> Así que para saludar a las mujeres que luchan, y, sobre todo, a las mujeres que luchan y no se ven en varios sentidos, las insurgentas, salen estas líneas. Para celebrarlas he pedido el acompañamiento de un antiguo sabio indígena: el viejo Antonio, y del más intrépido y galán caballero que han visto estos mundos: Durito (alias Nabucodonosor, alias don Durito de la Lacandona, alias Black Shield, alias Cherloc Jolms, alias Durito Heavy Metal, alias lo que se le ocurra) (comunicado de marzo de 2000, en *EZLN4*: 420-421).

Las identidades de Durito se diversifican desde el punto de vista geográfico –a veces se presenta como mexicano, a veces es un personaje extranjero–, y literario ya que a veces es identificado con personajes literarios preexistentes mientras que otras veces se convierte en un personaje totalmente nuevo. En la larga serie de identidades y disfraces no hay, sin embargo, ninguno que

---

[26] Hay una excepción bastante tardía a esta regla en un texto de agosto de 1998 que dice: "Y entonces resulta que viene el Viejo Antonio con uno de los regalos para la mar y cuenta, nomás por contar…" (en Subcomandante Marcos 2000a: 299).

corresponda a una figura femenina. Al contrario, Durito se presenta muy explícitamente como escarabajo macho, "el oscuro objeto del deseo de toda fémina que se precie de serlo" (DD 123, comunicado del 6 de abril de 1996).

Si bien hay personajes femeninos en los cuentos de Durito, son figurantes que se quedan al margen de la acción principal y de los numerosos diálogos entre Durito y Marcos. Hay, sin embargo, algo que los diferencia de los personajes femeninos en los relatos de Antonio y es que se los ubica en un ambiente erótico. Este hecho aumenta la hombría de los protagonistas masculinos Durito y Marcos y hace simultáneamente que la mujer sea retratada como un objeto del deseo masculino. En lo que toca a Mariana, la mar, por ejemplo, aparece muy poco como la mujer activa en la lucha que toma iniciativas y se distingue de sus compañeros. Su quehacer en los cuentos de Durito tampoco se limita a escuchar a Marcos sino que es retratada como la causa del mal de amores del Subcomandante. Durito se da cuenta de la tristeza de su escudero y dice:

> –Me supongo, mi futuro espolón de proa, que lo que te tiene triste y apesadumbrado no es otra cosa que una fémina, una hembra, una mujer, pues.
>
> Yo suspiro, Durito sigue:
>
> –Mira, mi querido marinero de tina de baño: si quien os desvela es una mujer, pero una de única, entonces el mal es grave pero el remedio es posible.
>
> Yo me confesé:
>
> –Resulta que sí, que es una mujer, una de única, ella que es mar por muchas más cosas que el 'Mariana' que la nombra. En mala fecha me alejé de ella y ahora no encuentro el modo o forma de que me acoja de nuevo en sus humedades, que olvide malas tempestades, que me perdone, pues (comunicado de marzo de 2000, en *EZLN4*: 421-422).

Tal y como hace su escudero, Don Durito de la Lacandona suspira por su 'fémina', Dulcinea. Al mismo tiempo, Durito está convencido de que tiene numerosas, demasiadas, admiradoras de modo que para escapar de ellas y a fin de hacerse irreconocible, en cierta ocasión se 'camufla' (DD 87, comunicado del 9 de enero de 1996).

La imagen del caballero andante como agente y objeto del deseo parece ser la transposición al nivel de la ficción de la adhesión femenina de la que Marcos ha gozado y que se ha convertido en un tema de bromas y comentarios diversos. Según César Romero, "este ladino cuarentón del pasamontañas también pasó a ser –para millones de mujeres– el apetecible galán de telenovelas capaz de despertar sus más exóticas fantasías sexuales" (1994: 20-21) y la atracción ejercida por Marcos sobre las mujeres es parodiada en la novela *Marcos' Fashion, o de cómo sobrevivir al derrumbe de las ideolo-*

gías sin perder el estilo, de Edgar Bermejo Mora (véanse igualmente Romero 1994: 20; Gómez-Peña 1995: 92; De la Grange y Rico 1998: 213; Huffschmid 2001: 146). El propio Subcomandante no se ha abstenido de hacer confidencias desafiantes al respecto. Así, cuando Yvon Le Bot le preguntó por qué seguía negándose a reconocer su identidad 'verdadera' de Rafael Guillén, contestó: "Porque no lo soy, pero ya con este [...] Primero son problemas estéticos, ¡me arruinó la correspondencia femenina! Eso sí es verdad. Era más atractivo cuando no decían que era ése [...] ¡tengo que convencer a mis admiradoras de que no soy tan feo! Realmente la campaña fue fuerte y no he podido recuperar mi *sex appeal*, ahí está Brigitte Bardot, que no manda ni una carta..." (1997: 369).

Ya he señalado que Marcos ha afirmado en diversas ocasiones que su manera desenvuelta de tratar las relaciones sexuales le ha merecido críticas de sus propios jefes indígenas. Éstos se habrían enojado por ejemplo por una posdata previa al importante 'diálogo de la Catedral' con el Gobierno (Marcos, en Huerta de Durán 1994: 74; Marcos, en Le Bot 1997: 353). Dicha posdata (comunicado del 16 de febrero de 1994, en *EZLN1*: 155) decía: "¿cuánto por un pasamontañas?, y ¿cuánto por la media filiación de la cintura para abajo?"[27]. Pero Marcos también ha dicho que con sus afirmaciones desenvueltas aun se ha hecho con otros adversarios. En cierto momento el EZLN propuso a los comités zapatistas europeos que se hiciera un encuentro en Berlín, el símbolo del 'fin de la historia', para denunciar la mentira del fin de la historia y obligar a ésta a retomar su marcha (Baschet 2002: 14). En la posdata a esta carta el autor Marcos escenificó otra vez al narrador y personaje Marcos junto con Durito: "Durito va a Europa, quiere que me vaya con él en una lata de sardinas, yo le digo que no, porque toda humedad que no sea femenina me provoca mareos" (DD 86, comunicado de enero de 1996). Según cuenta, la posdata provocó un escándalo entre las feministas europeas que no tardaron en acusarlo de sexismo (Le Bot 1997: 352). Llama la atención que Marcos no silencie dichas reacciones críticas sino que las recuerde abiertamente y en distintas ocasiones. El que insista en la reacción de rechazo de los indígenas se explica obviamente por el hecho de que quiere mostrar el control ejercido por éstos sobre su discurso. En cuanto a la reacción

[27] En el libro de Gutiérrez Carlín aparece una crítica semejante de los indígenas en contra de la asociación entre el zapatismo y la sexualidad. La autora cuenta cómo algunos indígenas se sintieron molestos y heridos cuando descubrieron el negocio de los condones cuyo envoltorio llevaba una fotografía impresa de un hombre con pasamontañas (Gutiérrez Carlín 1996: 99). Gómez-Peña (1995 :97) y De la Grange y Rico (1998: 212) hablan de los 'marcondones'.

negativa de las feministas, creo que Marcos la destaca porque le brinda la oportunidad de construirse un autorretrato irónico de macho tradicional y exhibir su actitud de tolerancia en materia de moral privada[28].

El estudio del tema de la posición de Marcos en las filas zapatistas ha comprobado que las imágenes que aparecen en los relatos corren parejas con ciertas afirmaciones respecto del mismo tema en las zonas menos literarias del discurso guerrillero. Esta congruencia no se comprueba del todo en lo que toca al tema de la mujer. En el discurso de Marcos coexiste la imagen de 'la mujer nueva', combativa y protagonista, con otra tradicional y secundaria que desdice el programa zapatista de emancipación de la mujer. La primera imagen emerge en los textos que tratan explícitamente de la emancipación de la mujer. La segunda se manifiesta en los relatos, donde la presencia femenina no es muy protagónica. El carácter sistemático de esta distribución parece indicar que no es casual y sugiere que el Subcomandante cuida mucho lo que dice cuando la mujer es un tema central y que esta disciplina se relaja en los demás casos. Esta falta de congruencia sería entonces un indicio de la posición que ocupa el tema de la emancipación femenina en el programa zapatista. A pesar de todo lo que se ha escrito sobre él, en comparación con otras cuestiones, tendría una importancia menor. Mostraría que, aunque los zapatistas se esfuercen por devolverles su voz a los más desheredados y olvidados, no otorgan una presencia igualmente central a las mujeres.

Tiendo a creer, sin embargo, que la imagen literaria de la mujer no se debe a un descuido sino que es conscientemente creada por Marcos. Es legítimo conjeturar que éste se haya sentido menos inhibido en sus relatos que en sus demás textos y que su tendencia al relajamiento y a la burla haya sido tonificada por el género narrativo. La ficción permite más libertad de expresión por parte del autor quien podría pensar –con razón– que los lectores la leen menos por su valor referencial que por su congruencia poética. Es verdad que las historias de amor de Durito y las bromas relacionadas con el laberinto del amor confieren cierta ligereza de tono a los relatos y son capaces de seducir a los lectores. Además, es probable que la mayoría de éstos no se hayan escandalizado por las relaciones tradicionales y las imágenes machistas que aparecen en los relatos. Pues, se ha argumentado que en México, dentro del general desbarajuste de imágenes y valores provocado por la posmodernidad, algunas figuras son excepcionalmente estables. La

[28] Una de las críticas de Marcos contra el Partido de Acción Nacional en México concierne precisamente su conservadurismo moral (comunicado del 14 de enero de 1996, en *EZLN3*: 108).

mujer como objeto y el hombre como macho y protagonista formarían parte de esos mitos inquebrantables (Gómez 1997: 90). Es defendible la idea de que Marcos ha querido dejar intactos esos mitos en sus relatos –que se dirigen, como él mismo ha dicho, al corazón de sus lectores– por la doble razón de que su deconstrucción no es un objetivo prioritario en la agenda política de los zapatistas y porque con esa deconstrucción hubiera podido perderse una parte de su público lector.

Finalmente, el estudio de este aspecto de los relatos se puede beneficiar de una referencia a una tradición literaria establecida. Edward Said ha recordado en *Culture and Imperialism* que la relación de amistad casi idílica que une a dos compañeros masculinos tiene una larga genealogía literaria (1994: 167). De la misma manera que sucede en otros muchos relatos de aventureros con un carácter a veces picaresco, los relatos de Marcos celebran la amistad de dos hombres en un contexto difícil y a veces hostil. En el campo o en la carretera dos hombres viajan y se ayudan más fácilmente cuando intentan realizar un sueño que si estuvieran acompañados de una mujer. Said dice al respecto que la frontera americana y la India colonial, a pesar de ser muy distintas, sin embargo suscitan imágenes que dan una gran prioridad a las relaciones masculinas. A ambas zonas se podría ahora añadir la de la frontera sur de México. Marcos y Durito o Marcos y el Viejo Antonio engrosan desde ya la larga lista de compañeros de aventuras masculinos más conocidos como Jasón y Ulises, Don Quijote y Sancho Panza, Holmes y Watson, Batman y Robin o Kim y el lama.

9. Una ruptura en la tradición

En los años siguientes a la insurrección zapatista aparecieron en los foros intelectuales mexicanos y en diversos análisis sobre México textos que anunciaban la inminente desaparición de la función intelectual. Vicente Lecuna citó varios diagnósticos al respecto en un largo ensayo titulado *La ciudad letrada en el planeta electrónico. La situación actual del intelectual latinoamericano* (1999) y la *Jornada Semanal* del 8 de enero de 1995 publicó artículos de Jean Franco y Roger Bartra sobre la intelectualidad y la cultura escrita en los que se confirma su desaparición y se atribuye el desencanto con la función estratégica del intelectual y de la novela a factores como la desilusión con el socialismo, el colapso del comunismo, el eclipse de los medios impresos y la globalización de los medios electrónicos.

Ahora bien, en una investigación sobre la relación entre los intelectuales mexicanos y el pueblo, Max Parra (1995: 69) argumentó que el impulso definitivo a estas interpretaciones lo dio la insurrección del EZLN. Considerando la rebelión zapatista como un signo de la emancipación de los marginados cuyas demandas ellos habían articulado durante un largo período posrevolucionario, muchos intelectuales habrían reaccionado hostilmente frente a la aparición del EZLN porque éste anunciaba su propio desempleo. Aunque la interpretación de Parra fuera válida, la presente investigación demuestra de todas maneras que son problemáticas las premisas en las que se basa, que el EZLN habría puesto fin al papel central de los intelectuales y la cultura escrita en la historia social de América Latina, que constituiría una ruptura total y que se podría hablar de una repentina 'desubalternización' de una población marginada desde hace varios siglos. La presencia de Marcos en el discurso de los zapatistas, como tema y personaje, pero sobre todo como autor, es demasiado prominente como para decir que los indígenas se representan sin mediación de un portavoz y como para minimizar la presencia de un letrado entre ellos.

Tras constatar esto, una comparación con la sublevación contemporánea de los pueblos indígenas en Ecuador se impone. Allí fueron representados por un indígena que era, además, una mujer, la abogada Nina Pacari (Guerrero 2000). El hecho de que esto sea posible en Ecuador y no en Chiapas suscita la pregunta acerca de las razones que subyacen al protagonismo de Marcos y a la ausencia de un portavoz que salga del grupo de los propios desposeídos. A veces se ha intentado excusar esta situación, afirmando que se ha asentado en respuesta a las demandas de la audiencia externa de los zapatistas. Pero no se puede descartar la hipótesis de que el protagonismo de Marcos obedezca a realidades internas en las filas del EZLN. Es posible, por una parte, que Marcos disponga objetivamente de las mejores armas para difundir las demandas de la guerrilla. Por otra parte, en su estudio sobre la historia reciente de la Selva Lacandona, Jan De Vos subraya el enorme capital humano representado por un campesinado combativo e inteligente. Su retrato de las comunidades indígenas hace añicos la imagen imperante del campesinado indígena rebelde tal y como había sido creada y divulgada por la literatura y la historiografía posrevolucionarias y muestra que la 'recuperación del libro' es un proceso que empezó mucho antes de la aparición de Marcos en la Selva. Durante sus migraciones, entre las comunidades indígenas han surgido hombres con una gran capacidad de liderazgo que lograron cohesionar a la gente por la confianza que despertaron y la honestidad de la que han dado prueba. Entre ellos De Vos destaca a Javier Vargas, un portavoz indígena que aparece como el rival del Subcomandante Marcos en su estudio (2002: 173, 347 *et passim*). El historiador sugiere, por tanto, que el protagonismo de Marcos resulta de una lucha por el poder de la palabra dentro del ámbito de los descontentos en Chiapas. El presente estudio no puede ni se propone aportar elementos a favor de una u otra hipótesis. Pero lo que sí puede dejar muy claro es que, cualesquiera sean los motivos de la actuación protagónica de Marcos, ésta es innegable y las huellas de su pluma y de su cultura urbana están omnipresentes, sobre todo en los textos dedicados al escarabajo Durito, como se verá en el último capítulo.

La manera en la que Marcos asume su papel dentro del EZLN tampoco constituye una ruptura absoluta frente a prácticas culturales e intelectuales anteriores. Si tomamos en cuenta las funciones tradicionalmente desempeñadas por los intelectuales en América Latina, vemos que Marcos se encarga de varias de ellas. Si bien habla desde un lugar poco tradicional, una ceiba en una selva que es un territorio clandestino en guerra, puede decirse que es ejemplo del tradicional intelectual latinoamericano tal y como lo definió Jorge G. Castañeda en *Utopia Unarmed. The Latin American Left after the Cold War*: "mediators between two sets of different actors that often proved incapable of communicating directly with each other" (1994: 179). En la medida en que sería puente, pasador o ventana entre el mundo de los indígenas chiapanecos y el resto de la sociedad mexicana, Marcos se integra perfectamente en una tradición intelectual preexistente. Su actuación no coincide sin embargo totalmente con el retrato que Castañeda hace del intelectual latinoamericano en el texto al que me refiero (*ibíd.*: 180) porque no asegura el tráfico de los pensamientos desde los 'centros' intelectuales fuera de América Latina hacia las 'periferias' latinoamericanas sino que exporta las demandas desde las márgenes hacia los centros políticos e intelectuales fuera de la selva y fuera de México. En este sentido, su empeño concuerda más con la descripción que Jean Franco ofreció en 1995 de la inteligencia latinoamericana tradicional a la que considera en vías de extinción. Franco enfatizó, en efecto, la otra dirección de la comunicación, la que va de 'los de abajo' al resto de la sociedad: "Los intelectuales funcionaron como conciencia crítica de la sociedad, la voz de los oprimidos, los maestros de generaciones futuras. [...] Este prestigio debe entenderse en el contexto de sociedades con altos niveles de analfabetismo. Los intelectuales no sólo eran actores importantes en la esfera pública, sino también –por lo menos según la percepción pública– mediadores para las clases populares y defensores del cambio social" (1995: 18). A su manera, el Subcomandante se integra en esta estirpe de los intelectuales latinoamericanos que se han esforzado por traducir las voces de los sin voz. También el hecho de que los oprimidos, cuyas demandas traduce, constituyen una población indígena se integra en una 'tradición'. Al optar por vivir entre los indígenas y defender sus demandas frente a la sociedad mestiza de la que es oriundo, Marcos ha entrado en un linaje fundado en el siglo XVI por el náufrago Gonzalo Guerrero, el conquistador hispano que murió como maya en Yucatán combatiendo contra sus antiguos connacionales a favor de su nuevo pueblo.

Las recientes afirmaciones sobre la muerte del intelectual latinoamericano y la concomitante emancipación de los subalternos son, por tanto, rebatidas en la persona y el ejemplo de Marcos quien muestra que el compromiso del intelectual con los necesitados sigue siendo una práctica vigente. Su caso ilustra que dicho compromiso no ha desaparecido ni con la nueva hegemonía de los medios de comunicación electrónicos ni con la caída del muro de Berlín. El que diversos tipos de públicos presten tanta atención a su palabra ilustra, al contrario, que la capacidad de los subalternos para hacer circular su pensamiento sigue dependiendo a veces, e indudablemente en el caso del EZLN, de un letrado que utiliza sus conocimientos de la lengua y la cultura dominantes. Sin embargo, algunas tomas de posición más recientes de Marcos como las de finales de 2002 con respecto a ETA y al juez español Baltasar Garzón pueden fomentar otro tipo de interpretaciones y hacen que sea más fácil para sus críticos retratarlo como un representante actual de otra tradición, un aprovechado en la línea de los letrados y tinterillos que se habían valido de la Revolución Mexicana en beneficio propio y provecho personal. Asimismo son dañinas para su imagen como intelectual traductor de las demandas del pueblo indígena. Aunque en dichos comunicados Marcos no siempre pretende hablar por el CCRI-CG y se pronuncia a veces en nombre propio, con todo parece aprovecharse aquí de su reputación en tanto vocero de los zapatistas, por lo cual el daño que le puede afectar a él también afecta a la causa de los indígenas.

Lo que precede muestra igualmente que Marcos comparte varias convicciones que suelen asociarse con los 'típicos' intelectuales latinoamericanos de 'antes'. Como ellos, cree que la palabra escrita constituye un arma eficaz en las luchas políticas y sociales. Su práctica como autor de los comunicados es la mayor prueba de la convicción de que el discurso constituye un lugar privilegiado desde donde los marginados pueden replicarles a los que los dominan. Además, llama la atención que privilegie el discurso literario y que parezca atribuir a la ficción narrativa un papel central en la formación y la transformación de las relaciones de poder. También en esta creencia coincide con otros muchos escritores que le precedieron en el continente. Por su parte, el hecho de que se dirija a los intelectuales es un indicio del poder de influencia que Marcos les atribuye. Parece, en efecto, que sus textos literarios responden a las necesidades y expectativas de una audiencia letrada capaz de entender sus referencias culturales y que dispone de un lugar desde donde puede difundir el pensamiento zapatista.

Si los papeles desempeñados por Marcos y las creencias que subyacen en sus textos lo emparentan con varias tradiciones intelectuales en México y en América Latina, su discurso integra, sin embargo, un aspecto innovador. Frente a las imágenes, retratos y autorretratos que circulan de otros rebeldes, los autorretratos de Marcos y la autoconciencia que se expresa en ellos aportan un cambio importante. Las imágenes más comunes y tradicionales de los libertadores latinoamericanos como Martí, Zapata o el Che, a quienes Marcos se refiere con simpatía, son imágenes de héroes, y constituyen retratos relativamente unívocos. Por el contrario, el autorretrato de Marcos tiene mucho de un antihéroe, es fragmentario y se crea mediante contradicciones. Marcos es indígena pero al mismo tiempo no lo es, desempeña un papel subordinado pero tiene una enorme influencia, es Sancho Panza pero también Don Quijote, es un inútil en la selva pero al mismo tiempo el líder militar del EZLN. Se retrata, por tanto, como una figura cuyos rasgos de identidad cambian según la coyuntura y según lo requieran las necesidades de la guerra.

Esto también queda claro del autorretrato siguiente, sin duda uno de los más citados en relación con el Subcomandante y que, de manera significativa, se redacta como el retrato de otro, en tercera persona:

> Marcos es gay en San Francisco, negro en Sudáfrica, chicano en San Isidro, anarquista en España, palestino en Israel, indígena en las calles de San Cristóbal, chavo banda en Neza, rockero en CU, judío en Alemania, ombusman en la Sedena, feminista en los partidos políticos, comunista en la post guerra fría, preso en Cintalapa, pacifista en Bosnia, mapuche en los Andes, maestro en la CNTE, artista sin galería ni portafolios, ama de casa un sábado por la noche en cualquier colonia de cualquier ciudad de cualquier México, guerrillero en México de fin del siglo XX, huelguista en la CTM, reportero de nota de relleno en interiores, machista en el movimiento feminista, mujer sola en el metro a las 10 p.m., jubilado en plantón en el Zócalo, campesino sin tierra, editor marginal, obrero desempleado, médico sin plaza, estudiante inconforme, disidente en el neoliberalismo, escritor sin libros ni lectores, y, es seguro, zapatista en el sudeste mexicano (comunicado del 28 de mayo de 1994, en *EZLN1*: 243).

Esta cita muestra que el retrato múltiple, diluido y fluctuante que presenta a Marcos como una construcción compleja que se va definiendo y deconstruyendo alternativamente mediante su propio discurso, puede interpretarse igualmente en función del proyecto zapatista de asociar a Marcos y a su lucha con otros grupos de desposeídos.

Pero opino igualmente que este autorretrato descentralizado funciona en manos del Subcomandante como un arma para contestar a cuantos quieran definir su identidad en oposición a los indígenas y desacreditarlo de esta manera como representante suyo. No les contesta que se ha convertido en indígena o que puede representar adecuadamente a los pueblos indígenas. Tampoco da la razón a sus críticos. Pero dice que es éste y aquél, que es capaz y que no lo es. Esto muestra que Marcos tiene una aguda conciencia de los problemas que puede suscitar su propia mediación e indica que, lejos de hacer caso omiso a las críticas que se le hacen, admite que el lugar desde donde habla es posiblemente problemático. Ya que es tan consciente de que su discurso como traductor o intermediario no es transparente sino que constituye un eslabón específico que tiene su propia densidad dentro de la cadena de comunicación zapatista, Marcos escapa por lo menos hasta cierto punto a la crítica de Spivak contra numerosos intelectuales que dejan de problematizar su propio discurso sobre los subalternos. Aunque enmascarado, se mantiene lejos de "the first-world intellectual masquerading as the absent nonrepresenter who lets the oppressed speak for themselves" (1994 [1985]: 87). Esto significa que el discurso de Marcos ocupa un lugar intermedio en la literatura sobre el EZLN. Como se ha visto al principio de este análisis, en la literatura se vislumbran dos perspectivas extremas y hasta cierto punto encontradas acerca del papel asumido por Marcos. Mientras que los simpatizantes y varios 'subalternistas' subrayan que los indígenas han salido de su posición subalterna, los críticos del EZLN dirigen su atención al tema de las políticas de la representación. En los textos de Marcos ambas perspectivas se encuentran. Por una parte afirma que los indígenas y particularmente las mujeres entre ellos están recuperando su libro. Por otra reconoce implícitamente que su propia función como traductor en este proceso es ambigua y se presta a confusión.

Capítulo III

Nativismo y alter/natividad en los *Relatos de el Viejo Antonio*

El atributo más frecuentemente asociado con el EZLN, y sobre el cual circulan las interpretaciones más diversas, es sin duda el pasamontañas. Ciñéndonos a los títulos de libros, se pueden señalar *Chiapas, la comunicación enmascarada* por Trejo Delarbre (1994), *Subcomandante Marcos: ein maskierter Mythos* (1995) por Huffschmid, *Au-delà des passe-montagne du Sud-Est Mexicain* (1996) por Deneuve y *Pólvora en la boca: Chiapas ¿qué hay detrás de las máscaras?* (1996) por Gutiérrez Carlín. El pasamontañas también se ha convertido en símbolo predilecto de los caricaturistas y ropaje de rigor para las muñecas que se venden en el mercado de San Cristóbal de las Casas (Lenkersdorf 1996: 17). Por lo demás, la investigación de Héau Lambert y Giménez sobre el cancionero insurgente del movimiento zapatista muestra la importancia del pasamontañas hasta en los corridos acerca del EZLN: "El paliacate –y, por extensión, el pasamontañas– también recurre una y otra vez como símbolo metonímico que distingue e identifica a los combatientes zapatistas" (1997: 240). Algunos resaltan que el pasamontañas permite proteger contra el frío intenso de las montañas chiapanecas y que es útil para guardar el anonimato a fin de amparar a los zapatistas frente a las represalias (Matamoros Ponce 1998: 82). Este uso del pasamontañas también es señalado por los propios zapatistas (comunicado del 16 de enero de 1995, en *EZLN2*: 200). La mayoría de los comentaristas, sin embargo, le da un sentido más simbólico, como Eduardo Luis Duhalde y Enrique Dratman quienes señalan algunas de las interpretaciones que ya se habían propuesto acerca del pasamontañas:

> Los emblemas, la apariencia, la seducción, lo mítico y lo ritual, lo ancestral y el presente, son un juego constante entre la presencia y la ausencia, la esencia y la apariencia, el ocultamiento y el desocultamiento, la verdad y la falsedad, la vida y la muerte, temáticas relacionadas con la máscara (1994: 232).

De la cita se desprende que el pasamontañas zapatista se ha ido asociando con la máscara, objeto que se había convertido en un ingrediente medular de la 'mexicanidad' por lo menos desde que Octavio Paz le dedicó un capítulo en *El laberinto de la soledad* (1950). Esto hizo que los zapatistas y sus comentaristas pudieran referirse a un abanico de interpretaciones bastante divulgadas en México a la hora de hablar del pasamontañas y que se fuera tejiendo una red de asociaciones entre la 'máscara zapatista', la 'máscara paciana' (Glantz 1998), los héroes de la lucha libre –verdaderos protagonistas de la mitología popular mexicana– que se esconden la cara cuando se ponen a luchar (Hiriart 1995: 96; Orgambides 1994; Vázquez Montalbán 1998: 79), o el personaje de Superbarrio, quien representó, enmascarado, a los desposeídos después del terremoto de septiembre de 1985 (Castañeda 1994: 224; Matamoros Ponce 1998: 134).

Pero el pasamontañas zapatista también ha sido asociado con temas políticos y culturales más internacionales debido a que, igualmente fuera de México, la máscara es un símbolo popular y polisémico. Federico Campbell lo distinguió de la máscara usada por los criminales más 'vulgares' (1995: 11) y Gabriel Zaid lo comparó con los antifaces utilizados por guerrilleros como los etarras y por los llamados 'bandidos sociales', como el Zorro y Batman que también se cubren el rostro (1994: 32). Sobre todo las comparaciones entre Marcos y el Zorro son frecuentes. El escritor mexicano Hugo Hiriart describió a Marcos como "el Zorro con la máscara de lana negra" (1995: 96), Juan Duchesne-Winter como un "Mexican Che Guevara disguised as El Zorro" (s. f.) y en un análisis sobre el Zorro, Nadia Lie contrastó este personaje, que luchó en última instancia dentro de los confines del statu quo, con Marcos que lucha contra el sistema (Lie 2001).

El Subcomandante ha contribuido a asentar la función protagónica del pasamontañas al emplearlo, por ejemplo, en tanto metonimia para referirse a las reacciones de descontento en todo el país: "Si nuestros pensadores se dieran cuenta de eso, en lugar de estar comprando pasamontañas con letrero de prensa, aquí, porque eso vinieron a hacer, estarían investigando en dónde empieza a subir la cuota de venta de pasamontañas en el país" (en Gutiérrez Carlín 1996: 129). Además, tal y como han hecho otros observadores del EZLN, el Subcomandante también ha estimulado la asociación entre el pasamontañas y la máscara. A Vázquez Montalbán le dijo: "El símbolo zapatista es la máscara, el pasamontañas" (en Vázquez Montalbán 1998: 144). En una de sus entrevistas concedidas a Yvon Le Bot, Marcos contó una anécdota que ilustra muy bien la función del pasamontañas como símbolo del EZLN. El co-entrevistador Maurice Najan le preguntó al Subcomandante si las posdatas nunca habían sido rechazadas por el CCRI-CG. Marcos contestó entonces: "Sí, como no. La que provocó problemas, si me acuerdo bien, fue la postdata previa al diálogo de la Catedral. La postdata de que '¿cuánto por un pasamontañas?, ¿cuánto por la media filiación de la cintura para abajo?'.

Esto molestó a los compañeros del Comité. Dijeron que tenía que entender que el pasamontañas ya se había convertido en símbolo del zapatismo, que no podía hablar así" (1997: 353). Por otra parte, en el comunicado "México 1998. Arriba y abajo: máscaras y silencios", Marcos afirma que los zapatistas son los que tienen el rostro enmascarado pero hablan la palabra verdadera mientras que el Gobierno se descubre el rostro pero enmascara su palabra y ni siquiera es fiel a su propia máscara (comunicado del 17 de julio de 1998, en *EZLN4*: 196). En estas y otras afirmaciones de Marcos se detectan referencias al tema de la máscara acuñado por Paz en *El laberinto de la soledad*[1]. Muestran que tiene plena conciencia de lo que la máscara significa para la cultura mexicana e ilustran que se aprovecha de las interpretaciones existentes a fin de hacer que el conjunto de imágenes zapatistas sea más accesible.

Pero es significativo de la manera en la que Marcos da nuevos contenidos a símbolos conocidos el que también haya dado una interpretación propia al pasamontañas. En uno de los relatos cuenta cómo el pasamontañas llegó a transformarse en el símbolo de los zapatistas: el Viejo Antonio enumera todos los colores con los que el sol puede revestirse y para ilustrarlo llama la atención sobre cómo se transforma un tizón en el fuego: "naranja, amarillo, blanco, gris, negro" (VA 36). Aunque no lo parezca, este último color esconde la luz. Hasta aquí el relato contado por el indígena. Cuando interviene Marcos como narrador, se pasa del mito a la realidad y el lector es llevado a un nuevo escenario: "Otra noche, otra lluvia, otro frío 17 de noviembre de 1993. Décimo aniversario de la formación del EZLN" (*ibíd.*). El Estado Mayor Zapatista está agolpado en torno a un fogón cuando surge el tema de los rostros cubiertos, de la forma y del color que el disfraz debería tomar. Marcos propone que sea un pasamontañas y el Viejo Antonio decide del color. Pregunta a Marcos si guardó el tizón de la noche anterior y lo pone en el fuego. Marcos deduce de esto que el color del pasamontañas debe ser negro, como el del tizón oscuro que esconde la luz. Más adelante demostraré que en los relatos el negro es sistemáticamente asociado con los indígenas, lo que permite afirmar que el relato, además de sugerir una relación entre el pasamontañas y los zapatistas, también asocia el pasamontañas con las etnias indígenas[2]. El antropólogo neerlandés Arij Ouweneel ha estudiado cómo la

---

[1] Marcos ha declarado también que sólo se quitará su pasamontañas cuando México se quite su propia máscara: "I will take off my ski mask when Mexican society takes off its own mask, the one it uses to cover up the real Mexico" (en Benjamin 1995: 70).

[2] Utilizo la palabra 'etnia' en la acepción que le ha dado Schermerhorn a la palabra y que creo ser bastante divulgada: "A collectivity within a larger society having real or putative common ancestry (that is, memories of a shared historical past whether of ori-

necesidad de los zapatistas de cubrirse los rostros se explica por unas antiguas creencias mayas (1996: 75). Su investigación se basa en cuatro elementos. Empieza por señalar que los mayas son conscientes de que ven la realidad mediante una mirada turbia (una máscara), de que hay una realidad escondida a la que no pueden acceder. Luego la realidad está predestinada. No hay coincidencias, sino que todo ya ha existido y volverá a producirse. En tercer lugar, Ouweneel cita al antropólogo Edmonson quien afirma que los mayas consideran la cara como la proyección principal del carácter de las personas y que, por lo mismo, debe ser protegida contra las críticas, afrentas y burlas. Finalmente, la cara también revela cuál es el nahual de cada uno, la co-esencia de la persona que toma la forma de un animal. Basándose en estos elementos, Ouweneel concluye que los guerrilleros sin rostro son, según la simbología maya, los instrumentos del tiempo que deben convertir el caos de la pobreza y la explotación en un tiempo de orden y paz social. Son la última fase de la noche, de la desesperanza y del desorden. Marcos y los zapatistas, los sin rostro, serían los que ven el futuro desde el otro lado del vidrio turbio. Al mismo tiempo, son un instrumento del tiempo que conducirá a la victoria. Hay otras interpretaciones que relacionan el pasamontañas con tradiciones y creencias indígenas. Matamoros Ponce, por ejemplo, señala que los ancianos establecen una relación dialéctica entre la cara o lo que es aparente y el corazón o lo más profundo de una persona que permite conocerla de verdad (1998: 137). El que Marcos se junte a los que asocian la máscara con la tradición indígena, ilustra que sus relatos tienen un importante contenido étnico ya que *etnicizan* hasta los símbolos que más fácilmente se pueden interpretar desde el marco de una cultura global o específicamente mexicana.

Sería posible continuar este ejercicio con otros temas en los *Relatos de el Viejo Antonio*, mostrando cada vez que se les da un contenido étnico. Sin embargo, es más interesante ver de qué maneras se efectúa esta asociación con las etnias indígenas. Con miras a estudiarlo y como hipótesis de trabajo me he basado en el binomio nativismo-alter/natividad tal como es definido en *The Empire Writes Back* (1989), un estudio de Bill Ashcroft, Gareth Griffiths y Helen Tiffin sobre las literaturas poscoloniales (binomio que aparece designado por términos un poco distintos en otros estudios como *Culture and Imperialism* [1994] de Edward Said). En opinión de Ashcroft *et al.*, las literaturas poscoloniales incluyen obras que se pueden adscribir a dos tendencias diferen-

gins or of historical experiences such as colonization, immigration, invasion or slavery); a shared consciousness of a separate, named, group identity; and a cultural focus on one or more symbolic elements defined as the epitome of their peoplehood" (1970: 12).

tes. La primera está dominada por una idea nativista según la cual las realidades nacionales serán tanto más fuertes cuanto más puras puedan reconstruirse las culturas autóctonas. Quienes defienden tal postura nativista arguyen a favor de formaciones nacionales o culturales según un criterio étnico y opinan que los habitantes 'originales' tienen derechos privilegiados sobre un territorio que comparten con otros habitantes cuya llegada fue posterior. Asimismo, su visión del mundo se basa en binomios excluyentes: lo nativo está en una situación de superioridad frente a lo importado, los buenos se oponen a los malos, los autóctonos a los invasores (*ibíd.*: 38 y 104). Esta posición conlleva implicaciones para las prácticas literarias ya que los que se adhieren a ella abogan a favor de una escritura que respete las tradiciones autóctonas y rechazan los modelos literarios 'occidentales' por ser corresponsables de la degeneración de una cultura precolonial cuya edad de oro debería intentar restituirse.

En el mismo estudio de Ashcroft *et al.*, los escritores y críticos literarios partidarios del nativismo son retratados en oposición a los defensores de la alter/natividad para quienes la hibridez no sólo es un hecho irreversible sino también positivo ya que constituye una fuente de vigor para las sociedades poscoloniales: "The post-colonial world is one in which destructive cultural encounter is changing to an acceptance of difference on equal terms. Both literary theorists and cultural historians are beginning to recognize cross-culturality as the potential termination point of an apparently endless human history of conquest and annihilation justified by the myth of group 'purity', and as the basis on which the post-colonial world can be creatively stabilized" (1989: 36). Los autores no esconden su preferencia hacia la solución alter/nativista, una preferencia que es ampliamente compartida en los debates culturales académicos, también en los que tratan de América Latina[3]. En ellos, la opción alter/nativista es generalmente considerada como una alternativa válida al nativismo en la medida en que sus defensores no dejan de valorar las culturas autóctonas pero se mantienen reacios a la supresión de lo occidental o a la simple inversión de los papeles de los 'buenos' y los 'malos'. Mientras que los nativistas se adhieren a un proyecto político-cultural indigenista etnocéntrico, los alter/nativistas tienden a simpatizar con proyectos multiculturales, mestizos o híbridos.

En el presente capítulo me concentraré en los aspectos de los *Relatos de el Viejo Antonio* que tratan específicamente de las poblaciones y las culturas indígenas. Mediante esta lectura sacaré a la luz hasta qué punto los relatos

---

[3] También Edward Said reprueba el 'nativismo' al que describe como "an especially besetting hobble of most post-colonial work" (1994: 49; *cfr.*también pág.332 *et passim*).

transmiten una concepción alter/nativista o nativista de la actualidad y del futuro mexicanos y presentan a los indígenas en una relación de oposición y una posición de superioridad frente a los que no lo son. Estudiaré respectivamente cómo Marcos construye una memoria indígena acerca de la conquista, cómo retrata al Viejo Antonio y a los grupos indígenas, cuáles son las implicaciones de su reescritura del *Popol Vuh* y qué recursos lingüísticos emplea para escribir los relatos. Antes que nada, sin embargo, pasaré revista a algunos metatextos que han guiado mi lectura de los relatos y posiblemente la de numerosos otros lectores.

1. Claves de lectura

En el prólogo de los *Relatos de el Viejo Antonio*, Armando Bartra alerta a los lectores contra los estereotipos que circulan en México sobre las culturas indígenas, poniendo énfasis en que los indígenas chiapanecos que luchan en el EZLN son oriundos de pueblos nuevos y modernos y que están afectados de múltiples maneras por influencias que vienen de fuera. Es una imagen ampliamente compartida, también por Yvon Le Bot quien realza que los mayas movilizados por el zapatismo no son los sectores más tradicionales sino los que se habían enfrentado a la tradición y crearon identidades nuevas (1997: 40). Por su lado, García de León, uno de los historiadores más reconocidos de Chiapas, describe al EZLN en los siguientes términos: "Hoy, el ejército zapatista se conforma principalmente de esta masa joven marginal 'moderna', multilingüe y con experiencia en el trabajo asalariado. Su perfil tiene muy poco que ver con el indio aislado que imaginamos desde la ciudad de México" (citado en Romero 1994: 64). Los zapatistas comparten esta identidad en gran medida con los demás indígenas de Chiapas. De ahí que los estudiosos adviertan contra la fácil pero tramposa identificación entre los indígenas y los antiguos mayas, al mostrar cómo la identidad de los indígenas chiapanecos actuales ha ido transformándose continuamente –sobre todo en las últimas décadas pero también a lo largo de los últimos siglos (García de León 1999)– por subsiguientes movimientos migratorios, desplazamientos, exilios y por la vida en la frontera (De Vos 2002). Estos procesos han afectado, por ejemplo, las relaciones de comunicación, produciendo numerosos casos de poliglotismo y de interacción multilingüe. De la Torre Yarza (1994) señala que hay casos de personas de madre chol y padre tzeltal que conviven desde la infancia con la lengua tzotzil, aprenden algo de español en la escuela, el trabajo o cualquier otro ámbito y departen en su poblado con habitantes de tojolabal. En esta creciente Torre de Babel, cada vez es más difícil pensar en cuál será su lengua materna (1994: 88). Pero volvamos al prólogo de los relatos en el que Armando Bartra señala que en los pueblos zapatistas las prácticas culturales mayas y mestizas populares se mezclan constantemente: "la cultura tradicional de estirpe maya se entrevera con cumbias, películas de Pedro Infante e historietas concientizadoras de Rius" (1998: 12). Bartra aprecia los relatos de Marcos sobre el Viejo Antonio precisamente porque dan cuenta del carácter híbrido de la cultura practicada y consumida por los indígenas zapatistas. Por lo tanto, invita al lector a privilegiar una lectura que reconozca la alter/natividad en ellos: "es en los relatos del viejo Antonio donde mejor se hibridan el imaginario autóctono y el mestizo. Las parábolas del inveterado fumador recogen la estructura, el pulso y los temas de la mitología indígena chiapaneca, sin renunciar al equipaje de la cultura occidental" (*ibíd.*: 11).

Otro metatexto de los relatos es el que narra su presentación a la prensa por los editores del Centro de Información y Análisis de Chiapas (CIACH). La reseña publicada en *La Jornada* sobre dicha presentación (Molina, 31 de marzo de 1999) sugiere en primera instancia que los editores llamaron la atención de los futuros lectores sobre los componentes indígenas en la medida en que fueran *sui generis* ya que anunciaron que la publicación sería la primera de una serie cuyo propósito consistiría en "recuperar la memoria histórica de los pueblos" (*ibíd.*). A primera vista esta afirmación parece orientar al lector hacia una lectura de los relatos según claves nativistas. Pero, en su presentación, los editores relacionaron los relatos igualmente con los acuerdos de San Andrés Larráinzar, señalando al respecto que el libro era importante "porque puede propiciar el debate en esta coyuntura en que se están discutiendo los acuerdos de San Andrés, para que se pueda entender la especificidad de las comunidades y la necesidad de un reconocimiento de sus derechos como pueblos" (*ibíd.*)[4]. Al situar los relatos sobre el

[4] El 16 de febrero de 1996 fue una fecha clave en el camino hacia la paz porque en aquel día las dos partes llegaron a un convenio sobre Derechos y Cultura Indígenas, los Acuerdos de San Andrés. Mediante ellos se quería crear una nueva relación entre la nación mexicana y los indígenas, dándoles a éstos la autoridad para decidir su forma de gobierno interna y sus maneras de organizarse política, social, económica y culturalmente. También se querían reconocer sus sistemas normativos internos para la regulación y sanción en tanto no eran contrarios a las Garantías Constitucionales y a los Derechos Humanos. La autonomía, según el texto de los acuerdos, implica que el Estado debe "reconocer a los pueblos indígenas en la constitución mexicana". Se iba a ejercer "en un marco constitucional de autonomía asegurando la unidad nacional" (*Acuerdos sobre Derechos y Cultura Indígenas, Documento 1*, 16 de febrero de 1996). Al mismo tiempo, el Gobierno se comprometió a construir una nueva relación con los indígenas en cuanto a

Viejo Antonio dentro del marco de los acuerdos de San Andrés –que implican el proyecto de un México pluricultural donde se formen territorios para que los pueblos indígenas puedan gozar de una autonomía relativa al aplicar sus propias formas de funcionamiento comunitario en ámbitos como la política local o la jurisdicción–, los editores sugieren simultáneamente que se haga una lectura más alter/nativista de ellos.

Finalmente, el propio Marcos ha hecho declaraciones en las que trasluce una voluntad de brindar a su vez claves para una lectura correcta, alter/nativista, del tema étnico en sus relatos y en los comunicados zapatistas. El hecho de que el estilo de la declaración de guerra pronunciada el día de la sublevación (*EZLN1*: 5-7) no pareciera nada indígena y de que el texto hablara sobre todo del contexto nacional, llevó a muchas personas a pensar que los mestizos en el EZLN eran los que habían decidido acerca de su forma y contenido[5]. Pero lo que ha dicho Marcos respecto al tema es interesante precisamente porque desconecta el poder de decisión de los indígenas en el EZLN y el grado de visibilidad del tema étnico en el discurso del EZLN al afirmar que fueron los indígenas del CCRI-CG quienes tomaron la decisión de minimizar la cuestión indígena en la "Primera declaración". En su versión, la decisión fue inspirada por el motivo estratégico de poder atraer a otros grupos no indígenas hacia el ámbito zapatista:

---

los derechos de éstos. Esta relación debía "erradicar las formas cotidianas y de vida pública que generan y producen subordinación, desigualdad y discriminación, y debe hacer efectivos los derechos y garantías que les corresponden: derecho a su diferencia cultural; derecho a su hábitat [...]" (*Documento 2*). Sin embargo, un año después de San Andrés estaba claro que Zedillo no iba a aceptar que se cumplieran los acuerdos que sus representantes habían negociado. El bloqueo que este rechazo supuso para las negociaciones contribuyó a fijar el conflicto e impidió que avanzara el proceso de paz (véase Baschet 2002: 39 *et passim*). Impidió igualmente que el EZLN se transformara en una fuerza política civil tal y como había parecido sugerirlo en su "Cuarta Declaración de la Selva Lacandona" del primero de enero de 1996 cuando llamó a los mexicanos a participar en el Frente Zapatista de Liberación Nacional, el brazo político y civil del EZLN que se creó en esa fecha (en *EZLN3*: 88). Grandes fueron las expectativas cuando el nuevo presidente, Vicente Fox, se pronunció a favor del cumplimiento de los acuerdos. Sin embargo, el EZLN volvió a sentirse defraudado con el proyecto ratificado por el Congreso, muy enmendado. De ahí que, después de su Marcha de la Dignidad Indígena a la Ciudad de México en febrero y marzo de 2001, los zapatistas hayan vuelto a buscar la clandestinidad de la selva a fin de continuar su lucha contra el 'mal gobierno'.

[5] Como otros estudiosos de la guerrilla, Jérôme Baschet afirmó que la historia de la formación del EZLN –sus orígenes marxistas leninistas y su fusión ulterior con las realidades indígenas– ayuda a comprender por qué la historia nacional sigue siendo el marco dominante en los comunicados (2002: 160).

> En la *Primera Declaración* la expresión 'somos producto de 500 años de lucha' no dejaba duda de que se trataba de una cuestión indígena. Pero los compañeros insistían mucho, en la discusión del comité sobre la *Primera Declaración*, que tenía que quedar claro que no era una guerra de indígenas, que era una guerra nacional. Decían: 'no vaya a ser que el que no sea indígena no se sienta incluido. Nuestro llamado tiene que ser amplio, para todos' (en Le Bot 1997: 203).

Marcos ha afirmado incluso que: "si hubiera sido por ellos, por lo menos esta parte del comité, el discurso hubiera abandonado completamente cualquier referencia indígena" (*ibíd.*: 206). Si el EZLN reorientó su discurso, fue probablemente porque descubrió rápidamente que el tema étnico podía funcionar como una fuente de legitimidad política y social (Levario Turcott 1999: 163; Le Bot 1997: 73; Navarro Vicente 2001). De ahí que, de manera paradójica y a medida que recibía retroalimentación de sus interlocutores y lectores no indígenas, empezara a integrar temas étnicos en sus demandas y comenzara a introducir códigos de las lenguas indígenas en sus comunicados.

Pero en el discurso del Subcomandante se nota también una preocupación constante por evitar que la lucha zapatista, cuyas implicaciones étnicas han llegado a ser evidentes, sea vista como manifestación de un movimiento nativista para el cual los indígenas serían los mejores, los únicos 'hombres verdaderos'. En repetidas ocasiones ha afirmado que la raza no importa y que lo que cuenta es la mentalidad de la gente. A Huerta de Durán le dijo: "No es la sangre la que va a definir las cosas sino la orientación" (Marcos, en Huerta de Durán 1994: 44-45). También en fechas posteriores ha afirmado explícitamente que el EZLN no es portador de ningún proyecto nativista: "No estamos planteando que todos deben ser indígenas y que todo el que no sea indígena tenga que desaparecer" (en Vázquez Montalbán 1999a). Más recientemente Marcos repitió este mensaje alter/nativista a Ignacio Ramonet al afirmar que el EZLN no quiere reconstruir las fronteras que separan a los pueblos ni hacer que las naciones indígenas vuelvan a ser lo que eran antes de la conquista (2001: 44). De diversas afirmaciones de Marcos puede deducirse por tanto que, con respecto al presente y al futuro de México, valora los modelos de sociedad alter/nativistas. Si su preferencia parece ir hacia los modelos multiculturales, esto no significa que desvalorice los procesos de mestizaje. Su propia versión sobre la creación del EZLN es ilustrativa al respecto en la medida en que constituye un elogio de los momentos de mestizaje que hicieron posible el diálogo finalmente exitoso entre indígenas y mestizos. Al definir el proceso de gestación del zapatismo en términos de "un mestizaje crítico y emancipador" (en Vázquez Montalbán *ibíd.*) destaca su fe en el mestizaje como una fuerza positiva en los procesos culturales y políticos.

En fin, las afirmaciones de Marcos así como el prólogo al libro y su presentación a la prensa orientan al lector de los *Relatos de el Viejo Antonio* para que preste atención a las huellas alter/nativistas en el texto. Sin embargo, veremos enseguida que éstas se cruzan constantemente con otras que las contradicen.

2. La memoria de la conquista

Marcos alega sin cesar que el conocimiento del pasado constituye una condición necesaria para que un pueblo pueda decidir sobre su futuro, un aspecto en el que los relatos coinciden con numerosos textos poscoloniales que miran hacia el futuro pasando primero por el pasado (Tom Nairn, citado en Gandhi 1998: 106). El tema de la memoria es central en las "Palabras para el acto de clausura del Foro Nacional Indígena" (comunicado del 9 de enero de 1996, en *EZLN3*: 100) donde el Subcomandante habla en nombre del EZLN ("Por mi voz habla la voz del EZLN"):

> El pasado es la clave del futuro. En nuestro pasado tenemos pensamientos que nos pueden servir para construir un futuro donde todos quepan sin apretarse tanto como hoy nos aprietan los que arriba viven. El futuro de la Patria lo vamos a encontrar mirando al pasado, a quienes primero nos habitaron, a quienes primero nos pensaron, a quienes primero nos hicieron.

En sus relatos, delega esta idea repetidamente en el Viejo Antonio, quien recuerda: "los más primeros, supieron que la memoria era la llave del futuro y que había que cuidarla como se cuida la tierra, la casa y la historia" (VA 121)[6]. Según Marcos, el poder que tiene la memoria para movilizar explica que los gobernantes se esfuercen por sembrar las semillas de la 'desmemoria' y que el EZLN se preocupe por hacer una labor como guardián de la memoria. En el marco de esta preocupación de cuidar la memoria, el propio Subcomandante reconstruye determinados episodios de la historia de México, entre otros el de la conquista, uno de los períodos históricos al que los comunicados zapatistas dan más relieve.

Ya en su primera declaración de guerra, el EZLN se refirió a la conquista: "Somos producto de 500 años de luchas" (en *EZLN1*: 33). De la frase se desprende que el momento fundacional para la historia tal y como la narran

[6] Los estudiosos de la historia maya están de acuerdo en que el carácter cíclico del tiempo permitió a los mayas conocer el futuro (De la Garza 1980: XXII; Sandoval 1988: 165).

los zapatistas es la conquista de América. Asimismo, mediante dicha frase y fecha, los zapatistas se identifican de entrada con la causa indígena. La misma identificación se hace en los *Relatos de el Viejo Antonio* cuando los guerrilleros aún se están escondiendo de la población autóctona y el 'yo' le pide al Viejo Antonio que le dé su opinión sobre si es oportuno que el EZLN siga sin revelar su existencia a los pueblos que viven en su zona de operaciones: "¿Hasta cuándo estaremos escondiéndonos de nuestra gente?" (VA 81-82). En esta frase un mismo deíctico, el sujeto 'nosotros', implícito en la desinencia verbal, y el posesivo 'nuestra' se refieren respectivamente a los guerrilleros y a los indígenas. La identificación del guerrillero con el indígena ilustra que la lucha del EZLN conlleva un componente étnico importante. Pero el contenido propiamente nativista de los *Relatos de el Viejo Antonio* se deduce del hecho de que los pueblos no autóctonos sean retratados como moralmente inferiores. En efecto, mediante la voz del Viejo Antonio, Marcos describe a los conquistadores como un grupo indiferenciado cuyo comportamiento dista mucho de ser aceptable:

> Nuestros más grandes abuelos tuvieron que enfrentar al extranjero que vino a conquistar estas tierras. Vino el extranjero a ponernos otro modo, otra palabra, otra creencia, otro dios y otra justicia. Era su justicia sólo para tener él y despojarnos a nosotros. Era su dios el oro. Era su creencia su superioridad. Era su palabra la mentira. Era su modo la crueldad (VA 70).

Los *Relatos de el Viejo Antonio* reafirman de esta manera las imágenes tradicionales de la leyenda negra: los conquistadores representan la maldad en las diversas formas que ésta puede tomar. Son intolerantes, mentirosos, crueles y autoritarios e imponen sus malos modos a los indígenas dueños de las tierras[7].

Pero la relación entre autóctonos e invasores no sólo se describe en términos morales sino también en términos de fuerzas. De ahí que cabe ver si los conquistadores son descritos como vencedores. Esta pregunta cobra su importancia y significación cuando se la sitúa dentro de los debates recien-

---

[7] Esta idea que, como se verá más adelante, se sugiere en varios comunicados es desmentida en un comunicado polémico de Marcos con fecha de octubre de 2002 donde se lee: "En algunos sectores se tiene la idea errónea de que la situación de los pueblos indios de México se debe a la conquista española" <en http//www.ezln.org>. Cabe ver esta frase –que contradice de manera flagrante otros pasajes sobre la conquista– como una señal de agradecimiento dirigida por Marcos en respuesta a los numerosos signos de simpatía que los zapatistas han recibido desde España.

tes acerca de las imágenes sobre la colonización y las luchas por la descolonización en los que a veces se formula la pregunta si es oportuno recordar el pasado. Entre los indigenistas mexicanos se ha argumentado que es bueno hacerlo, a condición de que se trate del pasado precolonial ya que este recuerdo puede infundir orgullo a los pueblos vencidos con respecto a una época gloriosa y, de este modo, darles ánimo para salvar los escollos del presente. En *Los grandes momentos del indigenismo en México* (1950), Luis Villoro citó a este respecto a Manuel M. Gamio y a otros pensadores indigenistas: "La historia es un instrumento para lograr la conciencia de unidad y solidaridad en el indio actual. También será factor educativo para que desaparezca su complejo de inferioridad al tener conciencia de lo que en otras épocas fuera capaz" (1996 [1950]: 260). Un consejo semejante ha sido expresado más recientemente por el Grupo Latinoamericano de Estudios Subalternos (1995: 143)[8]. Dentro de la misma lógica, se ha razonado que más vale no recordar el momento de la conquista. Sobre todo la práctica de inscribir este momento como un rasgo preeminente del presente perpetuaría el mito de una cultura indígena perdida y restauraría simbólicamente la dominación de los colonizadores, con lo cual se cerrarían las posibilidades de emancipación de los pueblos autóctonos (Ashcroft 1999: 25). Veamos cuál es la 'respuesta' que Marcos da al respecto en los *Relatos de el Viejo Antonio*.

En éstos domina una concepción del tiempo que se desvía del tiempo occidental cronológico-progresista y que es de tipo mitológico, ejemplar y causal. En los relatos contados por el Viejo Antonio, el tiempo es un tiempo indefinido. El anciano habla de "el antes", "el después" o "hace muchas noches". Es igualmente un tiempo cíclico, lo cual implica que se va del presente al pasado y de ahí al futuro en un movimiento circular. Desde esta visión del tiempo se entienden frases como "que eso fue antes y que ahora es un después" (VA 91), "Ahí donde el mañana y el ayer se unen, ahí acabará" (VA 101) o "Esto que les contamos pasó hace muchos años, es decir, hoy" (VA 114). El párrafo inicial del libro ejemplifica esta concepción del

[8] Los 'subalternistas' latinoamericanos escriben al respecto: "the concept of the nation, itself tied to the protagonism of Creole elites concerned to dominate and/or manage other social groups or classes in their own societies, has obscured, *from the start* the presence and reality of subaltern social subjects in Latin American history. We need, in this sense, to go backward to consider both pre-Columbian and colonial forms of prenational territorialization, as well as forward to think about newly emerging territorial subdivisions, permeable frontiers, regional logics [...]" (Latin American Subaltern Studies Group 1995: 143).

tiempo de diversas maneras. Introduce el tema de la pérdida del espacio, cuya preeminencia en los relatos ejemplifica su importancia en la realidad poscolonial y en las narraciones que tratan de ella. Pues, como ha recordado Said, la manera en la que se trata el asunto en los textos literarios es fundamental ya que incide en la realidad: "The main battle in imperialism is over land, of course; but when it came to who owned the land, who had the right to settle and work on it, who kept it going, who won it back, and who now plans its future –these issues were reflected, contested, and even for a time decided in narrative" (1994: XIII; véase también pág. 271). La primera frase del libro dice: "Sueña Antonio con que la tierra que trabaja le pertenece" (VA 19). Más abajo, el autor continúa: "Sueña el virrey con que su tierra se agita por un viento terrible que todo lo levanta" (*ibíd.*). Mediante ambos sujetos, las respectivas acciones se ubican en un tiempo de tipo histórico: el Viejo Antonio es un contemporáneo mientras que la función de virrey remite a la época de la colonia. Si bien hay una distancia de varios siglos entre ambos personajes, el que las frases se sigan, que su sintaxis sea idéntica y que se utilice el tiempo del presente en ambas, sugiere que la repartición injusta de la tierra instaurada por la conquista perdura hasta nuestros días. Al recordar el doloroso proceso de pérdida de la tierra y de la conquista y al relacionarlo además con el presente, Marcos parece desentenderse de los consejos de Ashcroft y restaurar simbólicamente la dominación de los colonizadores. Además, tampoco acata los consejos arriba citados de Manuel M. Gamio y de los 'subalternistas', puesto que los relatos apenas versan sobre la historia precortesiana.

Mas en sus narraciones Marcos socava la premisa en la que se basan ambos consejos, es decir, que los indígenas son en última instancia los perdedores en la conquista de América y en la larga historia poscolonial. En el pasaje inicial del libro sobre los sueños del Viejo Antonio y del virrey, los indígenas no aparecen como los vencidos porque tanto Antonio como el virrey intuyen que respectivamente van a recuperar lo suyo y perder lo que se habían apropiado indebidamente. El hecho de que los dos antagonistas vislumbren un futuro diferente desmantela la imagen del indígena como eterno perdedor en las relaciones sociales y pronostica que su incesante rebeldía dará finalmente fruto. Otros relatos de Antonio asientan la misma idea a veces de manera más radical porque en ellos la inversión no se formula como una visión profética del futuro sino como hechos diagnosticados ya:

> –Así hicieron nuestros abuelos –dice el Viejo Antonio. Resistieron como el agua resiste los golpes más fieros. Llegó el extranjero con su fuerza, espantó a los débiles, creyó que ganó y al tiempo se fue haciendo viejo y oxidado. Termi-

> nó el extraño en un rincón lleno de pena y sin entender por qué, si ganó, estaba perdido (VA 73).

"El extraño se fue", concluye Antonio (VA 74).

De este modo, Marcos procede a una reescritura de la historia tal y como se la enseña de manera general. Pues, los indígenas, que suelen presentarse como perdedores, en la memoria de los zapatistas se transforman en los verdaderos vencedores. El efecto potencialmente catártico de esta presentación de las cosas en los relatos incluso se acrecenta porque Marcos prolonga la nueva relación entre vencidos y vencedores hasta nuestros días al terminar el relato asociando a los conquistadores con el gobierno y al agua, que deja vencida y oxidada a la espada que se cree todopoderosa (VA 73), con los zapatistas:

> Como la espada del cuento del Viejo Antonio, la ofensiva gubernamental de febrero entró sin ninguna dificultad en tierras zapatistas. Poderosa, deslumbrante, con hermosa empuñadura la espada del Poder golpeó el territorio zapatista. Como la espada del cuento del Viejo Antonio, hizo gran ruido y escándalo, como ella, espantó a algunos peces. Como en el cuento del Viejo Antonio, su golpe fue grande, fuerte... e inútil. Como la espada del cuento del Viejo Antonio, sigue en el agua, se oxida y envejece. ¿El agua? Sigue su camino, envuelve a la espada y, sin hacerle caso, se llega hasta el río que habrá de llevarla hasta el agua grande donde se curan la sed los más grandes dioses, los que nacieron el mundo, los primeros... (VA 75).

Si la ampliación de la historiografía existente sobre la conquista con las voces de los indígenas por investigadores como Miguel León-Portilla (1959) puede considerarse como un paso importante hacia la emancipación de los pueblos autóctonos, la inversión actancial introducida por Marcos (y otros escritores hispanoamericanos contemporáneos) es un paso más en la medida en que transforma lo que Hugo Vezetti ha llamado en el contexto del reciente pasado argentino un "relato dominado por la épica de la derrota" (2000: 277) en otro, triunfal. De esta manera, la construcción discursiva de la memoria propuesta por Marcos muestra que la actualización del momento colonizador puede conllevar una implicación contraria a la que se suele señalar[9].

Por otra parte, el tema de la conquista también ha suscitado reflexiones sobre el modo apropiado para recuperar la memoria de los pueblos. Distin-

---

[9] Es evidente que Marcos tiene predecesores y que otros escritores hispanoamericanos han introducido variantes sobre la versión dominante en torno a la conquista.

tos pensadores y escritores, como los caribeños Derek Walcott y Wilson Harris, han rechazado el uso de la historiografía porque sería el modo de expresión dominante del colonizador, un legado mestizo o una narrativa 'occidental' y han propuesto como alternativa que se privilegie el registro poético-mitológico, más afín a la manera autóctona de expresarse (véase Childs y Williams 1997: 46). A primera vista resulta difícil descubrir si Marcos confiere prioridad a uno u otro modo de expresión ya que sus comunicados integran simultáneamente relatos mitológicos y textos de índole más historiográfica. Con todo, en los *Relatos de el Viejo Antonio* hay dos pasajes que permiten vislumbrar una jerarquía, uno de los cuales narra la etapa final del régimen colonial que la conquista había instaurado.

Como ya se sabe, la narración marco de los *Relatos de el Viejo Antonio* comprende a dos protagonistas, el indígena que enseña y Marcos que escucha y pregunta. Sin embargo, en dos ocasiones los papeles en la relación maestro/alumno se invierten y entonces es Marcos quien le brinda información al anciano, ambas veces para darle una lección de historia. El personaje del 'yo', como hombre de la ciudad, letrado y mestizo, toma pues la palabra cuando se trata de comunicar datos históricos, lo cual muestra que Marcos presenta la historiografía como el terreno de conocimiento privilegiado del hombre 'occidental'. Al revés, el Viejo Antonio tiene la palabra cuando se trata de relatar los conocimientos de inspiración poético-mitológica, lo cual sugiere a su vez que el mito es el terreno del saber de los indígenas.

Una de las inversiones en los papeles se produce cuando Marcos le da a Antonio una lección sobre las guerras de la independencia. Marcos todavía no ha acabado cuando Antonio le interrumpe con una alegoría: "el Viejo Antonio me interrumpió con un carraspeo de esos con los que él anunciaba que una nueva maravilla se llegaba a sus labios" (VA 69-70). Es significativo que sea la alegoría del Viejo Antonio y no la lección de Marcos la que se convierte en 'la última palabra' en la conversación. La jerarquía entre ambos modos de conocer –que también se presenta en una lección del Subcomandante sobre Zapata, igualmente interrumpida y continuada por el Viejo Antonio (VA 57)– hace pensar que Marcos respalda la crítica de la historiografía como modo superior del saber y que propone los conocimientos mitológicos como una alternativa al modo historiográfico de reconstruir la memoria. La respuesta de Marcos incluye, pues, una relativización de la memoria histórica a favor de la memoria mitológica.

Esto hace creer que Marcos escapa a una especie de zona ahistórica donde la visión poética y mitológica suplanta el conocimiento histórico factual y que rechaza la historiografía como una imposición del México no indígena sobre las tradiciones autóctonas. Sin embargo, Marcos también recurre a un modo de expresión más 'occidental'. En otras palabras, supera la dicotomía entre historiografía y mito al alternar los pasajes de tipo más propiamente mitológico con otros historiográficos. Por una parte, mito, símbolo y alegoría proporcionan alternativas válidas o correcciones frente a la 'inmediatez despótica' que sería la norma en la historiografía occidental. Por otra parte, la propuesta de una memoria histórica diferente, la representación alternativa de la historia, constituye un elemento esencial en sus textos. Esta combinación no deja de recordar la realidad mexicana en la que siguen coexistiendo diferentes tiempos y distintos modos de concebir la historia (véase, por ejemplo, Franco 1994: 175).

Pero los textos de Marcos aún superan una segunda disyuntiva. Llama la atención que otros pasajes, tanto literarios como más llanamente historiográficos entren en contradicción con la imagen del indígena vencedor. En ellos Marcos a menudo desdice esta imagen que domina en sus textos que tratan de la conquista y la reemplaza por la de una población autóctona marginada y pobre, una imagen que refuerza el aspecto nativista de su discurso. Un análisis del personaje de Antonio permite comprobarlo.

3. El Viejo Antonio

A ambos planos de los *Relatos de el Viejo Antonio* –el de la narración marco y el de los mitos contados por el anciano– corresponden actantes que se diferencian por sus identidades concretas y por el modo en el que son representados. Los actantes de la narración marco son individuos que tienen una identidad y un nombre (excepto el 'yo' pero, como queda expuesto arriba, en su caso puede alegarse que la ausencia de identidad es lo que permite identificarlo). Por el contrario, dentro de los mitos aparecen actantes anónimos y colectivos como 'los dioses' o 'los hombres verdaderos'. Esta distinción es significativa respecto a los diferentes registros literarios: los individuos aparecen en los fragmentos narrados por el 'yo' y atestiguan una manera de escribir más occidental mientras que las colectividades corresponden al registro mitológico, que se asocia de esta manera con las sociedades indígenas agrarias.

Detengámonos primero en el personaje del Viejo Antonio. En el prólogo del libro, Armando Bartra insiste en que es una persona que ha existido realmente (1998: 15). Por su parte, Matamoros Ponce subraya en tal grado este aspecto real e individual del personaje que llega a negar que sea una invención literaria: "Le Viejo Antonio n'est pas une invention littéraire, il a vraiment existé" (1998: 135). De esta manera, ambos autores reproducen lo que dijo Marcos, entre otros a Le Bot: "El viejo Antonio muere en 1994, en junio, y yo lo conocí en 1984. Antes de morir, mandó un mensajero, pues ya estaba grave, yo lo había visto en marzo, mientras estábamos haciendo la consulta, cuando llega su hijo, que es como de mi edad, a avisarme que ya había muerto" (1997: 153). En calidad de prologuista, Armando Bartra además llama la atención sobre el hecho de que Marcos lo presente como un individuo. En opinión de Bartra, esto le ha permitido al autor escapar al racismo que a menudo caracteriza las representaciones colectivas de los indígenas:

> Antonio no es un personaje propio de la cultura occidental colado en el 'impersonal' mundo indígena. Sin duda las comunidades rurales tienen en la preeminencia de lo colectivo su condición de sobrevivencia dentro de un mundo hostil, pero esto no impide ausencia de individuación. La hipótesis de que las singularidades humanas son atributo 'civilizado', mientras que lo propio de las sociedades agrarias es el comunitarismo indiferenciado, se parece mucho a la noción popular de que todos los 'negros', o los 'chinos', o los 'indios' son iguales (1998: 16).

Vale la pena someter a prueba la tesis de Bartra sobre la 'individuación' al analizar cómo Marcos construye el personaje de Antonio.

Su edad avanzada es el rasgo básico del personaje que se deduce de su propio nombre. No sólo transmite una idea de sabiduría y por lo mismo de autoridad moral –el Viejo Antonio tiene una autoridad fuera de lo común ya que es el único que puede franquear todas las postas zapatistas y entrar donde sea sin que nadie se atreva a impedirle el paso (VA 38)–, sino que además va asociada al cansancio –"se frota las rodillas cansadas" (VA 77)– y a la enfermedad –"se me acerca el Viejo Antonio, tosiendo la tuberculosis" (VA 27)–. Un segundo rasgo que destaca en el retrato del indígena es su pobreza. El hecho de que ande descalzo y otras informaciones sobre su situación personal muestran que debe luchar para sobrevivir. Al principio del libro, Marcos presenta a la familia del Viejo Antonio. El anciano se despierta y "ve a su mujer en cuclillas atizar el fogón, oye a su hijo llorar, mira el sol saludando al oriente, y afila su machete mientras sonríe" (VA 19). Esta escena de tipo costumbrista representa a los miembros de la familia en ocupaciones tradicionales e ilustra la felicidad rústica del Viejo Antonio y su cercanía a la naturaleza. El indígena también tenía una hija, pero se le murió de hambre: "El Viejo Antonio acababa de enterrar a uno de sus hijos. 'No se logró', dijo el Viejo Antonio después de poner la cruz, amarrada con bejuco, que marcaba la tumba de una niña, de la niña que Doña Juanita y él, el Viejo Antonio, habían hecho para que viviera" (VA 94). El propio Viejo

Antonio murió a su vez de la tuberculosis. Los datos cronológicos referidos en los relatos permiten colegir que fue en 1994, el año de la insurrección zapatista.

La presentación del Viejo Antonio hace ver que se trata de un personaje material y físicamente miserable pero espiritualmente rico que vive en comunión con el universo, rasgos que reproducen los estereotipos básicos de los indígenas difundidos por uno de los imaginarios más tradicionales que existen en torno a ellos[10]. El Viejo Antonio es además prototípico de los personajes de la novela indigenista. El hecho de que Marcos lo aísle de los demás indígenas basándose en su sabiduría es uno de los rasgos destacados por Henri Favre como típicos de esta novela: "los indios forman una masa indiferenciada de la que a veces se desprende la figura de un viejo jefe, siempre prudente y sabio, Choquehuanka en *Raza de Bronce* o Rosendo Maqui en *El mundo es ancho y ajeno*" (1998: 69). Esto nos lleva a refutar a Armando Bartra y a postular que el Viejo Antonio, no obstante algunas características individualizadoras, es básicamente un personaje estereotipado y poco original. Las descripciones y escenas arriba mencionadas –así como la falta de espesor psicológico– disminuyen su individualidad hasta tal grado que es fácil verlo como una encarnación del pueblo indígena. Si Antonio enlaza los dos planos de la narración –el marco y los relatos intercalados– mediante su voz al contar los mitos, también los enlaza porque se lo puede ver como el representante más o menos individualizado pero estereotipado del actante colectivo –los hombres verdaderos– que protagonizan los relatos. Otra asociación entre el individuo y la comunidad se deduce de la frase siguiente dicha por Marcos: "Con él, con el Viejo Antonio, se sientan junto conmigo todos los hombres y mujeres de morena sangre en corazón digno" (VA 102).

4. El cromatismo de los hombres de maíz

La frase arriba indicada reúne los dos aspectos a partir de los cuales Marcos caracteriza en los relatos a las comunidades indígenas. La expresión "morena sangre" indica un principio de identidad biológico-moral y señala metonímicamente la oscuridad de la piel. Pero esas referencias cromáticas

[10] En cierto sentido Marcos practica lo que Mary Louise Pratt llama 'autoetnografía', ya que habla desde dentro del grupo de los indígenas en los términos usualmente empleados por los que los han dominado (en Childs y Williams 1997: 188).

que indican colores concretos se asocian con valores más abstractos y con una identidad moral señalada en la expresión "corazón digno"[11].

Los colores moreno y negro aparecen tanto en la narración marco como en los relatos intercalados contados por el Viejo Antonio. Uno de éstos, que trata de la génesis del sol y de la luna, se basa en la oposición entre el blanco y el negro. Los dioses están discutiendo sobre cómo se podría hacer más luz y disminuir la frecuencia de la noche. Piensan primero en la posibilidad de sacrificar al dios más blanco porque daría la luz más hermosa pero como éste rehúsa, ofrece sacrificarse el dios más negro:

> Y una rueda hicieron los dioses en torno al fuego y echaron en discutir quién debía llevar el fuego para arriba y morirse abajo para vivir arriba, y no se ponían de acuerdo los dioses porque no se querían morir abajo los dioses, y dijeron los dioses que vaya el dios más blanco, porque era el más hermoso y así el fuego sería hermoso allá arriba, pero el dios blanco fue cobarde y no quería morirse para vivir, y entonces el más negro y más feo de los dioses, el ik', dijo que él lo llevaba para arriba al fuego y se dio en agarrarlo el fuego y se quemó con el fuego y negro se puso y gris después y blanco y amarillo y naranja después y rojo luego y fuego se hizo, y se levantó palabreando hasta el cielo y ahí se quedó redondo y en veces es amarillo y en veces naranja, rojo, gris, blanco y negro, y 'sol' le pusieron los dioses y más tierra se vino y el agua-noche se echó para un lado (VA 35-36).

De la misma manera que los indígenas son caracterizados por su sangre morena, el dios salvador es negro.

Del fragmento arriba citado se deduce que los colores oscuros se cargan de resonancias morales porque se asocian con la moral de sacrificio de un individuo o un grupo para el bienestar de todos. Esta moral lleva una marca cristiana que se desprende sobre todo de la fórmula "morirse abajo para vivir arriba" (VA 35-6). Hay otras imágenes bíblicas que vuelven como un hilo conductor en los relatos del Viejo Antonio, como la del camino y de los caminantes que remite al pueblo judío huyendo de Egipto y a Jesús, identificado como el camino, la verdad y la vida. Recordemos aquí que el mensaje

[11] Los relatos se refieren a menudo al corazón de los hombres y los dioses. Según Matamoros Ponce, en las creencias indígenas el corazón se relaciona con Vo'tan, el primer hombre que Dios envió para repartir la tierra entre los indígenas. Es el corazón del pueblo, de los montes, de los seres, que late en el fondo de la montaña (1998: 80-81). También Lenkersdorf resalta la importancia del corazón. Es al mismo tiempo la fuente de la vida y el origen de la capacidad de pensar (1996: 106).

de los sacerdotes católicos ha sido fundamental en el desarrollo del EZLN. En su discurso evangelizador dirigido a las comunidades indígenas emigradas a la selva los sacerdotes han establecido constantes paralelismos entre la condición de éstas y los cristianos perseguidos en otras épocas (véanse Tello Díaz 1995 y De Vos 2002).

Pero vengan de donde vengan estas imágenes, el rasgo prometeico es el que más determina el retrato que Marcos hace de los indígenas. A modo de ejemplo, son los 'hombres verdaderos', los indígenas, quienes apagan su luz para que pueda anochecer y para que la gente no se quede ciega ante la luz constante e intensa de las estrellas:

> entonces los hombres y mujeres verdaderos, los de corazón de color de la tierra, porque el maíz viene de la tierra, dijeron que ellos se apagarían y entonces se apagaron y así quedó cabal la noche porque había negro y había luz, y así es como las estrellas pudieron brillar gracias a las que se apagaron, que si no todavía estaríamos ciegos (VA 43).

Los dioses les han enseñado a morir para vivir: "Sin nombre, sin rostro, peleando el privilegio de ser alivio siempre del doliente y dolido dolor de la tierra" (VA 54). La combinación de ambos rasgos –el color oscuro y la mentalidad de autosacrificio– implica una asociación entre el aspecto exterior y la vida interior o, aun, entre la raza como rasgo esencialista y la moral, asociación que indica la superioridad moral de los indígenas y que Marcos también ha expresado en una frase que ha acabado por convertirse en uno de los lemas más conocidos del EZLN: "Para todos todo, nada para nosotros" (VA 100)[12]. Esta frase, como las afirmaciones arriba citadas, se construye sobre una dicotomía, "todos" y "nosotros" y "todo" y "nada". No es una descripción de la realidad de la pobreza indígena sino que debe leerse como una declaración programática mediante la cual los zapatistas afirman que están dispuestos a no ahorrar sacrificios si se trata de beneficiar al mayor número de personas posibles. La imagen de los autóctonos como grupo contiene, por tanto, una clara idea de una moral digna de respeto[13].

---

[12] La frase es recurrente en el conjunto de los textos zapatistas. Aparece por primera vez en febrero de 1994 (comunicado del primero de febrero de 1994 en *EZLN1*: 120) y se repite de manera sistemática en el curso de los meses siguientes.

[13] Aparte de connotar el color negro, el mito explicativo de la génesis del sol también connota el blanco, que queda asociado con la tristeza y la cobardía. Por analogía con el negro, relacionado con los indígenas, es tentador para el lector asociarlo con los blancos y los mestizos. Sin embargo, aunque se pueda sugerir tal lectura por deducción,

Al leer los textos del CCRI-CG a veces se tiene la impresión que el comité, consciente del nativismo y del racismo al revés inherentes a este tipo de asociaciones, se esfuerza por atenuarlas y corregirlas. No obstante, incluso en dichas ocasiones a veces vuelve a establecer involuntariamente un vínculo entre raza y moral, lo cual muestra que le es difícil abandonar su discurso nativista. En un comunicado del doce de octubre de 1995 (en *EZLN2*: 36) se corta varias veces el lazo determinador entre el concepto de 'indígena' y el principio de identidad racial. Dicho comunicado se refiere a "todos los indígenas mexicanos, incluso aquellos de piel clara", a "todos aquellos de piel diferente pero corazón indígena" y afirma que: "el color de la piel no hace al indígena, lo hace la dignidad y el siempre luchar por ser mejores". Pero precisamente, los últimos dos enunciados terminan por devolverle al significante 'indígena' el significado de una identidad moral superior. Su premisa es que los no indígenas pueden llegar a ser personas buenas a condición de que tomen como ejemplo a los indígenas.

Ya que establecen una relación determinista entre 'el indígena' y la actitud moral, los *Relatos de el Viejo Antonio* y numerosos comunicados del EZLN contienen aspectos nativistas evocadores del racismo que sufren los propios indígenas. Proponen una descripción de la realidad que, por una parte, se opone a la interpretación que de ella ofrece cierto discurso tradicional sobre los indígenas pero que, por otra parte, es igualmente dual y excluyente. En efecto, los rasgos que las personas que denigran a los indígenas consideran como signos de una inferioridad racial y de un servilismo congénito son reinterpretados por Marcos y el EZLN como indicios de una superioridad moral y un espíritu de autosacrificio ausentes en los no indígenas. Además, las imágenes del Viejo Antonio en la narración marco y de los 'hombres verdaderos' en los mitos muestran a las comunidades en su relación armoniosa con la naturaleza y consigo mismas por lo que otro rasgo del retrato que los relatos ofrecen de las comunidades indígenas es que éstas no se ven afectadas por ningún conflicto, ni hay tampoco indígenas más ricos que se aprovechan de los más pobres. Estos rasgos, junto con la relación actancial dicotómica en que se integran indígenas y no indígenas, resumen categorías que desde hace mucho tiempo han adquirido la transparencia del estereotipo del buen indio frente a su explotador. Acaban por componer un retrato nativista de los indígenas, no porque impliquen una actitud románti-

---

Marcos no se refiere a los no indígenas en términos de raza sino sobre todo mediante metonimias que indican los distintos poderes detentados por ellos, como el poder financiero "los dineros" (VA 62), el militar "la bala" (*ibíd.*) y "soldados y policías" (VA 68) y el político "el gobierno" (*ibíd.*).

ca que mira hacia el pasado con un sentimiento de nostalgia y espera reinstaurar una época paradisíaca perdida –hay poco de esto en los cuentos de Marcos–, sino porque idealizan sobremanera a los indígenas. En este sentido, los relatos se ubican dentro de las tendencias indianistas actuales tal y como han sido descritas por Henri Favre (1998: 132).

5. Una reescritura del *Popol Vuh*

El etnocentrismo que se detecta ocasionalmente en el discurso zapatista se desprende también de la manera en la que Marcos ha reescrito un fragmento del *Popol Vuh*, texto de los antiguos maya quiché al que el Subcomandante ha remitido en diversas ocasiones, sobre todo en el curso de 1999 (véase Subcomandante Marcos 2000b: 88, 92, 145, 150, 162, 145, 303). La imagen negativa de los que no son indígenas así como el modo en el que se los opone a los indígenas adquieren una visibilidad particular cuando se coteja el relato de la creación contado por el Viejo Antonio con el relato en el que se inspira, la génesis en el *Popol Vuh*. En la versión del Viejo Antonio, los dioses crearon primero la gente de oro. Pero como, por pesada, ésta no se movía, decidieron hacer un nuevo intento y entonces engendraron al hombre de madera. Mas como éste fue explotado por su compañero de oro que le mandaba cargar y trabajar, para remediar la situación, los dioses decidieron crear al hombre de maíz, "las gentes buenas", "los hombres y mujeres verdaderos" que "hablaron la lengua verdadera" (VA 22). Una lectura superficial podría recalcar las coincidencias entre el relato contado por el Viejo Antonio y el mito del *Popol Vuh*: ambos representan la creación de la especie humana como un proceso complicado que precisa de varias tentativas antes de llegar a buen término y en ambas versiones el hombre definitivo, bueno o 'verdadero', está hecho de maíz.

Pero es evidente que el autor integra variantes que se desvían de la versión del *Popol Vuh*. La lógica de sustitución de varios tipos de hombres en el *Popol Vuh* se transforma en una lógica de simultaneidad en el relato de Marcos: el hombre de madera no sustituye al de oro sino que viene a hacerle compañía. Esta reescritura permite presentar a los dos primeros tipos de hombres en una relación conflictiva. La segunda variante debe leerse a partir de esta relación. En el *Popol Vuh*, el hombre anterior al de madera fue de barro. Al sustituirlo por una figura de oro, Marcos sustituye la sucesión de dos materiales 'pobres' por una oposición entre un material precioso y además de color claro que remite a los no indígenas ricos, y una materia más común y oscura, que se refiere a los indígenas pobres. A partir de un mito maya conocido, Marcos teje una alegoría sobre la actualidad, más específicamente sobre la explotación de los indígenas por los mestizos y los blancos. El antagonismo es en primer lugar una oposición social: los pobres son explotados por los ricos. Sin embargo, la realidad social es definida más en términos étnicos que a partir de relaciones de clase. El resultado final de la relación entre el hombre de madera que debe cargar y el de oro que manda cargar es la aniquilación de ambos[14].

Si los retratos del hombre de oro y de madera son nativistas por la relación de oposición que existe entre ambos además de por sus respectivas descripciones, el retrato del tercer hombre, el hombre de maíz, corresponde a una visión menos etnocéntrica porque supera las divergencias. Marcos describe al hombre de maíz como una figura utópica que simboliza al que no explota a los demás ni se deja mandar. El giro que toma aquí el simbolismo cromático es significativo de una postura alter/nativista. El hombre de maíz, el verdadero o igualitario, es indefinido en cuanto al color y aparece contrastado con el de oro, blanco, y el de madera, moreno. Marcos lo asocia con los zapatistas, los 'sin rostro':

> Le pregunté al Viejo Antonio de qué color era la piel de las gentes de maíz y me enseñó varios tipos de maíz, de colores diversos, y me dijo que eran de todas las pieles pero nadie sabía bien porque las gentes de maíz, los hombres y mujeres verdaderos, no tenían rostro (VA 22).

Antonio concluye otra narración diciendo: "el mundo será alegre si todos los colores y todos los pensamientos tienen su lugar" (VA 49), con lo que queda abolida la jerarquía de los colores. Cabe observar que estas afirmaciones contradicen uno de los relatos arriba citados en el que el hombre de maíz, el verdadero, es definido como indígena, del "color de la tierra" (VA 43). La contradicción es ejemplo de las tensiones constantes en los relatos entre una postura nativista que alaba al indígena en oposición al 'otro' y una postura reacia a entablar una relación determinista entre etnia y moral.

6. El interlenguaje

Si bien se dice que habla varias lenguas mayas –según Duhalde y Dratman (1994: 224), Marcos dominaría el tzeltal, tzotzil, chol, tojolabal, tarahu-

---

[14] Es interesante señalar que en el estudio de García de León (1999: 38) se encuentra una referencia a una variante del *Popol Vuh* que circula entre los mayas chiapanecos. Según el historiador, la versión tojolabal de génesis habla de la coexistencia de dos tipos de hombres, el de oro y el de maíz.

mara, mixteco, mexica y náhuatl–, el Subcomandante ha publicado sus relatos en español. No obstante, a fin de dar forma a su mensaje y como otros autores nativistas (véanse Ashcroft *et al.* 1989: 66; Childs y Williams 1997: 61 y 95), hubiera podido optar por renunciar al español, que es la 'lengua importada' en Chiapas, a favor de una o más lenguas indígenas para darles la dignidad de una lengua literaria, darles más protagonismo a las culturas autóctonas y reforzar su crítica de la herencia colonial y de la neocolonización de los indígenas. Su opción suscita preguntas también porque la vida comunitaria depende de la resistencia al español en la medida en que esta lengua representa una modernidad excluyente y es asociada al monoculturalismo del Estado mexicano y porque puede fomentar las críticas contra Marcos como *outsider* hispanohablante entre los indígenas. Pero el uso del español llama la atención sobre todo en vista de las reivindicaciones lingüísticas de los zapatistas en las negociaciones de San Andrés con las que los relatos han sido asociados por sus editores.

Por otra parte, hay razones que permiten entender la opción de Marcos. Así, se debe admitir que el uso de las lenguas indígenas restringiría sobremanera su público lector. Además, si escribiera en una lengua indígena no sólo estaría renunciando a su papel como mediador sino que esto lo pondría en desventaja por cuanto él es todavía un 'aprendiz' de esas culturas. Otro problema radica en la diversidad lingüística: tan sólo en la zona de influencia del EZLN se hablan por lo menos cuatro lenguas mayas (De la Torre Yarza 1994), lo cual hace que sea difícil optar por una de ellas en detrimento de las demás. Todas éstas son razones que ayudan a comprender por qué Marcos no escribe en una lengua maya.

Es menos comprensible, sin embargo, que el Subcomandante no haya tematizado en los relatos su opción por escribir en español. Pone en boca del Viejo Antonio frases en español sin decir al lector si el anciano dominaba o no –y hasta qué grado– este idioma, si Antonio conversaba con él en español o si ha traducido los relatos y las conversaciones de una lengua maya. En todo el libro sólo se encuentra una referencia a un problema de traducción. Marcos cuenta cómo entre zapatistas estuvieron discutiendo hasta muy tarde buscando la traducción de la palabra 'rendirse'. Llegaron a la conclusión de que no se puede traducir: "No tiene traducción en tzotzil ni en tzeltal, nadie recuerda que esa palabra exista en tojolabal o en chol" (VA 27). El Viejo Antonio, ya muerto, viene a explicarle a Marcos que 'los nuestros', es decir los indígenas, no conocen esta palabra y, por lo tanto, no se rinden nunca. De todo el episodio, que es principalmente un elogio nativista del coraje indígena, no se puede deducir la información básica respecto a la(s) lengua(s) en la(s) que se desarrolló la discusión. Más curioso aún es que la ausencia del tema de la lengua y de la traducción no signifique que Marcos no haya reflexionado sobre cómo apropiarse del español de manera que su uso dé cuenta de la realidad mexicana y de las demandas indígenas. Al revés, un análisis de los relatos centrado en la lengua revela un trabajo constante por parte del Subcomandante por desarticular e hibridizar el español mexicano mediante fusiones de la sintaxis del español con sintaxis desviantes. Esta práctica, que es bastante frecuente en la novelística hispanoamericana y chiapaneca de tipo indigenista (Lienhard 2003: 283), resulta en un genuino 'interlenguaje' (Ashcroft *et. al* 1989: 66; Roth 1995) y genera una 'brecha metonímica' o *metonymic gap* (Ashcroft *et al.* 1998: 137) en la medida en que enfatiza la diferencia entre el español y las lenguas indígenas y que pide al lector hispanohablante que se comprometa activamente con la 'otra' cultura. Sin embargo, incluso en este terreno Marcos hubiera podido hacer menos concesiones al español ya que traduce las palabras o expresiones mayas, dándole al español de esta manera un estatuto superior a la cultura receptora. Como dicen Ashcroft *et al.*: "the choice of leaving words untranslated in post-colonial texts is a political act, because while translation is not inadmissable in itself, glossing gives the translated word, and thus the 'receptor' culture, the higher status" (1989: 66).

Algunas de las 'deformaciones' lingüísticas son más bien raras en los relatos. Es el caso, por ejemplo, del plural inusitado "los dineros" (VA 62), del neologismo "puentear" en el sentido de servir de puente en "puenteando mundos, puenteando sueños" (VA 86) y de algunas sustantivizaciones de adverbios de tiempo "luego" en "los luego" (VA 83) y "antes" en "En el antes no había después" (VA 88). Entre las distorsiones más sistemáticas está el uso transitivo de verbos normalmente intransitivos. Destaca sobre todo el uso del verbo 'nacer' con un complemento objeto directo, una combinación que resulta en frases como los dioses "nacieron el mundo" (VA 82, 87). El uso transitivo de verbos intransitivos no se limita a los fragmentos donde habla el indígena sino que se registra también en el lenguaje del narrador que escribe: "La mar dormitaba el cansancio que el amor regala" (VA 108), "el avión había ya ronroneado la muerte" (*ibíd.*) y "los hombres y mujeres verdaderos nacen de nuevo la palabra" (VA 112). Un segundo tipo de 'desviación' lingüística frecuente es la combinación insólita de verbos que suelen tener un complemento objeto directo tangible con un complemento que no lo es, con lo cual se crean imágenes poco habituales: "El Viejo Antonio pone la palabra en el suelo" (VA 63), "mordisquea la palabra" (VA 70) y "corta bejucos y húmedos pedazos de noche" (VA 105). Se podría sugerir que las distintas irregularidades contribuyen a hacer la lengua más concreta. Esto es el caso de las metonimias los "dineros" y "las balas" en lugar de los ricos y el ejército. Pero también el uso transitivo de los verbos intransitivos implica que éstos se vuelven más concretos. Finalmente, está claro que las combinaciones inusitadas tienen un efecto parecido, ya que el sustantivo abstracto cobra cierta plasticidad al ser asociado con un verbo 'concreto'.

De todas formas, esta yuxtaposición de conceptos de órdenes distintos, concretos y abstractos, crea un efecto de rareza suplementaria. Marcos la practica usualmente en los íncipits de los relatos, cuando describe la llegada del Viejo Antonio. Anota que el Viejo Antonio "empezó un cigarro y una historia" (VA 77), que se forja "uno de esos cigarrillos que anunciaban humo e historias" (VA 81) y que "Con la tarde y con un costal de tostadas llegó" (VA 108). Pero los íncipits también permiten mostrar que el autor emplea igualmente recursos modernos y occidentales. Al integrar técnicas de suspensión, las apariciones del Viejo Antonio hacen pensar en el modo cinematográfico de introducir a un personaje. Marcos escribe: "Despacito, como quien se alivia la esperanza, el Viejo Antonio realumbró la tarde con [...]" (VA 82) y "En ese momento, por entre la niebla de la alta montaña e inadvertido por la mar, se llega el Viejo Antonio a mi lado y, dándome unos golpecitos en la espalda, enciende su cigarrillo y..." (VA 115).

Por el contexto en el que se escriben los relatos es lógico que el lector que desconozca las lenguas indígenas interprete las irregularidades o las fórmulas no habituales en primera instancia como huellas de las lenguas mayas. Uno de esos recursos estilísticos que parecen acercar la lengua de Marcos a las lenguas indígenas son las personificaciones de cosas, elementos naturales y animales. En los relatos de Antonio el agua grita (VA 27), la ceiba lo mira todo (VA 48) y las nubes se hablan antes de llorar (VA 53). En "La historia de los colores" (VA 45), éstos salen, "hacen alegría", suben, etc.; y en "La historia de la espada, el árbol, la piedra y el agua" (VA 70), las cosas se niegan a hablar o discuten entre sí. Mediante los recursos lingüísticos susodichos, Marcos da movimiento a todo lo que habita el universo del que habla el Viejo Antonio[15].

Si los relatos se parecen a los cuentos infantiles por la sencillez de su esquema actancial y del léxico utilizado, otras veces exigen un esfuerzo de

[15] López-Austin (1997: 122) señala el animismo de los indígenas mayas. Por su parte, Lenkersdorf resalta que los conceptos 'personificación' y 'animismo' son occidentales y no son apropiados para dar cuenta de la manera maya de percibir las cosas: "afirmamos que los tojolabales, amerindios y demás, considerados hombres 'primitivos' y, a menudo, 'supersticiosos', no personifican a nada ni a nadie. Tampoco están dotando de vida a nada. Es otra perspectiva, otra cosmovisión que los hace percibir la vida, el corazón en todo lo que hay" (1996: 72).

interpretación por parte del lector. Es el caso de frases como: "grande fue el dolor que, hecho lágrimas, alivió el dolor que doliendo se dolía en la tierra" (VA 54) o "sólo si lo caminaban el camino largo iban a saber a dónde lleva porque así como estaban nunca iban a saber para dónde lleva el camino largo" (VA 59). En estos y otros casos –"los dioses primeros, los que formaron el mundo" (78), "los dioses primeros, los que nacieron el mundo" (VA 79), "el señor de la oscuridad, el desparejador del mundo" (*ibíd.*), etc.– la repetición del mismo pensamiento o concepto que es una modalidad estilística propia del pensamiento mítico y común en las literaturas mesoamericanas (De la Garza 1980: XXXVII; Sandoval 1988: 27), aumenta el carácter poético de los textos.

En los relatos del Viejo Antonio, la lengua tiene por tanto matices arcaicos y una cercanía con el ritmo de la oralidad, de modo que parece proyectar los murmullos de las voces indígenas. Es probable que Marcos haya querido despertar ecos al ritmo de las lenguas mayas e integrar una gama de alusiones a ellas. Mas esto no significa necesariamente que su propósito consista en reproducir fielmente las estructuras sintácticas mayas. Incluso parece que alguna que otra alteración no sólo se desvía del español sino también de las lenguas mayas habladas por los indígenas zapatistas. Se puede demostrar a partir del caso del uso transitivo de verbos usualmente intransitivos, lo que implica la aparición de un complemento objeto directo donde no suele haberlo. En tanto lectora ignorante de las lenguas autóctonas, primero he leído esta anomalía como un intento de Marcos de acercar su lengua a la manera indígena más concreta de significar el universo.

Ahora bien, el estudio de la lengua maya tojolabal del antropólogo Carlos Lenkersdorf (1996) indica que esta y otras lenguas mayas habladas por la mayoría de los zapatistas difieren de los idiomas occidentales en lo que toca a la ergatividad, las particularidades de los sujetos de verbos transitivos e intransitivos (*ibíd.*: 28). Lenkersdorf afirma que el idioma tojolabal y otras lenguas mayas carecen de la categoría sintáctica de objeto y que en la estructura de la frase tojolabal los que son objetos en los idiomas occidentales ascienden a sujetos. De esta manera, la relación de subordinación que existe entre un sujeto activo y un objeto que sufre la acción desaparece a favor de una situación de complementariedad de dos sujetos que participan de distintas maneras en el acontecimiento señalado por el verbo. "Les dije", por ejemplo, se dice en tojolabal "yo dije ustedes escucharon". De ahí que Lenkersdorf caracterice las lenguas mayas como lenguas 'intersubjetivas' frente a las lenguas europeas, acusativas (*ibíd.*: 31).

Esto podría explicar que la mayor tojolabal Ana María, en sus palabras de bienvenida en la sesión de apertura del Primer Encuentro por la Humanidad y contra el Neoliberalismo, hubiera dicho: "detrás estamos ustedes". Esta frase ha hecho correr tinta porque, siendo agramatical en español, se ha querido leer desde la perspectiva maya (*Invitation au voyage* 1999: 87; Mignolo y Schiwy 2000; Huffschmid 2001). El propio Marcos cultiva la frase porque la ha vuelto a emplear en un comunicado suyo del 30 de agosto de 1996 (en *EZLN3*: 373); es utilizada además como título de una colección de cuentos y posdatas (2000a). A partir de las informaciones de Lenkersdorf, la superposición de las fórmulas 'estamos nosotros' y 'están ustedes' se interpreta como una expresión de la interrelación recíproca entre dos instancias, nosotros y ustedes. Se puede traducir la idea como "nosotros estamos detrás de todo esto pero ustedes también, ustedes están allí donde estamos nosotros".

Pero las frases de Ana María (difíciles de comprender y agramaticales, entre otras razones, porque carecen de complementos) y el estudio de Lenkersdorf que permite aclararlas también llevan a la conclusión de que las frases del Subcomandante Marcos (agramaticales por utilizar complementos donde no suele haberlos) no sólo se alejan del español normativo sino también de las lenguas mayas. A un lector que desconoce estas lenguas puede parecerle que se trata de acercamientos a la sintaxis maya; sintácticamente, sin embargo, las voces mayas quedan más alejadas porque el Subcomandante refuerza aún más la relación sujeto/objeto y disminuye de esta manera la intersubjetividad. Se podría deducir de esto que Marcos se ha preocupado, sobre todo, por adaptar su forma de expresarse a su público hispanohablante, transformando el español de manera que integre la 'otredad' indígena pero cuidando al mismo tiempo de que su audiencia aún lo pueda entender. Sin embargo, algunas construcciones desviantes, entre las cuales la más frecuente incluye el verbo 'nacer', permiten avanzar otra interpretación. Las frases "los dioses nacieron el mundo" o "los hombres nacieron la palabra', pueden traducirse a un español 'correcto' como "los dioses crearon el mundo y éste nació" y "los hombres crearon la palabra y ésta nació". El complemento objeto directo de estas frases ('el mundo', 'la palabra') en español cumple normalmente la función de sujeto. Se puede decir por lo mismo que sigue guardando cierta reminiscencia de sujeto y que debe leerse como tal, como un objeto con una connotación de sujeto. Según esta lectura, algunas desviaciones sintácticas frente al español sí acercarían la lengua de Marcos a la sintaxis de las lenguas mayas.

Sea como fuere, es claro que Marcos quiere dar cuenta de la realidad en el plano local. Vistas desde esta perspectiva, las desarticulaciones reflejan el multilingüismo imperante en la región donde opera el EZLN y las lenguas híbridas en las que muchos chiapanecos han llegado a expresarse por sus numerosos desplazamientos debidos a razones políticas y económicas (Cruz

Burguete 1998; De Vos 2002). Estas migraciones generaron contactos pluriétnicos que tuvieron una gran incidencia en el mapa lingüístico de una región convertida en una Torre de Babel, según lo demuestra una investigación de Rodrigo de la Torre Yarza (1994). De esta manera, la lengua discordante recuerda las difíciles negociaciones que constituyen la historia de los indígenas en la región. Pero simultáneamente, y en la medida en que una comunicación en las diversas lenguas mayas no era una alternativa viable para Marcos, la hibridación de la lengua refleja las reivindicaciones de los zapatistas en el plano nacional. Mediante ella, Marcos rechaza el carácter monoglósico de México donde la única lengua oficial es el español y subvierte ciertos presupuestos culturales y políticos transmitidos por ese monolingüismo. Las variaciones lingüísticas funcionan entonces como una metonimia de las diferencias culturales de los diversos pueblos indígenas mexicanos frente a sus conciudadanos mestizos. Asimismo, las tensiones en el texto entre la norma española y las desviaciones frente a ella traducen una tensión del contexto, la lucha de los indígenas mediante las negociaciones de San Andrés por ver sus lenguas y sus culturas reconocidas dentro de un Estado plurilingüe y multicultural.

7. Entre amargura y utopía

En apariencia llanos y sencillos, a la hora de analizarlos de manera más detenida los *Relatos de el Viejo Antonio* aparecen como narraciones cuidadosamente construidas cuyo efecto más obvio es el de replicar a cuantos retraten a los indígenas como representantes de la barbarie –ignorantes y salvajes, serviles e hipócritas– cuyo acceso a la civilización depende del abandono de sus creencias y mitos. Al reescribir los mitos mayas en función de la cultura indígena contemporánea y de la lucha zapatista, Marcos borra la imagen que circula de los indígenas como sujetos étnicos que viven en el pasado para sustituirla por el retrato de sujetos contemporáneos en los que el pasado sigue vivo. Sergio Raúl Arroyo García, quien ha estudiado los rasgos que toma la presencia del mito en los estudios mexicanos concluye que éste, al igual que los indígenas, es visto como una reliquia del pasado:

> El mito, a la acepción que de él hizo, y aún hace, cierta corriente intelectual mexicana, representó durante un gran período, una especie de reflejo condicionado pavloviano, tanto para evocar una idílica grandeza pasada, de la que no se pudiese dudar, como un movimiento evasivo para soslayar ciertas dimensiones de la realidad social y política contemporánea. Apegarse a reminiscencias transhistóricas se convirtió en una posibilidad de no mirar al presente (1997: 280).

Tal vez Marcos haya optado por presentar sus narraciones como 'relatos' y no como 'mitos' porque ha sido influenciado por ese empleo que muchos intelectuales han hecho del acervo mitológico indígena[16]. Sin embargo, hay otra definición del mito citada por el mismo Arroyo García que conviene revisar para dar cuenta de la práctica literaria en los relatos del Viejo Antonio: "el mito se concibe como algo que circula, como una figura mutable que al contarse se altera. Una constelación de formas y sentidos que se reinventan una y otra vez" (*ibíd.*: 292).

Estas alteraciones y reinvenciones realizadas por Marcos para recuperar la memoria histórica de los indígenas caen a veces en posturas etnocéntricas, nativistas. Tanto en las imágenes sobre la conquista como en el cromatismo empleado para colorear las figuras de los pueblos contemporáneos, los autóctonos son presentados como los hombres verdaderos y las víctimas de la maldad de los otros. En este sentido, los relatos contradicen las afirmaciones de Marcos en las que niega que la raza defina la actitud. Al oponer constantemente y en un esencialismo estratégico a los dos componentes mayores de la población mexicana –el indígena y el mestizo–, y al presentar al primero como bueno y verdadero mientras que los demás deben asimilar sus estándares éticos, pone en entredicho el proyecto de la multiculturalidad a favor del cual habla en otros textos. Si relacionamos ese aspecto de los textos con su contexto, las reivindicaciones indígenas incluidas en los acuerdos de San Andrés Larráinzar, cabe concluir que los relatos que deberían crear un clima favorable a unos acuerdos según los cuales todos los pueblos mexicanos merecen ser tratados en pie de igualdad, en realidad integran prejuicios que les son contrarios. No obstante, es justo decir que los aspectos etnocéntricos en los relatos remiten menos a una visión del futuro que a las enemistades entre los campos implicados en la guerra y que es posiblemente la postergación diaria de los indígenas en la vida social, política y cultural de la nación la que conduce a retratos negativos de los explotadores y a una idealización de sus víctimas[17].

---

[16] En su libro *Rigoberta, la nieta de los mayas*, Rigoberta Menchú también se refiere al mito como algo del pasado y, por tanto, rechaza la palabra: "Creo en la comunidad como una alternativa de desarrollo y no simplemente como un recuerdo del pasado. No es un mito, algo estéril" (1998: 161).

[17] En su estudio de la novela indigenista andina, Saintoul observa que el etnocentrismo puede ayudar a sobrevivir en el caso de culturas no hegemónicas: "Cierta dosis de etnocentrismo resulta acaso positiva en las culturas como un modo de fortalecer su visión del mundo, la fe en su propio proyecto existencial, sin la cual éste fracasará. Pero tal resorte se torna negativo cuando se sale del marco de la mera competencia o rivalidad

Por el contrario, la proyección de una sociedad futura, fraternal e igualitaria trae consigo la construcción de imágenes híbridas. La descripción del hombre de maíz venidero en el relato de la génesis es la prueba más contundente de esta postura alter/nativista ya que su color es múltiple e indefinido. Por su parte, la lengua creada por Marcos –un español al cual se le inyectan resonancias de las lenguas indígenas– también puede verse como prueba de que éste no quiere imponer las culturas autóctonas como único fundamento válido en la construcción de una nueva nación mexicana. En este sentido, el interlenguaje sería una manera adecuada para dar cuenta del proyecto zapatista de una nación plurilingüe donde las lenguas y las culturas indígenas reciban un estatuto y convivan con el español. Se trata de un aspecto indicativo de un discurso multicultural (Brown 2000: 128-134) que incluye una visión de la nación como un conglomerado de culturas constitutivas reconocidas institucionalmente y que comparten un compromiso con los valores de la diversidad étnica y la igualdad interétnica.

Para terminar, quisiera volver brevemente a los dos objetivos del libro tales y como –según consta de la reseña publicada en *La Jornada*– han sido presentados por sus editores del CIACH. Es posible que los *Relatos de el Viejo Antonio* hayan contribuido a cambiar las ideas que tenían muchos mestizos acerca de los indígenas y que, de esta manera, hayan creado un clima favorable a las exigencias indígenas dentro de las negociaciones de San Andrés. Sin embargo, no han logrado su meta ya que la versión original de los acuerdos no ha sido aprobada por el Congreso de la Nación. Marcos afirmó incluso en 2001, algo antes de la ratificación enmendada de los Acuerdos de San Andrés que, si el Gobierno no reconocía los derechos de los indígenas, los zapatistas iban a retomar las armas (en Ramonet 2001b: 69; véase también Baschet 2002). Si hasta hoy (fines de 2003) no ha cesado el conflicto en Chiapas es en gran medida porque los zapatistas vinculan su propia disolución como movimiento guerrillero con la ratificación de esos acuerdos por el Congreso de la Nación.

La segunda propuesta, dar un foro a los pueblos para que puedan preservar y dar a conocer su memoria cultural, ha sido probablemente más exitosa. Los *Relatos de el Viejo Antonio* tuvieron tanta resonancia que el anciano se ha llegado a comparar con Don Juan, el chamán yaqui famoso por los libros de otro autor mexicano, Carlos Castaneda. Si bien el mensaje de Don

---

con las otras culturas para pasar a fundar relaciones de opresión, alimentar un complejo de superioridad, como ocurre en el caso paradigmático de la civilización occidental" (1998: 143).

Juan no es el mismo que el del Viejo Antonio, la recepción de ambos muestra que existe un público mexicano e internacional interesado en escuchar las voces silenciadas desde hace quinientos años por la 'civilización occidental'. Desde esta óptica se puede pensar que el hecho de que estos mitos mayas ancestrales hayan sido leídos y recibidos con entusiasmo también en otros países no sólo sirve de apoyo a las exigencias de los indígenas sino que también llena un vacío espiritual de ciertos públicos externos, desorientados por la pérdida de fe en muchos 'mitos occidentales' y en busca de nuevos sistemas de valores. El éxito de los relatos que han sido traducidos y editados en distintos idiomas, por tanto, puede implicar también que éstos sean recuperados en un nuevo paradigma universal que les impone sus criterios. El interés por los mitos indígenas –al igual que el interés por las literaturas poscoloniales en general– puede relacionarse, en efecto, con una corriente occidental que exalta la diversidad y los márgenes.

Finalmente, para retomar el enfoque inicial del capítulo, podemos concluir que el estudio de los *Relatos de el Viejo Antonio* evidencia la utilidad de los conceptos nativismo y alter/natividad como hipótesis de trabajo pero también hace aparecer sus límites. Demuestra que ambos términos no sólo constituyen una disyuntiva para clasificar autores y obras literarias en dos paradigmas opuestos sino que en una sola obra pueden encontrarse conjugados aspectos nativistas y alter/nativistas. De hecho, se podría argumentar que, al utilizar el binomio de manera excluyente, los autores de *The Empire Writes Back* reinstauran las oposiciones valorativas, binarias y sencillas que ellos mismos rechazan en la lógica nativista.

Capítulo IV

La nación en los tiempos de la globalización

Los aspectos étnicos y etnocéntricos en los *Relatos de el Viejo Antonio*, las reescrituras que Marcos propone de los mitos indígenas y las demandas formuladas por los zapatistas a favor de un mayor desarrollo para Chiapas podrían sugerir que su lucha es en primer lugar una lucha local e indígena. Por otra parte, el carácter descentralizado de la identidad de Marcos que queda ilustrado en el largo autorretrato que cité anteriormente y mediante el cual vincula la lucha zapatista con los anhelos de emancipación de otros grupos marginados ilustra cómo el EZLN quiere sobrepasar las fronteras de Chiapas y solidarizarse con todos los marginados estén donde estén. Más específicamente, la adhesión de los guerrilleros a los acuerdos de San Andrés muestra que no escatiman esfuerzos en apropiarse de un marco nacional y proponer una visión sobre el futuro de México. Es más, la lucha por mejorar las condiciones de vida en Chiapas se inscribe en un discurso de marcado tono nacionalista que se aleja de la tendencia que domina otros movimientos actuales de carácter étnico o regional. El EZLN no cuestiona el 'contrato social' mediante el cual se vinculan los miembros de una nación sino que, por el contrario, confirma el sentido en que ese contrato descansa, es decir que es normal luchar, matar y morir por la preservación de la 'comunidad imaginada'.

Se trata de un aspecto que ha sido mal comprendido por muchos observadores extranjeros para quienes la emancipación étnica y el sentimiento nacionalista son irreconciliables y quienes, por este prejuicio, no pocas veces han pasado por alto el carácter nacionalista del EZLN (véase Johnston y Laxer 2003). Un ejemplo de tal interpretación parcial se encuentra en el estudio *Latin Americanism* en el que su autor, Ramón de la Campa, afirma que los comunicados zapatistas comparten una definición local de la comunidad más que una visión nacional (1999: 56). No obstante, al abanderar un discurso nacionalista, el EZLN se integra en una sólida tradición. En efecto, aunque no dejen de surgir grupos indígenas que abogan a favor de formaciones étnicas y 'Repúblicas de Indios', en América Latina los indigenismos han sido a menudo movimientos nacionalistas (véase Favre 1998: 8)[1]. Las

[1] Favre escribe al respecto: "¿De qué manera se puede reabsorber la otredad india en la trama de la nacionalidad? Pero, igualmente, ¿de qué manera asentar la identidad nacio-

reivindicaciones nacionalistas tampoco habrán asombrado a los que conocen la historia de México porque la política cultural favorecida por el Estado, sobre todo después de la Revolución Mexicana, ha sido nacionalista a ultranza y ha logrado infundir un genuino sentimiento nacionalista en el pueblo mexicano, pueblo al que los guerrilleros zapatistas se dirigen y del cual forman parte. Carlos Monsiváis, el cronista por antonomasia de la sociedad mexicana, previó menos de un año y medio antes del levantamiento zapatista que ese nacionalismo no se iba a ver menguado por la entrada del país en la globalización cultural. A la siguiente pregunta de Marta Elena Montoya Vélez: "Ahora con toda esta política de la apertura y del neoliberalismo ¿la identidad cultural, el nacionalismo en qué van a quedar?", Monsiváis contestó: "el nacionalismo va a quedar, sobre esto no tengo duda; es el único lenguaje de comunicación interna de la sociedad mexicana" (en Montoya Vélez 1992: 43). A pesar de que México se esté integrando progresivamente en bloques supranacionales, en el país los sentimientos nacionalistas siguen, por tanto, fuertes.

A continuación me detendré en la narrativa del nacionalismo mexicano (Bhabha 1995; Hobsbawm y Ranger 1996) para ver cómo es reinventada y reescrita en el discurso del EZLN y en los relatos de Marcos. Mostraré primero que los zapatistas y el Estado compiten en una carrera por ser vistos como los representantes legítimos de México. Luego pasaré a estudiar los relatos de Marcos para sacar a la luz de qué maneras intenta asociar su prosa al espacio nacional en los personajes del Viejo Antonio y de Durito. En algunos relatos del anciano, el Subcomandante reconstruye el pasado nacional, ofreciendo una versión alternativa de la Revolución Mexicana y enfrentando las versiones difundidas sobre ella por los gobiernos posrevolucionarios. La defensa hecha por Marcos de una tradición nacional se relaciona directamente con su preocupación por la pérdida de la soberanía nacional ocasionada por el proceso de la globalización. Pero este aspecto antiglobalizador, a pesar de estar inspirado básicamente en una sólida convicción nacionalista, amenaza con quitar al discurso de Marcos su coherencia en la medida en que lo acerca a las expectativas de una audiencia posnacionalista.

---

nal sobre la base de la indianidad? Éstas son las preguntas aparentemente contradictorias que el movimiento indigenista se plantea, y a las que se empeña en encontrar respuestas. Así, pues, el indigenismo está estrechamente ligado al nacionalismo. Incluso es la forma privilegiada que éste adopta en América Latina" (1998:8).

1. El tiroteo por la mexicanidad

Ubicado en el extremo sureste de México y limitando con Guatemala, el estado de Chiapas formó parte de este país hasta que en 1824 se desgajó de él para anexarse a la República de Estados Mexicanos fundada en 1821. "Hasta bien entrado el presente siglo los chiapanecos conocían más y mejor la América Central que el lejano México", anota Antonio García de León en un estudio sobre Chiapas (1999: 16). La situación espacial periférica de la región chiapaneca con respecto al centro de México y su integración posterior a la nación han sido utilizadas por algunos altos funcionarios del Gobierno para argumentar que la insurrección no era representativa de México y que su caldo de cultivo era estrictamente regional. Presentando el movimiento como excéntrico y local, lo explicaron por el retraso de una región postergada frente al México primermundista, moderno y civilizado. En términos del Gobierno, Chiapas, de derecho, pertenecía a México, pero de hecho estaba alejado de lo que el país representaba social y económicamente. Por consiguiente, urgía incluirlo mediante un proceso de modernización y así defender la soberanía nacional, puesta en peligro por la ofensiva zapatista[2].

Las guerrillas que operaron en los países centroamericanos hasta bien entrados los años ochenta, estando aún frescas en la memoria mexicana, contribuyeron a su vez a facilitar las disociaciones entre México y el EZLN, porque hacían que fueran aceptables las asociaciones entre la región chiapaneca y el resto de Centroamérica, rajada por la violencia y las desigualdades sociales. En las páginas de la revista *Vuelta*, por ejemplo, tales asociaciones adquirieron un carácter repetitivo y ayudaron a difundir la imagen de un movimiento carente de verdadera mexicanidad. Enrique Krauze escribió en el número especial dedicado al EZLN: "En los primeros días, las insistentes alusiones de los comandantes a su 'mexicanidad' aumentaban mi sospecha de que el EZLN era sólo una versión anacrónica de las guerrillas centroamericanas que no sirvieron más que para empobrecer al pueblo y enriquecer a sus comandantes. O peor aún, de 'Sendero luminoso', esa versión inca de Pol-pot que ajusticia perros colgándolos de los árboles" (suplemento extraordinario *Vuelta* n° 207: j). Poco después de la insurrección, el Gobierno acusó a los líderes del EZLN de ser guerrilleros salvadoreños y guatemaltecos ("Comunicado de la Coordinación de Comunicación Social del Gobier-

[2] Véase Rascón (1995: 12) para una discusión sobre el concepto de soberanía en lo que toca al EZLN.

no del Estado", *El Financiero*, 2 de enero de 1994, pág. 16). De esta manera esperaba desacreditar al movimiento zapatista. Finalmente, según los adversarios de los zapatistas, la rebelión también llevaba al país hacia un pasado de derramamientos de sangre superado gracias a un esfuerzo sostenido durante la era posrevolucionaria. La asociación de los rebeldes con un pasado sangriento ha sido otra manera de disociarlo de México, país al que le estaba prometido un futuro pacífico y brillante. En muchos análisis de índole más académica sobre el EZLN, se reencuentra una visión que disocia al EZLN de México. Aunque a veces no esté tematizada explícitamente, basta con mirar los títulos de los estudios dedicados a la rebelión para descubrir que la mayoría de ellos relacionan al EZLN con Chiapas y no con México[3].

Por su lado, los zapatistas han intentado desacreditar al Gobierno a partir de una estrategia semejante: disociarlo de México, su geografía, su historia y las aspiraciones de su pueblo. Estipulan en sus comunicados que, de no haber sido por la codicia de los 'malos gobiernos', México sería bien distinto de como es ahora, un país en ruinas, en desmoronamiento total, sin aliento ni ética, una caricatura de sí mismo. En los relatos del Viejo Antonio, al Gobierno se le define por su temor al pueblo: "El gobierno le teme al pueblo de México, por eso tiene tantos soldados y policías. Tiene un miedo muy grande. En consecuencia, es muy pequeño" (VA 68). El discurso confronta al pueblo con el Gobierno –a menudo llamado según la tradición indígena 'el mal gobierno'– y retrata a éste como un poder injusto que pone trabas a la libertad de cada uno, es antidemocrático y malbarata la soberanía. Todo esto indica que supedita la moral a la economía y el poder político. Esta falta de principios éticos y actitud recta se explica, así sugieren los textos zapatistas, por la sobreabundancia de poder y de dinero en manos de los gobernantes. En el largo texto titulado "Ojepse Le y Otirud (La política, la odontología y la moral)" escrito por la pareja Durito/Supmarcos a Carlos Monsiváis, el eje Maquiavelo-Salinas-Zedillo-panismo se convierte en el blanco de la moral zapatista: "el problema de la relación entre moral y política es ocultado (o desplazado) por el de la relación entre política y 'éxito', y entre política y 'eficacia'. Maquiavelo resucita en el argumento de que, en política, la moral 'superior' es la 'eficacia', y la eficacia se mide en cuotas

---

[3] Según el politólogo mexicano Sergio Zermeño, los ciudadanos mexicanos dudaron entre "considerarlo un conflicto local o el lugar mal vigilado por el que se 'coló' el malestar de esa enorme mayoría de los mexicanos convencidos de que su rol en el proyecto neoliberal nunca dejará de ser el sacrificio y la espera" (1994: 21). El mismo Zermeño considera el conflicto en términos nacionales.

de poder, es decir, en el acceso al poder" (comunicado del 14 de enero de 1996, en *EZLN3*: 112). Utilizando un tono moralizante, los zapatistas advierten contra la codicia de los gobernantes que los transforma en vendedores de la patria. La calificación de 'vendepatrias' es una de las más constantes en el retrato que hacen los comunicados zapatistas de los malos gobiernos y demás villanos que, como los *juniors* políticos, juegan con las riquezas nacionales como si estuvieran jugando al *nintendo* (comunicado del 14 de enero de 1996, en *EZLN3*: 116)[4].

A fin de retratar al Gobierno como un extranjero en su propia tierra, los comunicados del EZLN también lo han disociado en repetidas ocasiones de la geografía mexicana. Así, Marcos señala el desconocimiento de los gobernantes en materia de geografía nacional, destacando, por ejemplo, que en los expedientes de la Procuraduría General de la República se ponía Selva 'La Candona' (comunicado de 4 de abril de 1995, en *EZLN2*: 301)[5]. Pero el Subcomandante también corta el lazo entre el Gobierno y la historia y la memoria nacionales, quitándole así un aspecto importante de la identidad nacional. Ya he mencionado que los relatos de Marcos insisten en que la memoria es la llave del futuro. Ahora bien, Antonio dice que los gobernantes han abandonado la herencia de los dioses y han perdido así irremediablemente su identidad: "Los que abandonan esta herencia rompen su espejo y caminan ciegos por siempre, sin saber nunca más lo que son, de dónde vienen y a dónde van" (VA 66). Si el Gobierno se presenta a sí mismo como nacionalista, es pura ficción. Para destacarlo, Marcos recurre una vez más a la metáfora de la máscara. Los políticos en el poder adornan a México con

---

[4] Es interesante ver cómo la imagen del juego de *nintendo* está circulando para desenmascarar las falsas apariencias de una realidad sucia. Said la utiliza en *Culture and Imperialism* para referirse a las imágenes que circularon en los EE.UU. sobre la guerra del Golfo: "Desert Storm was ultimately an imperial war against the Iraqi people, an effort to break and kill them as part of an effort to break and kill Sadam Hussein. Yet this anachronistic and singularly bloody aspect was largely kept from the American television audience, as a way of maintaining its image as a painless Nintendo exercise, and the image of Americans as virtuous, clean warriors" (1994: 365).

[5] Este error de ortografía, por otra parte, también señala la estupidez de los que están en el poder, una estupidez varias veces irónicamente señalada por Marcos como cuando escribe: "He querido contestarle a Durito, pero el tiempo se me ha ido en la corrección de las faltas de ortografía, de puntuación y de claridad conceptual en los textos de la propuesta de 'distensión' del supremo. He pensado en enviarle al supremo el texto de su delegación con las correcciones ortográficas. Espero que el gobierno aprecie esta medida de distensión: no le voy a cobrar absolutamente nada por el servicio de asesoría ortográfica" (comunicado del 24 de mayo de 1995, en *EZLN2*: 351).

"la máscara de una prosperidad falsa" (comunicado del 25 de agosto de 1995, en *EZLN2*: 434), la legalidad que ofrecen a los zapatistas no es sino "una máscara para esconder una nueva traición" (comunicado del 10 de abril de 1996, en *EZLN3*: 233) y mienten con una "mascarada de la 'recuperación de la soberanía nacional'" (comunicado del primero de enero de 1996, en *EZLN3*: 82).

Los recursos discursivos que los zapatistas usan para cortar el lazo entre el Gobierno y la nación se desdoblan en otros que estrechan los lazos entre ésta y el EZLN. La 'mexicanidad' de la guerrilla, que es en efecto uno de los rasgos medulares de su autorretrato, se desprende ya de determinados silencios y ausencias en sus textos. Aunque en los *Relatos de el Viejo Antonio* Marcos reescribe ciertos mitos indígenas, llama la atención que no tematice la cultura prehispánica ni haga referencias a formas prenacionales de territorialización como sería, por ejemplo, el territorio maya. En todo el discurso zapatista no hay ni una referencia a objetivos de tipo pan-maya por los cuales otros grupos están luchando en la actualidad en determinadas partes de América Central y del sur de México, sin consideración hacia las fronteras nacionales (véase Ronfeldt *et al.* 1998: 37). La propia palabra 'maya' incluso está ausente en este discurso. Estos silencios pueden explicarse a la luz del nacionalismo mexicano de los zapatistas, el cual disminuye su lazo con otras regiones mayas fuera de México pero quiere abarcar vastos territorios mexicanos que no son mayas e incluir a los conciudadanos mestizos.

Ya en el primer documento público del EZLN, la "Declaración de guerra", sobran los indicios que muestran hasta qué punto la guerrilla intenta 'mexicanizar' el ámbito en el que opera. Un análisis de dicho documento revela que las identidades de los personajes que aparecen en el discurso zapatista y las relaciones entre ellos se transforman constantemente. Así la oposición entre indígenas y no indígenas muchas veces se borra, de manera que ambos antagonistas llegan a fusionarse en un solo personaje, identificado como el actante colectivo de los 'verdaderos mexicanos'. Como ya he señalado, la declaración empieza con la frase "Somos producto de 500 años de luchas" que da un contenido étnico a la lucha zapatista. Mas la continuación del texto muestra que el juego de las identidades es mucho más complejo:

> Somos producto de 500 años de luchas: primero contra la esclavitud, en la guerra de Independencia contra España encabezada por los insurgentes, después por evitar ser absorbidos por el expansionismo norteamericano, luego por promulgar nuestra Constitución y expulsar al Imperio Francés de nuestro suelo, después la dictadura porfirista nos negó la aplicación justa de las leyes de Reforma y el pueblo se rebeló formando sus propios líderes (declaración del 2 de enero de 1994, en *EZLN1*: 33).

En este pasaje varias historias e identidades –la zapatista, la indígena y la mexicana– se asocian y se deslizan de manera casi imperceptible de una en otra. El verbo 'somos', en combinación con la referencia temporal, permite concretar al sujeto implícito como zapatistas pero también como indígenas. Pero luego la declaración pasa a referirse a las luchas de la nación mexicana frente a sus sucesivos invasores externos. Implícitamente, los indígenas y los demás mexicanos quedan aquí íntimamente asociados y se señala el aporte de la población indígena cuantas veces haya sido necesario luchar por la soberanía del país. Más adelante en el comunicado esta asociación desemboca en una identificación cuando un mismo deíctico, "nosotros" y "nuestra", se refiere respectivamente a los indígenas/rebeldes y a los mexicanos: "Pero *nosotros* HOY DECIMOS ¡BASTA!, somos los herederos de los verdaderos forjadores de *nuestra* nacionalidad" (subrayado mío). Este texto y los demás comunicados publicados por el EZLN con ocasión de los 12 de octubre por consiguiente no sólo conmemoran el fin de los imperios indígenas sino que el lamento que los domina es que la fecha del 12 de octubre marca el inicio de la exclusión de los pueblos indígenas de la historia nacional, de la cual siempre han sido apartados. Asimismo, significa la fecha inicial de su lucha por pertenecer a la nación, su historia y su memoria. La exigencia de un lugar para los indígenas dentro de la nación y la sociedad mexicanas explica que en el discurso zapatista la historia indígena empiece con la historia del México mestizo y que el entrelazamiento de ambas historias sea una constante.

El marco de referencias nacional se proyecta igualmente sobre el destinatario de la lucha mencionado en la declaración de guerra: "Al pueblo de México: Hermanos mexicanos" (*ibíd.*). Sobre todo a la luz de la posterior internacionalización de la lucha zapatista, vale la pena subrayar que el comunicado no apela a la solidaridad internacional sino que insiste en el territorio nacional mediante la repetición México/mexicanos[6]. La sintaxis de la frase sugiere que los términos 'pueblo' y 'hermanos' se lean como sinónimos. Al mismo tiempo los vocativos van en *crescendo* ya que la palabra 'hermanos' establece una relación más estrecha entre el EZLN y los destinatarios de su mensaje. Al dirigirse a sus 'hermanos', los zapatistas establecen un lazo biológico entre ellos y sus conciudadanos, un lazo de sangre que se funde en el adjetivo 'mexicanos', es decir en la pertenencia común a

[6] Esto cambiará después cuando los comunicados que no se envían a personas privadas se dirigirán por lo general a las siguientes colectividades: "Al pueblo de México: A los pueblos y gobiernos del mundo: A la prensa nacional e internacional".

México. El apelativo 'hermanos', que por un lado corresponde a la manera indígena de tratarse (véase De la Cruz 1993: 248)[7], connota, por otro lado, una invitación a todo el pueblo mexicano para que apoye a los zapatistas y hace que los propios zapatistas se presenten como mexicanos por la sangre. Mediante una fórmula étnica trazan así el primer plumazo de un discurso marcadamente nacionalista.

Finalmente, una manera menos explícita pero no menos significativa de asociarse con el territorio mexicano se efectúa por medio de la indicación del lugar desde donde se despachan los comunicados. Entre éstos resaltan las diferentes 'declaraciones' zapatistas que recogen las prioridades del EZLN en distintos momentos de la lucha. Dichas declaraciones se emiten en serie y fijan su serialización mediante números ordinales. Hasta finales de 2003 se han dado a conocer siete. Mientras que las dos últimas se despachan desde La Realidad, el pueblo en la Selva Lacandona donde tuvieron lugar los dos encuentros contra el neoliberalismo, las primeras cinco se titulan "Segunda [etc.] declaración de la Selva Lacandona". Al final de las declaraciones y de los otros comunicados se indica sistemáticamente el lugar desde donde se los ha enviado: "las montañas del Sureste mexicano". Las referencias a dos elementos paisajísticos diferentes, la selva (jungla tropical) y la montaña (alta planicie), asocian la lucha zapatista con distintas geografías de Chiapas y con distintos paisajes de México. De esta manera logran, aunque sólo sea simbólicamente, diversificar los espacios desde donde opera el EZLN y romper el lazo establecido por el Gobierno entre la guerrilla y un territorio muy limitado del país. Es una réplica a un discurso oficial que no deja de insistir en el aislamiento de los zapatistas en unos pocos municipios y, por lo mismo, en la irrelevancia del apoyo del que gozan (véanse también el comunicado del 10 de febrero de 1996, en *EZLN3*: 138 y Subcomandante Marcos 2000b: 64). Pero es más revelador todavía que ninguna de las dos inscripciones espaciales se refiera a Chiapas. A la luz de las referencias arriba mencionadas al carácter nacionalista de la lucha, el hecho de que el EZLN envíe sus comunicados "desde el Sureste mexicano" cobra un significado particular. Mediante el adjetivo 'mexicano' intensifica el lazo entre el movimiento zapatista y el territorio nacional y vuelve a poner en tela de juicio el supuesto carácter exclusivamente local de la guerrilla. Por lo demás, el hecho de que las palabras 'México' y 'mexicano' sean tan

---

[7] En su análisis de la situación zapoteca, Víctor de la Cruz realza el uso de la palabra por el pueblo zapoteca: "One should not exploit, rob, or kill a brother. Cain is not accepted in Zapotec society either" (1993: 248).

frecuentes en los comunicados zapatistas es un indicio de que la relación entre el EZLN y la nación es altamente contestada porque cuando todos admiten que se pertenece a un lugar, no es preciso continuar diciéndolo y mostrándolo (véase Said 1994: 194).

En los relatos del Viejo Antonio y de Durito, Marcos propone algunas recetas para que la recuperación de México para y por el pueblo se ponga en marcha. Para ello recurre al género peculiar de la fábula. En una de las historias contadas por Durito –"La historia del ratoncito y el gatito"–, el ratoncito tiene mucha hambre y quiere ir a la cocina para comer algo, pero allí está el gatito que le impide realizar sus planes. Tras reflexionar mucho, el ratoncito llega a la conclusión de que la comida está definitivamente fuera de su alcance y toma una decisión drástica:

> Y entonces el ratoncito dijo "¡Ya basta!" Y agarró una ametralladora y acribilló al gatito y fue a la cocinita y vio que el pescadito, la lechita y el quesito ya se habían echado a perder y ya no se podían comer y entonces regresó a donde estaba el gatito y lo destazó y luego hizo un gran asado y luego invitó a todos sus amiguitos y amiguitas y entonces hicieron una fiesta y se comieron al gatito asado y cantaron y bailaron y vivieron muy felices. Y la historia comenzó... (DD 79, comunicado del 7 de agosto de 1995).

Las fábulas ilustran que el discurso zapatista describe a los poderosos sistemáticamente en una relación antagónica con los dominados. Esto lo opone diametralmente al discurso gubernamental que no habla de tal antagonismo porque, siendo populista, en él ni siquiera aparecen significantes que correspondan a los significados de 'gobernantes' y 'gobernados' (Sosa Álvarez 1994: 99). También cabe destacar que Marcos describe la reacción del pueblo en términos violentos. Es razonable pensar que este rasgo está determinado por el género de la fábula porque en los pasajes que carecen de protagonistas animales no suele haber referencias al baño de sangre o a las muertes que la venganza del pueblo podría causar. Finalmente, la fábula sugiere que los zapatistas siguen pensando que la insurrección violenta es una solución viable y tal vez la única para poner fin a una situación de injusticia que ha durado demasiado tiempo. En este sentido, brinda una imagen bastante fiel de su propia opción por seguir siendo un movimiento armado y desdice algunas declaraciones suyas según las cuales no creen en las armas[8].

---

[8] El relato del ratoncito y del gatito sugiere que la batalla será ganada por el pueblo. La memoria será más fuerte que el olvido, la soberanía acabará por terminar con la liquidación del país. Esta visión de un futuro victorioso se expresa de múltiples maneras tanto

2. Durito y Antonio: dos mexicanos ejemplares

En los *Relatos de el Viejo Antonio* y en *Don Durito de la Lacandona* el marco nacional en el que los protagonistas se mueven es a veces muy implícito. Desentrañarlo es tanto más interesante cuanto se logra mostrar de esta manera que Marcos asienta el carácter mexicano de la lucha zapatista mediante recursos bastante sutiles. Pero, antes de hacerlo empiezo por señalar las referencias más explícitas a la mexicanidad de los personajes creados por el Subcomandante y, por analogía, al nacionalismo de los rebeldes zapatistas.

Durito es el escarabajo más mexicano que pueda haber, ya que se presenta como un Quijote totalmente aparte: "Porque debéis saber que soy andante caballero, pero más mexicano que el fracaso de la economía neoliberal" (DD 40, comunicado del 15 de abril de 1995). La identidad cambiante y multiforme del escarabajo le permite a Marcos establecer vínculos entre el animalito y distintos espacios del territorio nacional. En cierto momento, Marcos recuerda que Durito le dijo alguna vez que fue minero en el estado de Hidalgo y petrolero en Tabasco (DD 42, comunicado del 15 de abril de 1995). Probablemente no es fortuito que se trate de un estado norteño de la República (Hidalgo) y de otro sureño (Tabasco), con lo cual buena parte del territorio mexicano queda asociada con la lucha del EZLN. La decisión de Durito de viajar al Distrito Federal (*ibíd.*) es otra manera por la cual Marcos relaciona al EZLN con la geografía mexicana mediante su personaje literario. Puesto que el DF es el centro neurálgico del país, la asociación entre él y Durito es relevante y se puede interpretar como un intento por despertar el interés de los veinte millones de capitalinos hacia el EZLN y por lograr que se sientan implicados en el discurso zapatista. Las cartas que Durito escribe a Marcos desde y sobre el DF hablan a favor de esta hipótesis. En ellas, el escarabajo expresa un sentimiento de empatía con los habitantes de la capital, divagando sobre la soledad y la violencia que padecen: "Esta ciudad está enferma, *me escribe Durito*, está enferma de soledad y de miedo. Es una gran colectividad de soledades" (DD 61, 11 de junio de 1995).

En calidad de mexicano 'típico', Durito también prueba su suerte como ilegal en Estados Unidos. En un texto titulado "Los otros indocumentados", Marcos cuenta cómo el escarabajo comparte la condición de los 'cafés' en

---

en los cuentos del Viejo Antonio como en los de Durito quien concluye sus investigaciones diciendo que los zapatistas van a ganar pero que la fecha de la victoria es difícil de determinar: "Hay que tomar en cuenta muchas cosas: las condiciones objetivas, la madurez de las condiciones subjetivas, la correlación de fuerzas, la crisis del imperialismo, la crisis del socialismo, etcétera, etcétera" (comunicado del 10 de abril de 1994, en *EZLN1*: 218).

ese país, al sufrir y ser perseguido. Cabe señalar que los símbolos cromáticos se reproducen aquí en otro contexto con un valor de referencia ligeramente distinta, lo negro –en este caso indígena y africano– se asocia con la marginalidad y la solidaridad:

> Cuenta Durito que, a su condición de mexicano, hay que agregar el color negro de su caparazón. Era así 'café y negro' este valiente escarabajo, y fue perseguido por partida doble. Y por partida doble ayudado y apoyado, pues lo mejor de la comunidad latina y negra de Estados Unidos lo protegió. Pudo así recorrer las principales ciudades norteamericanas, que así llaman a estas pesadillas urbanas. No caminó la ruta del turismo, el *glamour* y las marquesinas. Anduvo Durito los caminos de abajo, donde negros y latinos construyen las resistencias que les permiten ser sin dejar de ser otros (comunicado de octubre de 1999, en Subcomandante Marcos 2000b: 256).

El hecho de que Marcos escriba sobre la frontera norte y la vida de los mexicanos en EE.UU. no deja de ser significativo. De esta manera trasciende el territorio nacional que ya había abarcado en varias direcciones y extiende la condición de la nacionalidad más allá de las fronteras geográficas integrando en ella a todos los mexicanos discriminados, dondequiera que se encuentren. Además, traza un paralelismo entre las condiciones de vida en dos fronteras y entre dos tipos de 'indocumentados', los indígenas en el sur y los ilegales del otro lado de la frontera norte, sugiriendo así que el pueblo mexicano sufre un estado de marginación denigrante viva donde viva. Este texto en el que el Subcomandante da a entender que hay similitud entre las condiciones de los indígenas chiapanecos y de los mexicanos en EE.UU. no se publica en *Don Durito de la Lacandona* ya que es de octubre de 1999. Se puede pensar que ha sido escrito como una respuesta-agradecimiento dirigida a los mexicanos en EE.UU. que han manifestado su compromiso con los zapatistas. Diversos grupos de chicanos en efecto han apoyado al EZLN, manifestándose con él al entrar en el Zócalo en marzo de 2001 y haciendo marchas de la solidaridad en varias ciudades estadounidenses.

Entre los recursos más implícitos empleados por Marcos con miras a asociar la lucha zapatista con lo nacional mexicano, hay uno que es de orden lingüístico. En sus relatos abundan los mexicanismos que –como elementos 'dialectales'– distinguen el español mexicano de otras variantes del castellano y asocian a los personajes principales al territorio mexicano. En el nivel léxico, palabras y expresiones como 'platicar', 'encabronar', 'un servidor', 'toditito muerto' o 'un chingo' que a un lector mexicano ni siquiera llamarán la atención, son sin embargo significativas por ser típicamente mexicanas y porque, a manera de consecuencia, facilitan la identificación del lector mexicano con el discurso zapatista. Al mismo tiempo, al lector hispanohablante no mexicano le parecerán sin duda exóticas. El empleo de los diminutivos eufemísticos y el uso del posesivo redundante 'su' para expresar la afectividad y la relación de inalienabilidad entre el poseído y el poseedor en construcciones sintácticas como "su voz de ustedes", "sus pasos de ustedes" (10 de abril de 1994, en *EZLN1*: 210), "su andar de ustedes" y "su corazón de ustedes" (12 de octubre de 1994, en *EZLN2*: 103-104) también son genuinamente mexicanos (véase Company Company 1995a y 1995b)[9]. Estos efectos de identificación/enajenación se ven reforzados aún más por los juegos de palabras que sólo son inteligibles para quien esté familiarizado con México o con las variantes léxicas del español mexicano. El siguiente trata de Fidel Velázquez, un dirigente sindical fallecido en 1999 y que, durante los últimos años de su vida, fue un ferviente opositor del EZLN (Levario Turcott 1999: 215). Durito le pregunta a Marcos: "'¿Tú crees que Fidel Velázquez tenga caballo?'. A eso, el sup contesta después de dudar un poco: 'Bueno, es charro… así que es muy probable que tenga un caballo'" (DD 41, comunicado del 15 de abril de 1995). Para entender el juego de palabras se precisa saber que en México la palabra charro tiene el doble significado de vaquero y de líder sindical corrupto.

El marco de referencias nacional sirve para recalcar el gran amor que tienen los zapatistas a la patria, esto se deduce particularmente bien del episodio siguiente. Antonio le cuenta a Marcos cómo regresó su hijo de una reunión en la que su comunidad votó a favor de la guerra. Dice: "llegó su pensamiento en la mayoría de que ya se empiece la guerra porque México ya se está vendiendo con los extranjeros y el hambre pasa pero no pasa que ya no somos mexicanos" (VA 24-25). Marcos sugiere que dos razones hicieron que los indígenas se rebelaran, el hambre y la pérdida de soberanía nacional. Pero también precisa que la soberanía nacional prevalece sobre el bienestar de los indígenas, lo cual implica que éstos supeditan su propia suerte como población marginada a la soberanía de México o, por decirlo en otras palabras, subordinan su supervivencia concreta a un ideario abstracto. Al presentar este caso como ejemplo, Marcos erige un discurso que estimula la fidelidad y el sacrificio del individuo al ideal del Estado que lo margina. Esto es difícilmente compatible con otras declaraciones programáticas expresadas en los relatos que anuncian que los zapatistas se comprometen con los margina-

[9] Concepción Company Company cuya investigación trata en buena parte de este tema, ubica el origen de la duplicación de posesivos en las hablas indígenas (1995a: 89 y 1995b: 310), pero advierte al mismo tiempo que se divulga, entre otros factores por la inmigración masiva de indígenas a las grandes ciudades.

dos estén donde estén y sean quienes sean. Si la declaración del Viejo Antonio es perfectamente coherente con el nacionalismo que impregna los relatos, es disonante y contradictoria con su vertiente subalternista.

3. Votán-Zapata

Los *Relatos de el Viejo Antonio* incluyen un par de referencias a personajes históricos, entre los cuales está Zapata. El retrato que Marcos hace del héroe revolucionario muestra que reescribe el pasado de México y ofrece una narración alternativa de la Revolución, a fin de encajar el proyecto zapatista dentro de la trayectoria y el destino nacionales. Para darse cuenta de lo diferente de esta narración, es preciso cotejarla con la versión oficial tal y como ha sido elaborada por los distintos gobiernos y sus intelectuales orgánicos a lo largo de la época posrevolucionaria.

Al menos hasta los años ochenta, el discurso oficial enarboló la nacionalidad mexicana como el rasgo identitario más fundamental del pueblo. Ese nacionalismo se ha calificado de 'revolucionario' porque ensalzaba de manera intensiva la Revolución Mexicana y sus héroes (Lomnitz 1999: 25; Pansters 1999: 46). Característico del discurso oficial sobre la Revolución era que no había gobernantes ni gobernados sino sólo un pueblo galvanizado por los ideales de la Revolución que se enfrentaba a los retos del futuro (Sosa Álvarez 1994: 99). Desde el punto de vista de la 'raza', el pueblo mexicano ha sido definido en términos de mestizaje. Después de la Revolución, en efecto, el Estado no escatimó esfuerzos para convertir al mestizo en el emblema simbólico de la identidad nacional. El ensayo *La Raza Cósmica* (1925) de José Vasconcelos, Secretario de Educación Pública de 1920 a 1924, fue un eslabón fundamental en tal construcción (Fell 1989).

Pese a que la adopción reciente del modelo económico neoliberal haya obligado al Gobierno a abandonar la ideología revolucionaria agrario-nacionalista y a promover una versión más apropiada a su política desarrollista oficial (Parra 1995: 68) y a pesar de que el nacionalismo mexicano se haya transformado de manera sustancial y esté pasando por una fase de ambigüedad e incertidumbre (Lomnitz 1999)[10], cuando se produjo la rebelión zapa-

---

[10] Según Pogolotti (1978: 31) el sentimiento nacionalista, 'lo nacional' se conserva más en el pueblo pobre que en las demás clases sociales, penetradas de cosmopolitismo y en condiciones de viajar. En opinión de Lomnitz (1999: 32), una parte de los mexicanos considera el éxito de la política neoliberal como un logro patriótico. Obviamente, éste no es el caso de los zapatistas.

tista, los símbolos de la Revolución Mexicana continuaron siendo eficaces aglutinantes del pueblo y el mito de la Revolución, convertido con tanto empeño en un credo popular, hizo que fuera difícil para Carlos Salinas de Gortari, el entonces presidente, renegar del imaginario revolucionario[11].

Lo menos que se puede decir es que los zapatistas no han esquivado la competencia directa con el Estado. Hubieran podido seleccionar otras épocas y personajes a fin de narrar su versión alternativa de la historia nacional. Sin embargo, optaron por intentar vencer al Estado en su propio terreno, destacando constantemente la comunidad de ideales entre los seguidores de Emiliano Zapata en la Revolución Mexicana y el EZLN, lo cual ya queda patente en el nombre de la guerrilla con el que se inventaron una tradición a su lucha. Por su alta frecuencia, las referencias a la Revolución y a Zapata motivan al destinatario mexicano de los comunicados zapatistas condicionándolo por repetición. Los nuevos zapatistas celebran el aniversario del asesinato de Emiliano Zapata al emitir cada 10 de abril un comunicado en su honor y memoria, han adoptado la manera de hacer guerrilla de Zapata (Ronfeldt *et al.* 1998: 46) así como su lema "Tierra y libertad" que resuena en numerosos comunicados, se han apropiado algunos topónimos importantes para la Revolución Mexicana (por ejemplo, al fundar en la selva un pueblo nuevo que nombraron Aguascalientes, en recuerdo del lugar donde Zapata y Pancho Villa llegaron a un convenio en 1914), y el 11 de marzo de 2001 el EZLN entró en la capital del país siguiendo el itinerario que el insurgente Emiliano Zapata había seguido el 6 de diciembre de 1914 en plena Revolución (Ramonet 2001b: 13). A su modo, algunos componentes de la indumentaria zapatista, como la carrillera de balas que le cruza el pecho a Marcos, recuerdan a los revolucionarios de principios de siglo. En el discurso de los zapatistas, ambos movimientos quedan asociados mediante estructuras sintácticas sugestivas como en la frase siguiente en un comunicado dirigido a las bases de apoyo del EZLN: "El día de hoy, 10 de abril de 1994, se cumplen 75 años del asesinato del general Emiliano Zapata y 100 días de nuestra justa guerra contra el mal gobierno mexicano" (comunicado del 10 de abril de 1994, en *EZLN1*: 213). La sintaxis paralela dentro de la frase sugiere un lazo entre la lucha pasada y la actual y presenta a los zapatistas contemporáneos como los vengadores de los asesinos de Zapata, que son a

---

[11] El que el nacionalismo revolucionario en aquel entonces siguiera en pie, por lo menos en el terreno de los símbolos, queda demostrado por la veneración pública del presidente Salinas hacia Zapata que se patentiza en los nombres de pila de su hijo y su avión privado, bautizados ambos como Emiliano.

su vez asociados con el mal gobierno de 1994. Ocasionalmente, como en las frases siguientes, las comparaciones se expresan de un modo aún más explícito: "Como en 1919, los zapatistas debemos pagar con sangre el precio de nuestro grito de ¡tierra y libertad! Como en 1919, el supremo gobierno nos mata para apagar nuestra rebeldía. Como en 1919, la tierra no es de quien la trabaja. Como en 1919, las armas son el único camino que deja el mal gobierno para los sin tierra" (*ibíd.*). El intento por apropiarse la figura de Zapata es tanto más significativo cuanto algunos han querido explicar la rebelión del EZLN por el hecho de que el lejano estado de Chiapas hubiera quedado en cierto sentido al margen de la Revolución de 1910. En consecuencia, no habría aprovechado sus logros.

Visto desde la perspectiva más amplia de la historia política mexicana, el propósito de recuperar la simbología revolucionaria no es extraordinario. En su análisis de los corridos neozapatistas, Cathérine Héau-Lambert y Gilberto Giménez observan con razón que en México los movimientos populares tienden a autointerpretarse según el paradigma de la Revolución Mexicana, que afirman su continuidad con ella al apropiarse de sus héroes, de sus consignas, de su épica y de sus símbolos (1997: 223). Lo que define la originalidad de los zapatistas es que han logrado su propósito. Consiguieron quitarle al régimen el monopolio del discurso sobre la Revolución y más en particular sobre Zapata, quizás el símbolo de mayor peso en la historiografía mexicana oficial. Carlos Monsiváis no dudó en calificar esa hazaña como un "asunto excepcional" (1996). El haber podido realizarla, los guerrilleros se lo deben 'agradecer' en parte al propio Estado mexicano que ha perdido mucho crédito como representante de los ideales nacionalistas por las sucesivas crisis que ha padecido recientemente. Ese proceso ha sido advertido por el mismo Monsiváis, quien pronosticó en la entrevista que le hizo Montoya Vélez (1992), arriba citada, que el tipo de nacionalismo conducido por el Gobierno iba a entrar en crisis. Por su parte, en una investigación sobre el discurso de la izquierda mexicana, Edward J. Mc Caughan llegó a una conclusión parecida ya que constató la pérdida de credibilidad del nacionalismo exhibido por el Partido Revolucionario Institucional (PRI), íntimamente relacionado con el Estado hasta que perdió el poder en diciembre de 2000 (1999: 247)[12].

---

[12] "La disponibilidad de los recursos discursivos es alterada también por los recientes cambios económicos y las divisiones de las clases dirigentes. A medida que el PRI ha ido perdiendo legitimidad como portador de las banderas de la Revolución, por derecho propio, la oposición de izquierda ha sido cada vez más eficaz al reclamar la herencia de los grandes héroes nacionales. Además de los obvios ejemplos de los movimientos neozapatista y neocardenista, personas vestidas como figuras legendarias como José María More-

En los *Relatos de el Viejo Antonio*, Marcos disputa al Estado su versión sobre la Revolución Mexicana y el empleo de la figura de Zapata. Ya he apuntado antes que hay dos excepciones en el reparto de los papeles entre Marcos y el Viejo Antonio. Cuando se trata de la historia de Zapata (VA 56) y de la independencia de México (VA 69) es Marcos quien toma la palabra. Sin embargo, Antonio interrumpe la enseñanza del Subcomandante sobre la Revolución para dar su propia versión de las cosas: "No así fue [...]. Yo te voy a contar la verdadera historia del tal Zapata." (VA 57). La versión de Antonio se basa en un relato sobre dos dioses, Ik'al y Votán, que representan respectivamente el lado oscuro de la noche y lo diurno. Ambos, "uno los dos", "tristeaban" porque no se podían mover hasta que aprendieron a caminar "juntos, pero separados de acuerdo" (VA 58). Concluye el anciano: "Y, desde entonces los hombres y mujeres verdaderos para caminar preguntan, para llegar se despiden y para irse saludan. Nunca están quietos" (VA 59). Como el relato parece terminado, Marcos pregunta prudentemente sobre la relación con Zapata. Antonio continúa entonces:

> ya de mucho andar juntos, el Ik'al y el Votán aprendieron que era [*sic*] lo mismo y que podían hacerse uno sólo en el día y en la noche y cuando se llegaron hasta acá se hicieron uno y se pusieron de nombre Zapata y dijo el Zapata que hasta aquí había llegado y acá iba a encontrar la respuesta de a dónde lleva el largo camino y dijo que en veces sería luz y en veces oscuridad, pero que era el mismo, el Votán Zapata y el Ik'al Zapata, el Zapata blanco y el Zapata negro, y que eran los dos el mismo camino para los hombres y mujeres verdaderos (VA 60).

El retrato de Votán-Zapata se va construyendo en una lengua poco accesible para un lector occidental mediante una serie de oposiciones complementarias que se multiplican en otros comunicados. Siendo uno y al mismo tiempo múltiple, blanco y negro, simultáneamente Votán e Ik'al, el personaje acaba por asociarse con la historia, las creencias y el territorio indígenas ya que fue "acá" donde los dioses decidieron ponerse el nombre de Zapata y donde encontraron la respuesta sobre lo que iba a traer el futuro. Esa asociación es apoyada por la afirmación de que Zapata vive desde hace 501 años, lo cual sitúa su nacimiento en el momento del comienzo de la resistencia indígena contra los conquistadores en 1492 (comunicado del 10 de abril de 1994, en *EZLN1*: 211).

---

los, sor Juana Inés de la Cruz y el cura Hidalgo aparecen frecuentemente en las protestas populares contra las medidas de austeridad del Gobierno" (Mc Caughan 1999: 247).

Después de contar el relato, el Viejo Antonio saca de su morraleta una bolsita de nylon con una foto de Zapata de 1910 lo cual indica que el Zapata indígena cuyo estatuto casi es divino, no es retratado sólo como una figura mitológica sino que es identificado también con el revolucionario real, de modo que adquiere un carácter histórico. Si la mera ubicación de la foto en manos de Antonio asocia al pueblo indígena con el zapatismo histórico, su 'contenido' aún estrecha el lazo. Zapata se sitúa entre dos escaleras:

> En la una, que sale de la oscuridad, se ven más zapatistas de rostros morenos como si salieran del fondo de algo; en la otra escalera, que está iluminada, no hay nadie y no se ve a dónde lleva o de dónde viene. Mentiría si dijera que yo me di cuenta de todos esos detalles. Fue el viejo Antonio el que me llamó la atención sobre ellos (VA 61).

Mediante la expresión "rostros morenos" Marcos se refiere al pueblo indígena. Puede leerse, por tanto, que los indígenas, viniendo del olvido de la patria –la oscuridad– se alistan en las tropas revolucionarias mientras que los que viven en la luz (¿los poderosos, los blancos?) se hacen esperar. La reescritura del 'mito' de Zapata sirve para devolver a los indígenas su debido lugar en la historia y la historiografía nacionales. Esta última cita, que los define como los protagonistas en la mayor lucha emancipadora de la nación mexicana, saca a la luz una semejanza importante con la reescritura del mito indígena maya del *Popol Vuh*. En ambos casos, los indígenas son descritos como injustamente marginados en comparación con los no indígenas. Ambas reescrituras también conllevan una idea etnocéntrica por lo cual se podría argumentar que sus implicaciones son idénticas. Sin embargo, es necesario puntualizar una diferencia relevante entre la reescritura del mito maya y la reescritura del mito mexicano de Zapata. Mediante esta última, Marcos deja claro que la lucha zapatista no se limita a reivindicar una memoria étnica y a movilizar el poder de las imágenes indígenas sino que el EZLN, siendo eminentemente nacional, también se posiciona en relación con la identidad y el imaginario mexicanos y los reclama.

4. Las venas abiertas de México

Si el EZLN hubiera iniciado su ofensiva el 12 de octubre, el mundo habría interpretado la insurrección como una protesta contra la explotación secular de los indígenas. El hecho de que saliera de la selva el primero de enero de 1994 –fecha de la entrada en vigor del Tratado de Libre Comercio entre

México, EE.UU. y Canadá– hizo que la rebelión zapatista también fuera interpretada como un grito de protesta contra la llamada "modernidad teleciana" (Moguel 1998: 20). Después, esta faceta del movimiento ganó importancia de modo que se lo empezó a ver como una revuelta contra la globalización en general (Krishnan 1996: 1; Ramonet 2001b: 23; Baschet 2002). De esta manera el EZLN comenzó a granjearse la simpatía de los antiglobalistas. La internacionalización de la lucha zapatista ha sido un proceso gradual y ha provocado una de las transformaciones más importantes en su discurso.

En éste, la palabra 'extranjero' se empleaba originalmente para referirse a los no mexicanos y el hecho de no tener la nacionalidad mexicana bastaba para que los zapatistas le rehusaran a uno el derecho de participar en las decisiones acerca de su lucha. El EZLN quería, en efecto, que ésta involucrara únicamente a personas de nacionalidad mexicana y que tratara sólo temas mexicanos. Los zapatistas no sólo declararon con firmeza que no había extranjeros en sus filas (comunicado del 6 de enero de 1994, en *EZLN1*: 73) sino que también defendieron la idea de que todo lo que atañía a su lucha era cosa de mexicanos: "pensamos que los problemas entre mexicanos los debemos arreglar los propios mexicanos sin injerencia extranjera alguna, por más que estos extranjeros sean hombres y mujeres íntegros, honestos y cabales" (comunicado del 13 de enero de 1994, en *EZLN1*: 82).

En los años siguientes la lucha del EZLN se internacionalizó y este cambio de alianzas dejó su huella en el discurso, más precisamente en el nivel semántico y en la distribución de los papeles en la sintaxis de la narración. Año y medio después de excluir a los extranjeros de las decisiones relativas al EZLN, los guerrilleros declararon con respecto a la Consulta Nacional por la Paz y la Democracia que les importaba tanto el voto de un extranjero como el de un mexicano: "Para nosotros vale la palabra del joven de doce años y del anciano de ochenta y seis, vale la palabra de los griegos, de los españoles, de los franceses, de los italianos, de los ingleses, de los norteamericanos, de los sudamericanos, de los asiáticos y de los oceánicos" (comunicado del 29 de septiembre de 1995, en *EZLN2*: 452). Los destinatarios de los comunicados pasaron poco a poco a ser personas o grupos extranjeros, el Viejo Antonio se convirtió en un "gran e incomprendido internacionalista" (enero de 1998, en Subcomandante Marcos 2000a: 268) y a los temas nacionales se añadieron otros universales o, en palabras del propio EZLN, "intergalácticos".

Esta evolución debe relacionarse con el incremento de la atención internacional hacia Chiapas. Sobre todo en la primavera de 1998, a consecuencia de la masacre de 45 indígenas en el pueblo de Acteal a fines de 1997, numerosos extranjeros llegaron al sureste mexicano con la esperanza de funcionar como un escudo contra la represión. Las autoridades intentaron eliminar su presencia al expulsar a varios de ellos, acusándoles de manipular a los indígenas y de interferir de manera ilegal en la política nacional. Un comunicado zapatista de mediados de 1999 sobre los observadores extranjeros en México dirigido a la ONU da cuenta de las nuevas alianzas. Hablando por el CCRI-CG, Marcos procedió a una resemantización de la palabra 'extranjero'. Si en 1994 la palabra aún se utilizaba según un criterio civil de nacionalidad y connotaba simultáneamente un criterio de exclusión con respecto a la lucha del EZLN, ahora denotaba un criterio moral y toda connotación de nacionalidad había desaparecido: "Acá han estado, arriesgando su vida, libertad, bienes y prestigio, hombres y mujeres de los cinco continentes, como observadores internacionales (nosotros dejamos el apelativo 'extranjeros' para los que, como Zedillo y los miembros de su gabinete, no tienen más patria que la del dinero)" (comunicado del 19 de julio de 1999, en Subcomandante Marcos 2000b: 121). La resemantización de la palabra es un signo inequívoco de la importancia que la dimensión internacional ha cobrado a los ojos de los zapatistas. Sería seductor concluir por vía de la deducción que el discurso ha acabado por ser menos nacionalista. No obstante, aparte de algunas excepciones que comentaré en breve, se debe decir, al contrario, que la vena nacionalista sigue fuerte y que la internacionalización del discurso se entrelaza con ella.

Un tema que afecta a la comunidad internacional y que es frecuentemente debatido en los comunicados zapatistas es el nuevo orden neoliberal. Ya el primero de mayo de 1994 –día de los trabajadores– aparece la primera referencia al neoliberalismo, definido como una palabra nueva utilizada para hablar de viejas prácticas como la esclavitud y la corrupción (en *EZLN1*: 230). Mientras que en 1994 el tema aún es relativamente periférico dentro del discurso zapatista, en 1995 y 1996 comienza a ser mucho más preeminente; entonces el EZLN llega a hablar de los zapatistas caídos en combate en términos de víctimas que se sacrificaron: "por la humanidad y contra el neoliberalismo" (DD 149, comunicado del 31 de julio de 1996). Si bien algunos comentarios en los *Relatos de el Viejo Antonio* podrían interpretarse como referencias veladas al proceso de la globalización, no se refieren mucho ni tampoco de manera muy clara al tema. En cambio, la cuestión del neoliberalismo ocupa un lugar prominente en los textos de Durito donde es tratada sobre todo en conferencias escritas por el escarabajo, quien las concebió para que Marcos las leyera en los encuentros organizados por el EZLN como el Encuentro Continental Americano por la Humanidad y contra el Neoliberalismo en abril de 1996 y el Encuentro Intercontinental del mismo nombre en julio y agosto del mismo año. Las conferencias están encabezadas por un título que empieza por "El neoliberalismo..." seguido de un complemento. Las que aparecen en el libro *Don Durito de la Lacandona* son de 1995 y 1996 y se titulan respectivamente "Durito II (El neoliberalismo visto desde la Selva Lacandona)" (DD 15, comunicado del 11 de marzo de 1995), "Durito III (El neoliberalismo y el movimiento obrero)" (DD 36, comunicado del 15 de abril de 1995), "Durito IV (El neoliberalismo y el sistema de partido de estado)" (DD 52, comunicado de mayo de 1995), "Durito VI (El neoliberalismo: la catastrófica conducción política de la catástrofe)" (DD 71, comunicado del 17 de julio de 1995) y "Durito VII (El neoliberalismo: la historia como historieta... mal hecha)" (DD 121, comunicado del 6 de abril de 1996).

A menudo Marcos trata el tema de manera juguetona, combinando lo *dulce* con lo *utile* a fin de asegurarse la atención de su público. Simultáneamente, sin embargo, el registro burlesco parece servir para desviar la atención de las lagunas e imperfecciones en el razonamiento. En efecto, en los relatos faltan las propuestas concretas y los diseños particulares necesarios para edificar un mundo 'posneoliberal'. Esta interpretación la apoya el hecho de que Marcos delegue los pasajes sobre el tema del neoliberalismo sistemáticamente en Durito: el temor a que le critiquen por faltar a la coherencia puede explicar por qué el Subcomandante recurre al escarabajo cuando quiere difundir su mensaje antineoliberal. Es como si Marcos tuviera alguna reticencia a la hora de encargarse en persona de tan delicada materia. A su modo, el carácter fragmentario de los textos sobre el tema contribuye a confundir al lector. En las lecciones de Durito sobre el neoliberalismo hay, en efecto, una contradicción entre forma y contenido. El género de la lección exige que se exponga con claridad y que se siga un hilo conductor. Ahora bien, las lecciones de Durito son todo salvo claras o fáciles de seguir. Aparecen en textos híbridos que saltan continuamente de definiciones del neoliberalismo a observaciones sobre la realidad circundante en la selva y están salpicadas con diálogos entre Durito y el Subcomandante sobre la caballería andante y otros temas diversos, de manera que sus intervenciones en el debate generalmente no son muy sistemáticas. Esta confusión en el nivel de la narración parece reflejar la del EZLN y de las demás izquierdas latinoamericanas cuando se trata de diseñar programas de acción coherentes y coordenados (véase Lievesley 1999: 201 *et passim*).

En los cuentos, globalización y neoliberalismo funcionan como sinónimos y aunque el escarabajo utiliza más a menudo el último término[13], ambas

[13] El término 'globalización' aparece en un comunicado del 17 de marzo de 1995 (en *EZLN2*: 284), del 29 de septiembre de 1995 (en *EZLN2*: 458), del 30 de enero de

palabras se asocian con rasgos negativos. Durito define el neoliberalismo como "una terrible plaga", más letal y destructiva que el sida, el ébola o el cólera (DD 73, comunicado del 17 de julio de 1995) y Marcos lo compara con una "letrina" (DD 124, comunicado del 6 de abril de 1996). En las conferencias de Durito se acumulan los comentarios peyorativos sobre el neoliberalismo. Un primer rasgo que lo define, según el escarabajo, es la ausencia de profesionalismo. Don Durito describe la política neoliberal como una "caótica teoría del caos económico", "catastrófica conducción política de la catástrofe", "realidad virtual" y "estúpida improvisación" (DD 74, comunicado del 17 de julio de 1995). La crisis y la falta de profesionalismo no son, como a veces se pretende, excesos lamentables pero con todo provisionales del neoliberalismo, sino que son inherentes al sistema (*ibíd.*). De ahí también, en opinión de Durito, que el sistema neoliberal esté condenado a desaparecer.

De manera paradójica, la falta de profesionalismo es percibida como algo correlativo con la seriedad extrema de los neoliberales. Dondequiera que se imponga, desaparece la capacidad de jugar de la gente. Una de las 'ponencias' de Durito consta de una frase: "El problema de la globalización en el neoliberalismo es que los globos se revientan" (*ibíd.*). La oposición entre globo y globalización que se verbaliza mediante una aliteración de metáforas –un recurso literario caro a Marcos quien lo usa también en el texto "Un periscopio invertido (o la memoria, una llave enterrada)" del 24 de febrero de 1998 (en *EZLN4*: 154) donde habla de bombas, bomberos y bombillas– significa que en el neoliberalismo globalizador ya no caben los juegos o los jugadores. Si damos la vuelta al razonamiento, juego y profesionalismo van de la mano. En eso, los personajes Durito y Marcos son los antineoliberales por excelencia ya que practican el juego con un profesionalismo ejemplar. El que el Subcomandante reivindique el juego como un principio fundamental del mundo propuesto por los zapatistas es otro elemento que se puede relacionar con la escritura juguetona e irreverente que caracteriza las lecciones de Durito. Esto puede ilustrarse mediante algunas definiciones del neoliberalismo, como la siguiente que es el título de la conferencia de Durito que acabo de citar:

> elementos promisorios para un análisis inicial como primera fase de un acercamiento original a las primogénitas consideraciones fundamentales acerca del basamento suprahistórico y supercalifragilisticoespiralidoso del neoliberalismo en la coyuntura decisiva del 6 de abril de 1994 en punto a las 0130, hora suro-

---

1996 (en *EZLN3*: 125) y en el texto titulado "Siete piezas sueltas del rompecabezas mundial" (Subcomandante Marcos 2000a: 185).

> riental, con una luna que tiende a vaciarse como si fuera bolsillo de trabajador en el auge de las privatizaciones, los ajustes monetarios y otras medidas económicas tan eficaces que provocan encuentros como el de La Realidad (Primera de 17,987 partes) (DD 128, comunicado del 6 de abril de 1996).

El simple hecho de que el título de la ponencia sea mucho más largo que la propia ponencia, que consta de una frase breve, contribuye a poner de relieve su carácter juguetón.

Finalmente, resulta claro que neoliberalismo y nacionalismo son dos conceptos contrapuestos en el discurso del EZLN. Marcos no deja de señalar que el neoliberalismo causa el aumento de la pobreza en México y que provoca la pérdida de la soberanía del país porque se trata de un proceso mediante el cual las riquezas y las empresas nacionales dejan de estar en manos de mexicanos. En un cuento escrito por Durito titulado "El cuento de los mágicos conejitos de chocolate (el neoliberalismo, la libido conejil y los niños)" (DD 155, comunicado del 30 de septiembre de 1996), Marcos explica esta 'lección' en términos comprensibles para muchos lectores. Érase una vez tres niños, uno bueno, uno malo y el Sup que entraron en una casa donde encontraron para cada uno un frasco con dos conejitos y un papelito que decía que cada 24 horas las parejas de conejitos se multiplicarían a condición de que hubiera siempre al menos una dentro del frasquito. El niño malo se comió inmediatamente los dos conejitos disfrutando de ellos. El Sup cambió los conejitos por un helado de nuez, cambiando así las reglas del juego y el niño bueno adoptó la estrategia recomendada: en 48 horas ya tenía ocho conejitos de chocolate. Sigue la historia:

> Al paso de los meses, el niño bueno abrió una cadena de tiendas de conejitos de chocolate. Al año ya tenía sucursales en todo el país, se asoció con capital extranjero e inició la exportación. Llegó a ser nombrado 'El Hombre del Año' y fue inmensamente rico y poderoso. Vendió la industria de conejitos de chocolate a inversionistas extranjeros, y quedó como gerente de la empresa. Nunca probó los conejitos de chocolate, para no mermar sus ganancias. Ya no es propietario del mágico frasco de plástico blanco. No conoce el sabor de los conejitos de chocolate (DD 156, comunicado del 30 de septiembre de 1996).

Terminado el cuento, se formulan unas preguntas 'para control de lectura' que sugieren una relación entre el niño bueno y el presidente de la República (el malo será presidente de un partido de oposición); el neoliberalismo del que se habla en el título se asocia con el poder y el capitalismo global y se disocia del placer y de la soberanía nacional. No es difícil ver el cuento como una parábola moralizante que invita a que se revaloricen los valores de uso que son menoscabados en un sistema neoliberal a favor de los valores de cambio. Pero cabe insistir igualmente en que el cuento es fácilmente digerible porque Marcos evita sistemáticamente recurrir a los términos del léxico marxista más tradicional en los que este mensaje solía expresarse. Tampoco el mensaje antiimperialista se expresa en los términos del pasado: hay relativamente pocas referencias a los EE.UU. o al Tratado de Libre Comercio[14]. Bruhn explica este silencio por la preocupación del EZLN por no enemistarse con la opinión pública estadounidense (1999). Esta explicación posiblemente es válida para algunos grupos en los EE.UU. Por otra parte, puede pensarse que una parte de los estadounidenses y especialmente los sectores susceptibles de simpatizar con la causa zapatista no apoyan el TLC ni están de acuerdo con la política exterior de su país. Creo por tanto que este silencio también puede interpretarse de la misma manera que la ausencia del viejo léxico izquierdista, es decir que se explica igualmente por una preocupación por marcar las distancias entre el discurso del EZLN que quiere perfilarse como movimiento novedoso y contemporáneo y los discursos izquierdistas anteriores que solían ser intensa y dogmáticamente anticapitalistas, antiimperialistas y antiestadounidenses.

Es interesante cotejar el cuento de los chocolates, que trata de la avaricia de los individuos, con uno de los textos más tempranos de Marcos al que ya he aludido anteriormente y que trata de la avaricia de las naciones, "Chiapas: el Sureste en dos vientos, una *tormenta* y una profecía", que incluye una parodia sobre un viaje turístico (en *EZLN1*: 50). La idea básica es que el estado de Chiapas es sumamente rico pero que sus habitantes pierden esta riqueza por el colonialismo interno de los capitalistas mexicanos que lo venden todo a consumidores lejanos que viven en el 'imperio'. Esta dimensión de resistencia en contra del imperialismo externo y su aliado interno neocolonial es, por lo demás, un aspecto que hace que el discurso de Marcos y la lucha zapatista en general se afilien estrechamente a otras luchas poscoloniales (véase Childs y Williams 1997: 3)[15]. En el texto, Marcos recurre a la

[14] Hay una excepción en el libro sobre Durito. El escarabajo enumera las distintas tácticas utilizadas por el ejército mexicano, señalando que vienen del manual de "Rangers de la Escuela de las Américas" (DD 21, comunicado del 11 de marzo de 1995).

[15] En *Culture and imperialism* Said llama la atención sobre la confusión que existe en torno a lo que debe entenderse precisamente por imperialismo: "a word and an idea today so controversial, so fraught with all sorts of questions, doubts, polemics, and ideological premises as nearly to resist use altogether" (1994: 3). Marcos parece utilizar la palabra como lo hace el propio Said en dicho libro: "the practice, the theory, and the attitudes of a dominating metropolitan centre ruling a distant territory" (*ibíd.*:8).

asociación entre el neoliberalismo y un animal feroz y describe a Chiapas como una víctima que se va muriendo poco a poco en una larga agonía:

> petróleo, energía eléctrica, ganado, dinero, café, plátano, miel, maíz, cacao, tabaco, azúcar, soya, sorgo, melón, mamey, mango, tamarindo y aguacate, y sangre chiapaneca fluye por los mil y un colmillos del saqueo clavados en la garganta del sureste mexicano. Materias primas, miles de toneladas que fluyen a los puertos mexicanos, a las centrales ferroviarias, aéreas y camioneras, con caminos diversos: Estados Unidos, Canadá, Holanda, Alemania, Italia, Japón; pero con el mismo destino: el imperio (comunicado del 27 de enero de 1994, en *EZLN1*: 50).

Ya he citado otro fragmento de este texto para mostrar que también los textos menos literarios de Marcos se particularizan por su tono y su estilo. Ahora quisiera llamar la atención sobre algunos aspectos relativos a su contenido como la ya mencionada escasez de referencias a los EE.UU. y la ausencia de la otra figura tradicional en el discurso antiimperialista latinoamericano, que es América Latina en su conjunto como neocolonia de los EE.UU. La casi total ausencia de América Latina como espacio geográfico, económico o político en éste y otros comunicados de Marcos y del EZLN –el hecho de que haya unas pocas excepciones a esta regla no impide que la relativa ausencia sea llamativa y significativa–[16] acaso se relaciona con el hecho de que el marco latinoamericano se esté volviendo algo menos prominente en el pensamiento actual, pero sin duda se explica también por el nacionalismo de los zapatistas que produce muchas referencias a México pero no al conjunto de naciones en el que los discursos izquierdistas de antes solían integrar a los países al sur de EE.UU.

No obstante, este mismo texto permite mostrar simultáneamente cómo el discurso de Marcos es tributario de un discurso antiimperialista latinoamericanista anterior. Expresiones como "colmillos clavados", "la bestia hambrienta" y "desangrarse" hacen pensar en el ensayo de Eduardo Galeano *Las venas abiertas de América Latina* (1971). Incluso en el propio título del texto de Marcos –"Chiapas: el Sureste en dos vientos, una *tormenta* y una profecía"– resuena la introducción de Galeano, titulada "Ciento veinte millones de

[16] Los comunicados donde aparece el concepto de América Latina son poco numerosos (comunicado del 20 de enero de 1994, en *EZLN1*: 97; 10 de marzo de 1996, en *EZLN3*: 179). También hay dos comunicados que incluyen referencias a los pueblos americanos (4 de abril de 1996, en *EZLN3*: 204 y Subcomandante Marcos 2000a: 173). Al referirse a la conquista, Marcos habla de 1492 y no de 1519 (fecha de la conquista de México), pero 1492 parece más bien ser una referencia simbólica.

niños en el centro de la *tormenta*" (subrayado mío). El texto de Marcos despierta ecos de este ensayo que fue uno de los textos más difundidos de la llamada teoría de la dependencia, dominante en los sectores intelectuales en América Latina en los años sesenta y setenta. Dicha teoría se caracterizaba por una visión pesimista sobre América Latina y por la convicción de que la pobreza de sus naciones se debía a estructuras internacionales injustas y a la alianza de las naciones extranjeras poderosas con los sectores capitalistas internos. Es verdad que hay diferencias entre el ensayo de Galeano (que en su tiempo ya era un texto algo peculiar en su género) y el texto de Marcos. Pero consisten sobre todo en radicalizaciones de algunos ingredientes de la escritura del autor uruguayo. El texto de Marcos es todavía más híbrido que *Las venas abiertas de América Latina* que ya estaba a caballo entre la escritura historiográfica y la literaria, los ingredientes literarios hacen la lectura más amena como es el caso del texto de Galeano pero su estilo es a menudo más irónico, y si Galeano hizo un esfuerzo por no retomar las frases mil veces repetidas en cierta literatura militante, Marcos ha sido más cuidadoso todavía en apartar las reminiscencias a esa literatura. Pero las metáforas arriba citadas, en la medida en que recuerdan directamente las tesis centrales del ensayo de Galeano, alertan sobre las coincidencias y permiten mostrar que en distintos aspectos esenciales el discurso de Marcos sí tiene predecesores y, sobre todo, que el análisis que hace de la coyuntura y sus raíces no es tan innovador. En este sentido, su discurso nacionalista mexicano es tributario de los razonamientos de un pensamiento latinoamericanista anterior.

Además, el marco latinoamericano también es preeminente en el terreno de las referencias de orden literario. Visto el nacionalismo de su mensaje, Marcos se refiere relativamente poco a escritores o textos literarios mexicanos y pasa prácticamente por alto los textos que Monsiváis ha calificado de determinantes para la sociedad mexicana entera (2001b: 15-6). Los textos de Mariano Azuela, Martín Luis Guzmán, Juan Rulfo y otros novelistas de la Revolución Mexicana, si bien puede que constituyan un telón de fondo de sus relatos, apenas si son explícitamente citados. Al contrario, el acervo cultural de Marcos lleva una clara ascendencia latinoamericana ya que el Subcomandante se refiere con cierta asiduidad a Eduardo Galeano, Mario Benedetti y Julio Cortázar, escritores que suelen asociarse con un discurso latinoamericanista más bien que con un marco nacional, más con la Revolución Cubana que con la Mexicana. A lo mejor este conjunto de referencias se debe más que todo a la formación cultural de Marcos de los años setenta en los medios estudiantiles del Distrito Federal. Su influencia habrá sido de tal orden que habrá dejado en sus textos una impronta antiimperialista latinoamericanista. Las que he citado son algunas de las raras alusiones a América Latina y los raros ecos de la teoría de la dependencia latinoamericana dentro de un discurso que está globalmente definido por un sentido de alarma frente a la corrosión de la independencia únicamente de México.

5. El posnacionalismo

Más que nada los relatos de Marcos cuestionan pues la historiografía oficial y critican la pérdida de la soberanía nacional debida a que el gobierno aceptó adherirse a los principios neoliberales. Sin embargo, dichos relatos simultáneamente integran pasajes que dan un giro inesperado al razonamiento de Marcos ya que en ocasiones deslegitimizan el concepto mismo de 'nación', transformándolo en un significante despojado de significados positivos. Así Durito perora en cierto momento:

> las divisiones entre países sólo sirven para tipificar el delito de 'contrabando' y para darle sentido a las guerras. Es claro que existen, al menos, dos cosas que están por encima de las fronteras: la una es el crimen que, disfrazado de modernidad, distribuye la miseria a escala mundial: la otra es la esperanza de que la vergüenza sólo exista cuando uno se equivoca de paso en el baile y no cada vez que nos vemos en un espejo [...] para luchar, la nacionalidad es sólo un accidente meramente circunstancial (DD 79, comunicado del 7 de agosto de 1995).

Tales afirmaciones pos y antinacionalistas no son frecuentes y hasta parecen injertos ajenos en el discurso del EZLN y en los relatos de Durito. Sin embargo, llaman la atención ya que contradicen de manera flagrante el mensaje nacionalista de otros pasajes en los mismos cuentos así como el mensaje dominante en los relatos del Viejo Antonio. Mientras que en éstos el concepto de 'nación' recibe una valoración sistemáticamente positiva y constituye el principio de identidad básico que da sentido a la vida de sus integrantes, dichos pasajes de Durito conllevan una valoración negativa: la división del mundo en naciones sirve para legitimar las guerras y dar sentido a palabras como 'contrabando'.

Un estudio de los textos y los contextos en los que aparecen los pasajes posnacionalistas permite formular una hipótesis sobre el motivo de su integración disonante en un discurso nacionalista. Se encuentran en textos que no tratan explícitamente de México y que son publicados con ocasión de algún encuentro internacional. El fragmento arriba citado es significativo de esta repartición: apareció en una carta de Durito a los comités de solidaridad con Chiapas reunidos en Italia. Otros pasajes posnacionalistas aparecen en el comunicado del 28 de agosto de 1995 (en *EZLN2*: 440), también dirigido a los simpatizantes en Italia y en un comunicado dirigido a "los pueblos del mundo" que es la Primera Declaración de la Realidad, también ante una audiencia internacional (30 de enero de 1996, en *EZLN3*: 126). El sueño de Bolívar es evocado en una reunión americana que prepara un Encuentro Intercontinental por la Humanidad y contra el Neoliberalismo (comunicado del 6 de abril de 1996, en *EZLN3*: 212). La ponencia de Marcos para dicho encuentro contiene pasajes posnacionalistas (31 de julio de 1996, en *EZLN3*: 339). Esta distribución específica sugiere que las declaraciones posnacionalistas deben entenderse en función del deseo de Marcos de acercarse a otro tipo de público, una inteligencia que tiende a asociar nacionalismo con etnocentrismo, racismo y guerras civiles. Al asociar el nacionalismo y el antinacionalismo respectivamente con la situación mexicana y con un territorio indefinido, el Subcomandante nada entre dos aguas, el del nacionalista tradicional y el del intelectual posnacionalista. Creo que esta coexistencia es uno de los factores que le confiere su fuerza particular al discurso zapatista y que explica la simpatía que se ha granjeado hasta ahora en los círculos más diversos, desde movimientos étnicos de otros países, pasando por los mexicanos formados en una tradición de nacionalismo revolucionario hasta llegar a ser uno de los focos de interés principales de los activistas antiglobalistas del mundo occidental.

Pero se puede ir más lejos en la interpretación del comentario de Durito sobre la contingencia de las fronteras entre las naciones. Aunque dicho comentario se integre en un comunicado que ataca al Gobierno mexicano, muestra que el discurso de Marcos comparte con el discurso gubernamental una característica constantemente criticada por los zapatistas. En efecto, en pasajes como el arriba citado, al igual que el 'mal gobierno', Durito reniega de la nacionalidad como principio identitario. En fin, los zapatistas formulan la relación entre el Gobierno y ellos mismos como una antítesis entre un movimiento nacionalista y un poder que ya no respeta a la nación. Pero basándose en el comentario de Durito, esta relación debería reformularse en términos de una relación antitética más simétrica entre dos actores posnacionales de los que el primero estaría a favor de formaciones globales neoliberales como el TLC y el segundo se insertaría en un conglomerado global antineoliberal. La imagen del zapatismo a la cabeza del movimiento antiglobalizador se ha asentado así en los relatos de Marcos.

6. El *homo mexicanus*

El discurso de Marcos sobre la identidad, la nacionalidad y la subalternidad se construye mediante asociaciones y paradojas interesantes. Ante todo es fundamental subrayar que sus relatos reúnen al mismo tiempo argumentos para integrar en la 'comunidad imaginaria' mexicana a los pueblos indígenas y alegatos por mantener y fortalecer el contrato en que se basa esta comunidad. Las referencias geográficas en los cuentos y las historias que narran son eminentemente mexicanas, con lo cual refutan la idea de que los nacionalismos estarían en quiebra en el mundo entero y, sobre todo, de que serían incompatibles con las reivindicaciones étnicas. La inserción de la agenda étnica en un marco nacional también da crédito a la afirmación de los investigadores poscoloniales según la cual en muchas naciones y movimientos posimperialistas la tradición nacional sigue siendo importante. Como dice Gandhi, "Even if nationalism is theoretically 'outmoded', it still constitutes the –albeit forgotten– revolutionary archive of contemporary postcoloniality" (1998: 113). En los relatos de Marcos los indígenas y los zapatistas se presentan como mexicanos por excelencia que pretenden tomar las riendas de la nación a fin de recuperar la soberanía de México y quitarle el poder al Gobierno que vende la patria en sucios negocios neoliberales como el TLC. El tipo de nacionalismo que impregna los textos zapatistas es esencialmente un nacionalismo republicano ya que en ellos se exige que todos los conciudadanos mexicanos sean iguales ante la ley y que tengan derechos y deberes idénticos. Los beneficiarios de la lucha de los zapatistas son, por lo mismo, los mexicanos excluidos de la historia de su propia nación, todo el pueblo mexicano que, cansado del luchar, asiste impotente a la expropiación de las riquezas nacionales. Estos rasgos concuerdan con los que Jorge G. Castañeda ha detectado en el discurso izquierdista latinoamericano tradicional cuya construcción de la nación pretende precisamente incluir a los excluidos que a menudo son los pueblos autóctonos:

> the left has proceeded in two-step fashion. It has first normatively identified the 'people' and the 'nation': the nation *should* belong to the people; there is no true nation that is not of the people. It has then, rightfully and analytically, bemoaned the fact that the 'nation' *has not* belonged to the people. The first term reflects a certain notion of the 'poor', misbegotten and banned, dark-skinned and ethnic. The destitute and excluded from society make up the people, and thus the 'real nation', or its soul (1994: 273).

Al intentar definir los elementos claves del 'alma mexicana' y del *homo mexicanus* tal y como aparecen codificados en los relatos de Marcos, he constatado que se trata de conceptos bastante inasibles. Con todo, si tuviera que señalar una sola característica que domina en el retrato que hace de la 'comunidad imaginaria', apuntaría probablemente a que se caracteriza por la pérdida de un bien y la lucha consecutiva por recuperarlo. En el retrato de la población mexicana prevalece el dinamismo y la combatividad a pesar de las adversidades y del cansancio: el mexicano auténtico es el rebelde que lucha por lo que le pertenece por derecho, sea su tierra, sea la soberanía nacional, sea el poder de ofrecer imágenes alternativas de la comunidad nacional a fin de arrebatarles a los poderosos el monopolio de las formas de representación oficiales[17]. En los relatos de Marcos la mexicanidad es asociada con una idea de lucha permanente, lucha que recibe una valoración positiva. Tal visión se expresa, por ejemplo, en los distintos relatos del Viejo Antonio que hablan del 'camino'. En ellos el pueblo se encuentra en movimiento perpetuo, siempre caminando, siempre en busca de algo mejor. Quedan asociados hasta tal punto pueblo y camino que ambos acaban identificándose en la descripción que Marcos hace de los zapatistas: "Está alegre este camino que somos" (VA 100). A manera de consecuencia, el camino no se acaba nunca: "Para todos hay principio y fin de su camino, para el camino no, para nosotros no. Para todos todo, nada para nosotros. Somos el camino pues, tenemos que seguirnos" (*ibíd.*). La asociación entre pueblo, camino y lucha se asienta unas páginas más adelante en la imagen de una llegada en algún momento en un futuro indefinido. Dice el Viejo Antonio: "Sólo caminando se llega. Trabajando pues, luchando" (VA 105).

Pero el discurso de Marcos tiene una tercera dimensión y un tercer marco geográfico, el internacional. Mientras que no se descubren tensiones mayores entre los aspectos relacionados con el marco étnico y los que se refieren al nivel nacional o internacional en el discurso de Marcos, sí hay una fisura interna insuperable entre el discurso nacionalista y el posnacionalista, fisura que se entiende en función de las diversas audiencias y públicos que el Marcos quiere atraer hacia la lucha zapatista. Los cuentos de Durito que incluyen una perspectiva posnacionalista no se limitan a ofrecer una versión contestataria y alternativa de la historia nacional sino que desconstruyen el concepto mismo de nación, mostrándola como una construcción representacional esencialmente contingente. Ya que los pasajes posnacionalistas aparecen en textos dirigidos a una audiencia internacional, sugiero que Marcos

---

[17] Tal rasgo se encuentra por ejemplo en la segunda parte de "Chiapas: el Sureste en dos vientos, una tormenta y una profecía" que define la naturaleza de la relación entre los mexicanos chiapanecos con los demás ciudadanos. "Este pueblo nació digno y rebelde, lo hermana al resto de los explotados del país no el Acta de Anexión de 1824, sino una larga cadena de ignominias y rebeldías. Desde los tiempos en que sotana y armadura conquistaban estas tierras, la dignidad y la rebeldía se vivían y difundían bajo estas lluvias" (comunicado del 27 de enero de 1994, en *EZLN1*: 62).

acusa recibo de las influencias de los visitantes extranjeros en Chiapas y que ha querido acercarse a ellos. Es legítimo conjeturar que con el acercamiento al ideario posnacionalista, haya querido ponerse las botas y granjearse la simpatía de los mexicanos menos nacionalistas y de los observadores internacionales[18]. Posiblemente el posnacionalismo ocasional también muestra que Marcos estima que el discurso nacionalista es a la vez un instrumento necesario e insuficiente para realizar los objetivos de los zapatistas.

Una segunda contradicción afecta a la relación entre el discurso de Marcos y su modo de funcionamiento y circulación. Marcos rechaza la globalización porque produce un mundo lleno de compartimentos estancos (Subcomandante Marcos 2000a: 208), sin advertir eventuales efectos positivos en el proceso. Pero es a todas luces evidente que los propios textos donde lamenta la pérdida de la soberanía nacional y proclama su oposición al proceso globalizador, deben su circulación masiva a los pilares constitutivos de la globalización como los nuevos medios de comunicación, sobre todo la red Internet que permite dialogar en un amplio espacio descentrado. En este sentido, el éxito que tiene Marcos como *cyber-guerrillero* muestra el potencial democrático del proceso globalizador y desmiente la visión fatalista que el propio Subcomandante difunde acerca de él en los cuentos de Durito.

[18] En este sentido verifica la afirmación de Marcos de que el 'zapatismo internacional' es un escudo más efectivo que el zapatismo nacional (en Le Bot 1997: 260).

Capítulo V

Intertextualidad y parodia en *Don Durito de la Lacandona*

Al analizar la prosa literaria de Marcos en función del tema de la representación, se han descubierto coincidencias relevantes entre los relatos sobre el Viejo Antonio y aquellos sobre Durito. En las narraciones, los dos personajes desempeñan la misma función, ya que representan a cuantos están marginados en las sociedades contemporáneas y más específicamente a los indígenas de Chiapas. Pero también cabe señalar que en el caso de Durito la analogía con los indígenas sólo se establece por vía indirecta ya que, contrariamente al Viejo Antonio, Durito no es un indígena. En las historias del insecto, el protagonismo de los indígenas en el contexto de la lucha zapatista no se corresponde, por tanto, con un protagonismo en el nivel de los textos. Sin embargo, como escarabajo, el personaje se arraiga posiblemente en el ámbito maya. En su *Dictionnaire des symboles*, Chevalier y Gheerbrant sitúan al animalito en tres tradiciones, la china, la egipcia y la maya: "Dans un texte assez obscur du *Livre de Chilam Balam*, qui relate des traditions religieuses Maya, le scarabée apparaît comme la boue de la terre au sens matériel et moral du terme, appelée malgré tout à devenir divinité" (1982: 850). Esta tradición podría explicar por qué Marcos ha escogido al escarabajo como animal representativo de los subalternos. Al mismo tiempo, Durito se puede asociar más fácilmente que el Viejo Antonio con otras culturas. Esto se constata en la literatura: para Ruiz Ávila (2001), provoca reminiscencias a otros escarabajos en distintas tradiciones literarias y culturales como, por ejemplo, a Gregor, el escarabajo pelotero en *Die Verwandlung* de Kafka, mientras que para Matamoros Ponce remite al escarabajo sagrado y venerado en el seno de la antigua cultura egipcia (1998: 144)[1]. Esto significa asimismo que Durito no mantiene una relación tan

---

[1] Matamoros Ponce asocia a Durito con las creencias de los antiguos egipcios: "A la fois l'être et le devenir, le scarabée symbolise, comme dans les croyances de l'ancienne Égypte, la renaissance quotidienne du soleil. Il est son compagnon dans les ténèbres de la nuit, lui montre la lumière du jour. Il est celui qui harmonise la vie et la mort. Il est un passeport de la tragédie et un visa pour la liberté" (1998: 144). Por su parte, Lippens dice

estrecha o exclusiva con el territorio chiapaneco como el Viejo Antonio, algo que, entre otros aspectos que se analizarán a continuación, hace que discrepe con que a Durito se lo caracterice como un *folklike character* tal como hiciera Caren Irr (2003: 241).

El que el marco de referencias en el libro sobre Durito sea menos exclusivamente étnico y nacional y más internacional aun se deduce de otros factores. El tipo de intertextos al que Marcos se refiere, por ejemplo. En *Don Durito de la Lacandona* se buscarían en vano las reescrituras de los mitos indígenas y tampoco son muy numerosas las alusiones a la historia mexicana. Ambas se sustituyen por juegos intertextuales con la flor y la nata del canon literario internacional. Las referencias a los dioses primeros o a Votán-Zapata se cambian por los nombres más generalmente conocidos de Shakespeare, Bertolt Brecht, Lewis Carroll o Umberto Eco. Otro rasgo metatextual que caracteriza los relatos de *Don Durito de la Lacandona* reside en su índole paródica. Marcos no sólo parodia el *Quijote* de Cervantes sino que imita de manera burlona varios tipos de discursos, desde aquellos de las izquierdas frente a las que se quiere delinear, hasta algunos de sus propios textos.

Mi análisis de ambos rasgos metatextuales –las citas literarias y la parodia–, parte de una pregunta que sirve al mismo tiempo como hilo conductor del capítulo. Quisiera ver si la intertextualidad en los relatos de Don Durito se presenta con rasgos posmodernos, no porque quiera orientar mi análisis según las últimas modas sino porque se ha aludido tanto al EZLN en términos de un movimiento posmoderno que es difícil pasar por alto la cuestión. Ya que ésta sirve como marco de referencia, empezaré por dar una breve sinopsis de algunos textos que discuten el tema y en los que se defienden puntos de vista que me parecen bastante representativos de una literatura mucho más amplia al respecto. Me basaré principalmente en las definiciones del posmodernismo que aparecen en estos textos para determinar en qué medida el EZLN es efectivamente posmoderno. Después estudiaré cuáles son los autores citados por Marcos con el objetivo de sacar a la luz los criterios que guían su selección y con miras a ver si la intertextualidad se presenta con rasgos posmodernos. Luego de hacerlo, dedico un apartado a las referencias que Marcos hace a Federico García Lorca, uno de los escritores más frecuentemente citados en los textos sobre Durito. Sigue un análisis de otro aspecto metatextual importante en esos textos, las reescrituras paródicas en

---

que el nombre Durito posiblemente tiene connotaciones sexuales (2003: 194). Esto me parece bastante rebuscado.

las que Marcos se burla de los 'grandes relatos', y se señalan los límites de la crítica que esas reescrituras suponen. A partir de los resultados de tales análisis intentaremos dar una respuesta acerca del EZLN como movimiento posmoderno y, sobre todo, acerca del carácter posmoderno de los relatos de Marcos.

1. El posmodernismo en el debate sobre el EZLN

Vista la tendencia reciente de ordenar los debates políticos y culturales sobre América Latina en torno al posmodernismo y visto que la rebelión zapatista coincidió con el auge de esos debates, no sorprende que el EZLN haya sido incluido en ellos. En la introducción a la antología *The Postmodernism Debate in Latin America*, publicada en 1995, John Beverley y José Oviedo se refieren dos veces a los zapatistas para responder a cuantos critiquen al posmodernismo por las implicaciones antimarxistas que conllevaría. Convencidos de que la salvación de la izquierda reside en la adopción del ideario posmoderno, Beverley y Oviedo enfatizan la afinidad del posmodernismo con el proyecto izquierdista latinoamericano actual (en el sentido de que los dos luchan a favor de la democracia y de los grupos marginados) y apoyan este argumento con una referencia al EZLN. Incluyen a los zapatistas entre otras formaciones políticas que muestran, a su modo de ver, que es posible la reconstrucción de las izquierdas latinoamericanas bajo las condiciones de la posmodernidad (1995: 13). El hecho de que el volumen reproduzca la declaración de guerra de los zapatistas –la Declaración desde la Selva Lacandona (*ibíd.*: 311)– realza la inclusión del EZLN en el paradigma del posmodernismo. Pero de manera significativa, apenas unos párrafos tras introducir al EZLN en la lista de los movimientos posmodernos, los autores se retractan puesto que se preguntan si el EZLN es de verdad posmoderno: "The lesson of Chiapas on this score has been ambiguous: is it a 'return' to the *foco* model of the sixties or a new, postmodernist form of political mobilization?" (*ibíd.*: 14)[2]. En cierta manera esta indecisión es representativa del conjunto de los análisis sobre la relación entre el EZLN y el posmodernismo: contrariamente a lo que afirman Johnston y Laxer (2003: 41), no todos están de acuerdo para hablar de la rebelión zapatista en términos posmodernos. Sin aspirar a la exhaustividad y con el único fin de dar

[2] La misma confusión se encuentra en un texto de José Rabasa quien afirma que el zapatismo es y no es posmoderno (1997: 420).

una idea de algunas posiciones al respecto, a continuación revisaré ciertos textos en los que se establece un nexo entre el posmodernismo y el EZLN y otros en los que este nexo es cuestionado.

En su trabajo sobre el EZLN, María Elena Martínez Torres lo califica de posmoderno por la meticulosidad con la que los guerrilleros preparan sus apariciones, como si estuvieran saliendo a escena (Martínez Torres 1997). También en opinión del poeta mexicano Gabriel Zaid, la teatralidad de los zapatistas y la importancia que tiene la forma en su movimiento se convierten en argumentos que permiten sostener el parentesco entre el EZLN y el posmodernismo. Zaid sugiere que esta teatralidad es tan importante que suplanta todo lo demás: "la guerrilla como espectáculo cuyo verdadero mensaje es: miren, soy guerrilla y salgo en los periódicos" (1994: 33). Desde esta óptica, la forma de comunicarse posmoderna de los zapatistas sería una explicación importante de su éxito. Así también razona John Berger, según quien el impacto del EZLN ha sido a base de sus comunicados, de 'letras' (en Karam 2000). Manuel Vázquez Montalbán compartía la opinión de que el EZLN era posmoderno pero lo deducía, sobre todo, del contenido de los comunicados de Marcos. Caracterizaba los textos del Subcomandante en las palabras siguientes: "Es un maestro en el juego literario posmoderno de la utilización del collage y la intertextualidad entre dos culturas literarias, la indígena y la latinoamericana. Desguaza las metáforas indígenas o las de Lewis Carroll de Alicia en el país de las maravillas" (1999b: 209). La "múltiple inscripción de diversos discursos" que muestra a la guerrilla como "mezcla, como un movimiento extrañamente híbrido" es también, según John H. Sinnigen, signo de la afinidad del EZLN con el posmodernismo (1999: 154). Esta concepción que tienen Vázquez Montalbán y Sinnigen de lo posmoderno como collage coincide con la de Beverley, Oviedo (1995: 4) y muchos otros investigadores quienes relacionan la coexistencia de diferentes modos de vida y la sincronía de distintas fases culturales evolutivas en América Latina con la idea de la hibridez del posmodernismo. Desde esta perspectiva, la sincronía de aspectos premodernos y modernos en los comunicados del EZLN formaría la base de un discurso eminentemente heterogéneo, posmoderno[3]. Con esta postura se relaciona igualmente la de Irr, quien

[3] Beverley y Oviedo contrastan este tipo de posmodernismo con sus manifestaciones anglo-europeas: "The engagement with postmodernism in Latin America does not take place around the theme of the end of modernity that is so prominent in its Anglo-European manifestations; it concerns, rather, the complexity of Latin America's own 'uneven modernity' and the new developments of its hybrid (pre- and post-) modern cultures" (1995: 4).

razona que los zapatistas son posmodernos porque su cultura indígena está integrada en la economía neoliberal. Por esta razón los indígenas son capaces de intervenir en ella: "it is the insistence of the Zapatistas on their already being integrated into the global economy (versus being some kind of putatively isolated or outlying island of pure *indigenismo*) that marks them as postmodern" (2003: 239).

Pero más que nada, los que califican al EZLN como un fenómeno posmoderno lo hacen porque consideran que le es ajeno cualquier tipo de fanatismo y que carece enteramente de la aspiración de ser una vanguardia o de tomar el poder. En su texto, Gabriel Zaid dedica una atención especial al papel desempeñado por Marcos al que compara con Andy Warhol porque los dos tienen éxito burlándose del éxito de sus antecesores de la vanguardia (artística y revolucionaria). En las declaraciones de Marcos abundan la ironía y la parodia, como cuando pretende que va a tomar la capital y destituir al presidente de la República sin creérselo él mismo. Zaid interpreta este tipo de actitudes como una ausencia de fanatismo propia del posmodernismo: "con ganas de que pegue, provocando un levantamiento general, un susto y una fuga. Si no pega, acepta la décima parte, que es un éxito, y se sienta a negociar. Esto no lo hace un fanático" (1994: 33). Pero Zaid también razona que, si bien Marcos es consciente del fin de las vanguardias, paradójicamente es el portavoz de la última de ellas (*ibíd.*: 32). Esto, sin embargo, no le impide considerarlo como una figura posmoderna. Por lo demás, muchos lectores de los textos de Marcos o de los comunicados zapatistas recalcan esta falta de fanatismo (Sinnigen 1999: 161). Entre ellos se encuentra John Berger, a cuyo parecer los textos del EZLN pertenecen a la categoría del discurso múltiple al que opone el discurso monológico (en Karam 2000).

Otro motivo frecuentemente alegado por los que consideran al EZLN como una guerrilla posmoderna, y relacionado con el aspecto anterior, es su apertura, sus aspiraciones democráticas y su compromiso con los marginados. La democracia como base de la estructura interna del movimiento y como finalidad última en el nivel de la sociedad mexicana es vista por Roger Burbach (1994: 114), Alejandro Raiter e Irene Muñoz (1996: 52-54) y María Elena Martínez Torres (1997) como un rasgo posmoderno que lo distingue de los movimientos revolucionarios modernos a menudo pervertidos por tendencias antidemocráticas. Las exigencias zapatistas de que las voces de la periferia puedan penetrar en el centro y hacerse allí un espacio propio, el hecho de que el EZLN desee poner un punto final a la victimización de los indígenas debida a cinco siglos de modernización occidental excluyente y el que quiera ir más allá de las políticas de la modernidad han sido percibidos como rasgos posmodernos por Wendy Caldwell (1999: 215) y Roger Burbach (1994: 113) a cuyo texto me he referido anteriormente.

Pero precisamente, los que se oponen a que la rebelión se califique como posmoderna, también se refieren a los indígenas. Su enfoque los lleva a afirmar que el EZLN no es nada posmoderno sino que surgió por las condiciones de vida radicalmente premodernas de sus bases indígenas que, además, se apegan a tradiciones milenarias. Si los motivos de la revuelta son premodernos, sus objetivos son eminentemente modernos ya que los pueblos indígenas quieren ante todo beneficiarse de las ventajas de la modernidad de las que siempre han sido excluidos. En la introducción de este estudio ya he aludido a un artículo en el que Daniel Nugent defiende esta interpretación. En tanto intelectual de izquierda, a Nugent le irritó el hecho de que muchos analistas del EZLN dirigieran su atención hacia el aspecto de la comunicación del EZLN, lo cual les permitía incluirlo en el debate del posmodernismo (1995: 128-129). Nugent se basó en la declaración de guerra de los zapatistas para interpelar a esos 'posmodernistas': "How can the EZLN move *beyond* the politics of modernity when their vocabulary is so patently modernist and their practical organization so emphatically premodern?" (1995: 130) y señaló: "What distinguishes the EZLN, even by this account, is not their postmodern definition of temporality, space, and experience itself, but, on the contrary, their sense of palpable connection with tradition" (*ibíd.*: 135). Por su parte, en su estudio *The postmodern novel in Latin America. Politics, Culture and the Crisis of Truth*, Raymond L.Williams considera la insurrección del EZLN como el fin de la posmodernidad mexicana que empezó, a su modo de ver, con la masacre de Tlatelolco (1996: 21). Williams no explica por qué asocia a Chiapas con el fin de la era posmoderna en México, pero de la manera en la que define la posmodernidad se puede deducir que, a su modo de ver, la insurrección pone un punto final a la crisis de la representación y de la verdad y a las dudas acerca de los grandes relatos. Al relacionar el EZLN con la 'verdad' y con la fe en los grandes relatos, Williams va pues totalmente contracorriente de muchos otros comentaristas.

Williams y Nugent no son los únicos que rechazan o problematizan la aplicación del calificativo 'posmoderno' al EZLN. Particularmente en México muchos se han opuesto a que se hablara del EZLN en términos de posmodernismo. Ya en marzo de 1994 Octavio Paz escribió: "El movimiento tampoco es 'postmoderno', como han dicho otros. (De paso, una palabrita a la moda sin preciso significado)" (*Vuelta*, n° 208, pág. 56). Más adelante en su ensayo, Paz comentó que el estilo zapatista era 'ultramoderno', con lo cual quería decir que el EZLN utilizaba un estilo exageradamente moderno en sus maneras de comunicar:

> Sin embargo, los insurgentes de Chiapas sí son decididamente *ultramodernos* en un sentido muy preciso: por su estilo. Se trata de una definición estética más que política. Desde su primera aparición pública, el primero de enero, revelaron un notable dominio de un arte que los medios de comunicación *modernos* han llevado a una peligrosa perfección: la publicidad. Después, durante las pláticas y negociaciones en la Catedral de San Cristóbal, cada una de sus presentaciones ha tenido la solemnidad de un ritual y la seducción de un espectáculo. Desde el atuendo –los pasamontañas negros y azules, los paliacates de colores– hasta la maestría en el uso de símbolos como la bandera nacional y las imágenes religiosas. Inmovilidad de personajes encapuchados que la televisión simultáneamente acerca y aleja en la pantalla, próximos y remotos: cuadros vivos de la historia, alucinante museo de figuras de cera (*ibíd.*, subrayado mío).

Son precisamente los aspectos que Paz califica de 'ultramodernos' –el dominio de los medios de comunicación de masas, la ritualización, el sentido del espectáculo y el estilo de la guerrilla–, los que han sido presentados en otros análisis como aspectos que emparentan a la guerrilla con el posmodernismo.

Cuando se le pidió a Marcos que diera su opinión al respecto, dejó las cosas en vilo. Dijo que la rebelión no era "ni moderna, ni posmoderna" (citado en Raiter y Muñoz 1996: 41). A Vázquez Montalbán, el Subcomandante le explicó detenidamente y con argumentos bastante 'posmodernos' por qué no le gustaba que se calificara a los zapatistas como guerrilleros posmodernos:

> Son intentos de catalogar que una y otra vez entran en quiebra. Porque somos muy escurridizos. Somos tan escurridizos que no nos podemos explicar ni nosotros mismos. Entre otras cosas, fundamentalmente, porque somos un movimiento, nos estamos moviendo. Tenemos nuestra ruta general y en este sentido nos movemos, vamos y venimos de acuerdo a cómo vemos, a cómo sentimos que somos recibidos (Vázquez Montalbán 1999a: 147).

Sin embargo, en una conversación anterior con Yvon Le Bot, el Subcomandante ya había caracterizado su propia manera de hablar como 'posmoderna': "Estoy hablando de un lenguaje postmoderno que, paradójicamente, se nutre de la premodernidad histórica para poder constituirse en tanto que tal" (Le Bot 1997: 348). Puede ser que Marcos haya cambiado los calificativos con los que él mismo quiere asociar al EZLN y que, si antes no le desagradaba la idea de verlo descrito como un movimiento posmoderno, haya cambiado de opinión por las críticas o porque llegó a ser consciente de las implicaciones indeseables del concepto. Por otra parte, en la cita de Vázquez Montalbán se refiere concretamente al EZLN mientras que con Le Bot habla del lenguaje zapatista. Esta diferencia abre una pista al sugerir que podría ser interesante distinguir entre los ideales, el perfil y los objetivos de la guerrilla por una parte y su manera de expresarlos por otra. Volveré sobre esta pregunta al final del capítulo.

Como punto de partida del siguiente análisis me baso en los usos del término 'posmodernismo' tal y como circulan en los debates sobre el EZLN. Sin embargo, puesto que los observadores hablan principalmente de los aspectos políticos y sociales de la guerrilla, sus comentarios no permiten calibrar suficientemente el carácter posmoderno de los rasgos específicamente literarios en los relatos de Marcos. De ahí que haya recurrido como instrumento de trabajo suplementario a una definición del posmodernismo que se ha formulado fuera del debate sobre el EZLN y que tiene la ventaja de ser ampliamente divulgada: la que Linda Hutcheon propone en su libro *A Poetics of Postmodernism. History, Theory, Fiction* (1988). Entre las características básicas de la ficción posmoderna, Hutcheon apunta su carácter intensamente autorreflexivo y paródico y su sólido arraigo en el mundo histórico y político. Ambos rasgos se reúnen en lo que llama la 'metaficción historiográfica', calificativo con el que remite a textos que se refieren al mundo real al subvertir mediante la ironía los textos anteriores e impugnar su carácter totalizador y cerrado. Esto no significa, sin embargo, que esta metaficción pretenda dar nuevas respuestas que sean definitivas. Al contrario, los autores posmodernos se niegan a resolver las contradicciones y saben que sus respuestas son provisorias y determinadas por el contexto en las que surgen. En su diálogo irónico con el pasado, el escritor posmoderno rebate la noción de la originalidad, del autor, de la separación entre lo estético y lo político, entre los géneros, entre la cultura 'alta' y 'popular' y demás categorías literarias establecidas, y entre el arte y la vida. Hutcheon considera que la parodia es la forma posmoderna 'perfecta' (*ibíd.*:11) porque de manera paradójica incorpora y desafía lo parodiado. Constituye, además, el recurso empleado por los marginados para oponerse a la ideología dominante (*ibíd.*: 35).

2. Intertextos: entre Cervantes y Borges

El deseo expresado por Marcos de derrumbar las fronteras se traduce en un afán de acabar con las categorías que dividen verticalmente y que jerarquizan. Un intento para contribuir a ello se descubre en la articulación conjunta de citaciones de los nombres más consagrados del canon literario o filosófico y de referencias a la cultura popular. Marcos alude a la música rock (DD 22, 17 de marzo de 1995; DD 49, 24 de mayo de 1995; DD 127, 6 de abril de 1996), al fútbol (DD 41, 15 de abril de 1995; DD 43, 5 de mayo de 1995; DD 95, 14 de enero de 1996) y, quizás de manera predilecta, al cine[4]. En un comunicado del 17 de marzo de 1995, se descubre un ejemplo de la conjunción de elementos de la cultura popular con otros de la 'alta' cultura. En este texto Marcos utiliza una imagen lírica –"Todavía tenía algunos dedos que avanzar el sol para arroparse a la montaña" (DD 25, comunicado del 17 de marzo de 1995)– antes de pasar al pensamiento de Platón, cuando dice con respecto al Jolmash, el protagonista de una historia intercalada: "No sé si de lo que vio o de lo que creyó ver, si la imagen que se fundió en su retina tenía una correspondencia con la realidad o existía sólo en su deseo" (*ibíd.*). En el diálogo subsiguiente entre el amo y su escudero que aparece en la misma carta, Durito se refiere a un personaje del cine estadounidense: "¡Nada nos detendrá! –grita Durito con voz de sargento en esa película de Oliver Stone que se llamó *Pelotón*" (DD 28, *ibíd.*). En una posdata anterior en el mismo comunicado, Marcos se describe a sí mismo en compañía del cantante Stephen Stills: "Estaba yo escuchando en la grabadorcita esa rola de Stephen Stills, del álbum *Four Way Street*, que dice '*Find the cost of freedom, buried in the ground. Mother Hearth (sic) will swallow you. Lay your body down*" (DD 22, *ibíd.*).

La heterogeneidad de las referencias culturales se acompaña de una mezcla de registros lingüísticos, tanto en el léxico como en la sintaxis. Cuando Marcos comunica a Durito que algunos periódicos empiezan a quejarse de sus excesos verbales, el escarabajo le contesta indignado combinando giros y palabras de la lengua cuidada y elevada, en parte alusivos al *Quijote* (los pronombres "os" y "vos", "portento" y "conceder"), con un préstamo del inglés publicitario ("raiting") [*sic*] y una expresión asociada a un registro lingüístico expresivo más bajo ("patán"):

> Bueno, os concedo que es posible que exista algún ser que puede no interesarse en saber de mí y de mis portentos. Así que haremos algo para determinar el raiting que tenéis vos, patán insolente, y el que tengo yo, alto y andante caballero (DD 83, comunicado del 27 de octubre de 1995).

[4] Marcos se refiere, entre otros directores y estrellas, a Humphrey Bogart en *Casablanca* (DD 60, comunicado del 11 de junio de 1995), Ettore Scola (DD 68, comunicado del 30 de junio de 1995), Jane Fonda en *Barbarella* (DD 73, comunicado del 17 de julio de 1995), y a Brigitte Bardot y Peter Fonda (DD 95 y 99, comunicado del 14 de enero de 1996). En una posdata de diciembre de 1998 habla de una serie de actores más recientes como, por ejemplo, Leonardo Di Caprio y Demi Moore (Subcomandante Marcos 2000a: 319).

Las desjerarquizaciones y las descompartimentaciones que resultan en una conjunción de las distintas esferas culturales deben ponerse en relación con el proyecto democratizador de los zapatistas y con su irreverencia frente a todo lo que legitime el *establishment* y sea legitimado por éste. Pero también es posible relacionar esas prácticas con el pensamiento posmoderno ya que, al fragmentar y dislocar, llegan a cuestionar las categorías genéricas, lingüísticas y culturales establecidas[5].

Las alusiones que Marcos hace a diversas expresiones de la cultura popular –el fútbol, la música, las telenovelas, el cine– se combinan con referencias a la 'alta literatura'. La importancia de ésta se manifiesta de manera ejemplar en el personaje de Durito cuya asociación con Don Quijote, un personaje que se volvió loco a causa de los libros, no es nada casual. En los textos sobre Durito, los protagonistas suelen ser lectores apasionados que están a menudo sumergidos en la lectura de un libro. En un comunicado, Marcos relata que Durito le ha traído de regalo un libro de Carlos Monsiváis (DD 91, 14 de enero de 1996). En otro, el escarabajo interrumpe a Marcos mientras que éste está leyendo a Brecht (DD 134, 5 de julio de 1996). El propio Durito dice sentir pasión por las novelas policíacas (DD 24, 17 de marzo de 1995), etc. Este gusto que tienen sus personajes por la literatura parece ser una transposición de la afición del propio Subcomandante, quien ha declarado que durante los primeros años en la selva no tenía mucho que leer (una antología de poemas de Miguel Hernández y un libro de Julio Cortázar eran los pocos libros que el entonces capitán llevaba consigo) pero que posteriormente fue abastecido de libros que los simpatizantes enterados de su pasión por la lectura le enviaron a la Selva Lacandona.

Sobre todo los que se ocupan de literatura han mostrado curiosidad por conocer las preferencias literarias de Marcos. Antes de que se lo preguntasen Gabriel García Márquez y Rafael Pombo (2001), el poeta argentino Juan Gelman le había preguntado qué escritores le gustaban más (1996). La respuesta de Marcos destacó, principalmente, que su gusto había evolucionado:

> –La poesía que frecuentábamos nosotros era la que se consideraba poesía social o de compromiso. Que es la que nos gustaba, porque estábamos en eso. O la más lejana de los clásicos como Shakespeare, eso sí. Pero de la poesía con-

[5] Lo que precede también explica que algunos investigadores se hayan acercado al EZLN a partir del pensamiento rizomático de Deleuze y Guattari (Ferioli 2001; Vera 1997). El discurso de los zapatistas sería ejemplo de esas literaturas de minorías que permiten concebir lo que no sea estructurado, sistémico o jerárquico.

> temporánea sólo la que tenía contenido social; la que no, nos parecía que no servía, que era contrarrevolucionaria, pequeñoburguesa, etcétera, etcétera.
> –¿Piensa lo mismo ahora?
> –Evidentemente no.
> –¿Y qué piensa?
> –Nos damos cuenta ahora que fueron esos elementos, los no esquemáticos, los no tradicionales respecto de esa cultura de izquierda en la que nos formamos, en especial de la izquierda clandestina, la de los subterráneos, los que nos abrieron ventanas. Que lo que nos salvó como proyecto social, como proyecto político y, sobre todo, como seres humanos fueron esas ventanas abiertas, esas supuestas 'manchas' para un revolucionario cuadrado, lo que nos llevaba a nosotros a decir bromeando que para ser cuadros revolucionarios éramos bastante redondos. No respondíamos a los esquemas pues, y por lo tanto estábamos desechados. Esa cultura, esa literatura tienen su lugar, tienen su espacio y no pueden ser catalogadas según moldes que nos enseñaron, que poesía es la poesía revolucionaria de 'Patria o muerte, venceremos' solamente, o la que describe una situación social. Hay poesía que trabaja sobre el lenguaje mismo y no le importa tanto lo que dice sino el manejo del lenguaje; hay poesía que expresa sentimientos o cuestiones vivenciales cotidianas; hay poesía de muchas clases (Marcos citado por Gelman en *La Jornada*, 21 de abril de 1996).

Marcos no dice por qué ha abandonado sus preferencias hacia una literatura de contenido social o político ni por qué se ha ido acercando a formas literarias más experimentales. Cabe recordar, sin embargo, que dice haber pasado por una evolución parecida en el terreno más específicamente ideológico. Entonces dijo que él y sus compañeros mestizos se habían adaptado a la manera 'menos dura', más indígena, de ver las cosas. Respecto a sus preferencias literarias, Marcos vuelve por tanto a llamar la atención sobre un proceso personal parecido de 'desideologización' y, mediante una crítica a la política cultural de la Revolución Cubana ("Patria o muerte..."), se distancia una vez más de su propio pasado y de los sectores izquierdistas más tradicionales. En este sentido, el Subcomandante rompe con la tradición latinoamericana y más específicamente mexicana tal y como había sido descrita un año antes del levantamiento por Jaime Sánchez Susarrey en su estudio sobre *El Debate Político e Intelectual en México* (1993). Sánchez Susarrey, asombrado ante la escasez de una literatura de expiación en América Latina, adjudicaba esa escasez al hecho de que los intelectuales de izquierda no suelen hacer un examen de su pasado ni de sus antiguas convicciones: "no rectifican y cuando lo hacen guardan un cómodo silencio sobre sus antiguas convicciones y concepciones. En México, el fenómeno latinoamericano tiene una expresión exacerbada" *(ibíd.*: 15). La 'rectificación' de Marcos –admite que antes no creía en la autonomía relativa del quehacer literario–, le permite subrayar que ha llegado a convencerse de que la literatura no debe procurar adecuarse a objetivos políticos porque el proceso de reducción estética en nombre de la verdad política no funciona necesariamente a favor de esta última. Sobre todo, parece sugerir que a sus preferencias literarias ya no las guían preferencias políticas. Examinaré las citas y las demás alusiones de Marcos a otros autores a fin de averiguar si esta afirmación es digna de fe.

En sus comunicados en general y en los relatos de Durito en particular, Marcos despliega un conocimiento literario bastante impresionante para un guerrillero. No se limita a referirse a las obras y los escritores asociados con el paradigma más tradicional de los autores de izquierda tal y como solía circular en América Latina en las últimas décadas (por ejemplo a escritores como Galeano o Benedetti asociados con la teoría de la dependencia quienes, por cierto, y como ya he dicho anteriormente, también son citados) sino que además intercala referencias a Dante y a Monsiváis, a Lewis Carroll y a Valle-Inclán, se refiere a la poesía de Miguel Hernández, Federico García Lorca, Fernando Pessoa, Charles Baudelaire y Paul Éluard, cita a dramaturgos como Shakespeare y Brecht, juega con la novela de caballería cervantina al mismo tiempo que alude a los personajes de las novelas policíacas de Vázquez Montalbán. Muchas veces remite a otros escritores sin señalarlo explícitamente. Es el caso, por ejemplo, de una alusión a un poema de Nicolás Guillén (comunicado del 18 de enero de 1994, en *EZLN1*: 90), a una reescritura por Ernesto Cardenal de los salmos (comunicado del 10 de abril de 1994, en *EZLN1*: 209) y de una parodia –"Instrucciones para olvidar y recordar amores"– del "Manual de instrucciones" de Cortázar (comunicado del 15 de agosto de 1994, en *EZLN2*: 25 y comunicado de junio de 1995, en *EZLN2*: 379). Por tanto, hace alusión a autores de diversas nacionalidades y de distintos continentes, que escriben en diferentes idiomas y cuya fama no emana de simples motivos políticos. A primera vista, la lista parece confirmar el comentario de Marcos de que su aprecio por la literatura no se deja regir por normas políticas.

Sin embargo, he preferido emprender una lectura a contrapelo de la sugerida por Marcos y cuestionar las apariencias de la heterogeneidad y de la apertura ilimitada para ir en busca de algún criterio que guíe la selección de los intertextos y que les confiera posiblemente una base homogénea más subterránea pero no por esto menos decisiva. Ignacio Ramonet ha destacado al respecto que el rasgo que le da su coherencia al corpus de autores preferidos por Marcos es el pesimismo de la razón y el optimismo de la voluntad. Cervantes, Lewis Carroll, Bertolt Brecht, Julio Cortázar y Leonardo Sciascia serían ejemplos en este sentido (2001: 27). Por mi parte, al pasar revista a los escritores citados, he verificado sobre todo que los autores preferidos por Marcos se caracterizan por ocupar una posición muy sólida en el canon literario, que han escrito críticamente acerca de la sociedad de su tiempo y que este compromiso ha sido de tal orden que ha sido asociado generalmente con una ideología de izquierda. Esto, que es evidente en los casos de los poetas de la República García Lorca y Guillén, de Éluard, Brecht, Cortázar, Benedetti, Galeano y Vázquez Montalbán, también puede decirse, aunque utilizando un vocabulario más en consonancia con la época en que vivió, de Cervantes. Todos ellos son conocidos por una actitud crítica, un compromiso político o social notorio en contra del *establishment* o del *statu quo*, por lo que se puede decir que las referencias intertextuales funcionan como un mecanismo de unificación ideológica de los relatos.

La lista de los escritores citados constituye el argumento más visible en apoyo a la idea de que la selección de los intertextos no es enteramente fortuita y que sí la orienta un criterio ideológico. Al mismo tiempo, empero, esto se verifica por la lista de los autores ausentes, que marcan a su modo las fronteras del diálogo literario intertextual del Subcomandante. Es llamativa la escasez de referencias explícitas a la obra de Octavio Paz, sobre todo a *El laberinto de la soledad*, referencias que serían por otra parte 'naturales', aunque sólo fuera por la simbología de la máscara. En los cuatro volúmenes de Era y los demás libros de Marcos he encontrado una sola referencia a Paz, cuando Marcos dice: "Y, mientras ustedes están atareados con los helicópteros y gobernadores que se caen, y haciendo apuestas para ver si le voy a responder a Paz [...]" (comunicado del 21 de marzo de 1996, en *EZLN3*: 198). Otra referencia, esta vez una réplica a Paz, se ha colado en la entrevista con Juan Gelman. En ella, Marcos refuta a Paz en un tono de broma. Cuando Gelman le dice: "Octavio Paz dice que Durito es una invención memorable", contesta: "Eso es injusto, Durito protesta. Dice que él no es una invención, que es real y que, en todo caso, la invención soy yo" (en Gelman 1996). El hecho de que, en medio de sus numerosas referencias intertextuales, Marcos apenas nombre la obra de Octavio Paz o de otros contemporáneos más inclinados hacia la 'derecha', a su manera hace percibir los límites de su diálogo. Confirma en primera instancia que, pese a sus declaraciones al respecto, tiende a marginar a sus oponentes en lo político. En segundo lugar indica que en sus relatos, a pesar de las apariencias y contrariamente a lo que afirmó, la poética literaria está subordinada al *ethos* político ya que en su gran diálogo intertextual, a sus colegas literarios, si son sus adversarios en la política, apenas si les permite participar. Nos muestra que debemos relativizar lo que dice Marcos al respecto y, asimismo, ser prudentes con las afirmaciones según las cuales su lenguaje no tendría afinidad alguna con el de los movimientos más dogmáticos del pasado y del presente.

Hay una gran excepción a la regla que nos obliga a matizar lo que precede. En diversas ocasiones, Marcos menciona el nombre de Jorge Luis Borges (comunicado del 28 de mayo de 1994, en *EZLN1*: 239; comunicado del 16 de enero de 1995, en *EZLN2*: 200; comunicado del 14 de marzo de 1995, en *EZLN2*: 274; Discurso de Clausura al Encuentro Nacional en Defensa del Patrimonio Cultural de agosto de 1996, en Subcomandante Marcos 2000b: 160 y 172). Por una parte, insiste tanto en su aprecio por la obra del escritor argentino que, al mencionarlo, parece querer dar la prueba decisiva de que, en materia de literatura, no le guían normas políticas y menos si éstas son los viejos criterios ortodoxos de la tradición izquierdista. Por otra parte, no sería correcto reducir las alusiones a Borges a una simple estrategia ya que no constituyen meras referencias puntuales sino que afectan al contenido del mensaje de Marcos, constituyendo un intertexto estructural que contribuye a poner de relieve algunos de sus principales temas e ideas.

La presencia inesperada de Borges –el propio Marcos lo ha admitido a pesar de sus otras declaraciones (2000b: 172)– puede leerse como una clave interpretativa mediante la cual el Subcomandante llama la atención sobre las coincidencias que existen entre la obra borgiana y la suya. Quien lea los relatos a partir de esta clave no tendrá mayores dificultades en descubrir las intersecciones entre los textos de Borges y los relatos de Marcos. De la misma manera que el escritor argentino, el guerrillero se crea un personaje detrás del cual se disimula; con él comparte un gusto por lo clandestino y la mistificación; sus autorretratos muestran que, de la misma manera que Borges, considera que el escritor es un humilde redactor y como él practica la escritura como una lucha contra los géneros establecidos, como reivindicación de la parodia y transgresión del canon. La figura de Durito que declama pasajes enteros del *Quijote*, reclama la autoría de la obra de Brecht y cambia constantemente de identidad, la omnipresencia de la ironía y la intertextualidad en los comunicados, la recurrencia de la imagen del espejo y la importancia en la guerrilla zapatista de la letra impresa despiertan sin cesar ecos hacia la obra borgiana y, más específicamente, a "Pierre Menard, autor del *Quijote*". Está claro que, mediante sus alusiones a Borges, Marcos quiere dar pie a que sus relatos sean leídos según claves de lectura posmodernas.

3. Las referencias a Federico García Lorca

En su colección de artículos *Nuevo Tiempo Mexicano*, Carlos Fuentes afirmó que –pese a que la hispanofobia de algunos sectores de la sociedad mexicana no puede sostenerse más a partir de la emigración republicana–

todo lo que sea español en México debe vencer prejuicios arraigados (1999 [1994]: 179). Varias décadas antes, Octavio Paz había postulado en *El laberinto de la soledad* que hay dos Españas para los hispanoamericanos (1990 [1950]: 137): la primera, castiza y medieval, que los hispanoamericanos siempre habrían rechazado y la segunda, abierta y heterodoxa, que habrían reivindicado sistemáticamente. A su vez, Carlos Monsiváis dijo que no sólo hay dos Españas sino también dos Hispanoaméricas. Sobre todo en el pasado, la liberal habría apoyado a la 'España abierta' mientras que la más conservadora se habría acercado a la 'España castiza' (en Schneider 1998: 249).

Cuando se analizan los comunicados, llama la atención que Marcos cita muy frecuentemente a una serie de autores españoles y que los integra en la lógica de su razonamiento. Los numerosos epígrafes de escritores peninsulares elegidos padrinos avisan de las intenciones del Subcomandante, dan pistas para una lectura correcta de su mensaje o ponen de relieve algún elemento temático de los comunicados. De esta manera se establece una relación filial entre los comunicados y dichos intertextos que desdice a Carlos Fuentes y a cuantos pretendan que la condena de la conquista entraña sistemáticamente un rechazo o una reescritura subversiva del canon literario del colonizador (Ashcroft *et al.* 1989: 196). Al contrario, el hecho de que Marcos cite a los autores españoles a fin de ilustrar sus ideas da la razón a Paz, a Monsiváis y a quienes opinan que las líneas divisorias no corren entre los distintos países o pueblos sino dentro de ellos (Bhabha 1986). Entre los españoles citados, algunos lo son de manera privilegiada. Está claro que Marcos perpetúa la obsesión hispanoamericana hacia el *Quijote* en la tradición de Reyes, Darío y Borges (Salinas 1987: 44), una obsesión que lo sitúa asimismo en la huella de Che Guevara quien leía el *Quijote* en la Sierra Maestra y se comparó en la última carta a sus padres irónicamente con el héroe de Cervantes (Correa-Díaz 2000: 37; Baschet 2002: 140). Además, Marcos muestra una preferencia obvia hacia los llamados poetas de la República y se incluye, de esta manera, en una tradición hispanoamericana y mexicana liberal. En lo que sigue examinaré más detenidamente las referencias que Marcos hace a García Lorca. He optado por concentrarme en el caso del poeta andaluz porque sus poemas constituyen uno de los intertextos más sólidos y estructurales de los relatos y demás comunicados de Marcos. Por otra parte, la manera en la que funcionan las citas de García Lorca es bastante representativa del tratamiento que reciben los otros intertextos en el mismo corpus.

Las alusiones que Marcos hace a los poemas de García Lorca atestiguan un amplio conocimiento de la obra del poeta granadino. Las referencias al *Romancero Gitano* –Durito se hace llamar Durito el Camborio (DD 31, comunicado de 4 de abril de 1995)– y al "Llanto por Ignacio Sánchez Mejías" (*ibíd.*) no son tan sorprendentes puesto que se trata de las partes más divulgadas de la obra lorquiana. Más asombro causa la intertextualidad con diversos elementos de las *Suites* que son mucho menos conocidas por el gran público. El conocimiento que Marcos tiene de la obra de García Lorca es proporcional a la simpatía que profesa hacia el poeta, un sentimiento que, por lo demás, parece remontarse a la impresión de una vocación y un destino compartidos. Es difícil pasar por alto las semejanzas entre ambos hombres. Así, Marcos comparte con Lorca el gusto por los "embustes de niño grande" (Díaz Plaja 1968 1969 [1954]: 12), la fraternidad declarada con todos los marginados, la conciencia de otra realidad y el anhelo de renovación social y ética. También en su calidad de escritores es fácil encontrar paralelismos. La inquietud social late en la obra de ambos autores que comparten asimismo el propósito de revivir las raíces tradicionales de sus respectivos pueblos. Esta circunstancia, que es conocida de sobra en la obra lorquiana, en los textos de Marcos se vislumbra sobre todo en los *Relatos de el Viejo Antonio*. En este sentido, ambos autores se atan a la tradición. Pero de forma análoga a la obra de Lorca, los textos de Marcos se adornan con audaces novedades y son alegremente iconoclastas. Finalmente, puede señalarse que Marcos y Lorca comparten, en cierto sentido, un tipo de público ya que los dos hablan a una élite cultural sin por eso olvidar a las masas. A continuación mostraré cómo estas afinidades se plasman en los comunicados de Marcos ciñéndome a dos casos, las referencias a Ignacio Sánchez Mejías y a Newton.

Sobre todo en *Don Durito de la Lacandona* Marcos deja constancia de su atracción hacia el mundo de los toreros y confiesa: "Yo pienso, no siendo guerrillero, torero fuera" (DD 30, comunicado del 4 de abril de 1995). En algunos de los cuentos aparecen diversas imágenes taurinas, como en esta posdata a un comunicado titulada "P.D. Que, decidida, sale al ruedo" (*ibíd.*). La posdata empieza con una imagen lorquiana de abolengo gongorino de la luna que se materializa en un giro taurino: "La luna es un toro de plateada ornamenta [*sic*] y, con un par de afilados pitones, embiste al oriente" (*ibíd.*)[6]. Está seguida por otras posdatas, una de las cuales termina con una referencia a la elegía de Ignacio Sánchez Mejías: "El Sup en mitad del ruedo esperando, paciente, a que el reloj marque las cinco de la tarde" (comunicado del 4 de abril de 1995, en *EZLN2*: 303). En Lorca el famoso torero representa una síntesis de todas las fuerzas heroicas: valor, inteligencia, belleza y aris-

[6] La imagen es recurrente. Aparece, por ejemplo, también en un comunicado del 14 de enero de 1996 (DD 103).

tocracia intelectual del artista (Díaz Plaja 1968 1969 [1954]: 150). Además, la muerte de Sánchez Mejías puede interpretarse según la cosmovisión del poeta andaluz quien considera la muerte individual como una catástrofe universal con repercusiones cósmicas (De Paepe 1986: 24).

Está claro que Marcos intenta que el lector establezca una asociación entre el torero llorado por Lorca y él mismo. ¿Significa esto que se autorretrata como elegante, valiente e inteligente? ¿E implica esto que considera que su propia muerte sería catastrófica para la supervivencia del movimiento zapatista? A la primera pregunta puede contestarse con un rotundo 'no', al menos si nos basamos en los autorretratos de Marcos que nos muestran a un chapucero en medio de la selva que le tiene tanto miedo a la lluvia como a los soldados. Tampoco sería correcto insistir demasiado en la comparación entre la visión lorquiana de la muerte y la de Marcos. Como ha señalado Tanius Karam (2000), en los comunicados del Subcomandante el horizonte de la muerte está anclado en una visión nacional mexicana. En ellos se reconoce algo de la descripción que hace Octavio Paz de la vocación a la chingada, de los grabados de José Guadalupe Posada, de *Pedro Páramo* o *La Muerte de Artemio Cruz*. En la tradición de sus paisanos, Marcos rompe el prestigio de la muerte con un vitalismo burlón y considera su propia muerte, posiblemente inminente, con una gran dosis de estoicismo, declarando una y otra vez que hay varios candidatos en las filas zapatistas capaces de reemplazarlo en cualquier momento. Las alusiones a Sánchez Mejías no significan por tanto automáticamente que Marcos comparta con García Lorca los sentimientos despertados por las 'cosas importantes' de la vida. El guerrillero cita la obra lorquiana más bien con el objetivo de establecer un parentesco entre su propia lucha y la del poeta granadino. Puede decirse, además, que se trata de un recurso utilizado por Marcos para hacer presente en sus comunicados el tema de la muerte vecina, para recordar a su público que en Chiapas, aunque la prensa a menudo hable de una 'guerra de papel', sigue librándose una lucha a vida o muerte. La paradoja es que Marcos no ve ningún inconveniente en contribuir a esta 'literaturización' y que adorna la lucha zapatista discursivamente con traje de luces y cuernos de toro. Las referencias a Numancia en varios comunicados tienen implicaciones semejantes. Apuntan a la seriedad de la situación y dan al mismo tiempo un toque literario-cultural a la lucha por la referencia implícita a la obra de Cervantes (comunicado del primero de septiembre de 1996, en *EZLN3*: 37; 8 de septiembre de 1996, en *EZLN3*: 375; 7 de septiembre de 1996, en *EZLN3*: 378).

El segundo conjunto de referencias a la obra lorquiana tal vez indique un parentesco mayor entre García Lorca y Marcos. En mayo de 1999 la intertextualidad con Lorca volvió a funcionar a propósito del II Encuentro entre la Sociedad Civil y el EZLN. Una vez más, la imagen de la luna, una de las predilectas de Marcos y Lorca, asoma al principio del comunicado:

> Ahora es la luna una manzana mordida. La ardiente fragua del mayo en la montaña le ha arrancado el vestido de nácar, de colorado la ha pintado, y un viento negro le insiste, por occidente, con lúbricos mordiscos. Apenada va la luna, manzana roja de rubor, con las naguas arremangadas, un poco por el deseo, otro poco por el calor y otro tanto por su paso así apresurar mejor (comunicado de mayo de 1999, en *EZLN4*: 303).

La descripción de la naturaleza está precedida por unos versos de Lorca (*ibíd.*: 311). Marcos no menciona la fuente pero están extraídos del poema "Initium" de la *Suite de los espejos*: "La serpiente partió el espejo en mil pedazos, y la manzana fue la piedra". Hacia el final del comunicado el autor se refiere a otra *suite*, 'Newton', de la que reproduce la parte titulada "Réplica" en la que Lorca compara a Newton y Adán porque ambos contribuyeron a que desapareciera la inocencia del mundo. Marcos cita el texto completo de "Réplica":

> Adán comió la manzana
> de la virgen Eva.
> Newton fue un segundo Adán
> de la Ciencia.
> El primero conoció
> la belleza.
> El segundo un Pegaso
> cargado de cadenas.
> Y no fueron culpables.
> Las dos manzanas eran
> sonrosadas
> y nuevas
> pero de amarga
> leyenda.
> ¡Los dos senos cortados
> de la niña inocencia!

El modo en el que Marcos enlaza el tema de la manzana de Newton con los objetivos de los zapatistas hace pensar más bien en otro poema de la *Suite de los espejos*, "Tierra", que plantea de modo poético el problema de la inversión de la realidad y formula la pregunta de la existencia de un contramundo que obedeciera a leyes de signo contrario (Marcilly 1986: 39). Marcos dice que los que defienden o practican la *Real-politik* razonan que las cosas son como son porque son inevitables. La ley de la gravedad manda que la manzana caiga a tierra. Pero los zapatistas funcionan de otro modo y suelen cuestionarlo todo:

> mientras los científicos hacen complicados cálculos sobre velocidad, trayectoria, mucha masa, aceleración, resistencia eólica, impacto y etcéteras parecidos, y mientras los politicólogos rescriben a Maquiavelo y discuten precios con los modernos príncipes, el zapatista se acerca a la manzana, la mira, la huele, la toca, la escucha...
>
> Entiende el zapatista lo que la manzana le susurra al oído. Entiende el reto que su clamor reclama. Dice la manzana que el destino no le manda caer a tierra y, puesto que se trata de un transgresor de la ley quien la escucha, de lo que se trata es de transgredir la ley de gravedad (*ibíd.*: 311).

En suma, Marcos comparte con Lorca la curiosidad por la existencia de otra realidad. Sin embargo, al Subcomandante no le interesa tanto plantear la pregunta como contestarla, lo cual muestra que, a pesar de los juegos literarios, es más político que poeta. Los zapatistas se han propuesto resolver en efecto el enigma de caer para arriba y hacer un mundo nuevo.

Las referencias de Marcos a la poesía de Lorca en parte son estereotipadas y en este sentido amplían lo que Monsiváis ha llamado la "formidable oleada de cursilería, política y versificada" desatada en toda América Latina en nombre del poeta andaluz (en Schneider 1998: 255). Pero sean o no estereotipadas, cada una de las referencias a Lorca tiene su propia lógica. Algunas se basan en una sensibilidad común, otras parecen contribuir esencialmente a dar un toque poético y ameno a los comunicados y otras todavía sirven para establecer un parentesco entre el Subcomandante y una figura que ha cobrado dimensiones míticas y simbólicas. Globalmente, puede decirse que el modo en el que Marcos alude a la obra de Lorca coincide con una manera bastante común de referirse al poeta. Parece que el Subcomandante está pensando en el mismo Lorca que su biógrafo Ian Gibson, quien reivindicó a "un Lorca generosamente comprometido con todos los que sufren, con los rechazados, los marginados, los perseguidos, los avergonzados, los que no encajan. Al Lorca revolucionario que en realidad fue" (1998: 11). También habla de Lorca en los términos señalados por Genara Pulido Tirado: "hablar de Lorca es hablar del asesinato de los fascistas, de la muerte inútil de un escritor sin par, hablar de él es, en definitiva, una forma de rebelarse contra el sistema" (1999: 75). La manera en la que Marcos se refiere a García Lorca en lo esencial coincide igualmente con su manera de citar a los otros escritores de renombre. Las citas a veces son un poco aleatorias o esnob pero a menudo su contribución principal consiste en amenizar la lectura de los textos o dar fuerza a sus ideas.

Que esta práctica intertextual de Marcos no convenza a todos queda claro de la crítica de Maite Rico y Bertrand de la Grange, quienes le reprochan su falta de fidelidad a sus fuentes. Ambos periodistas calificaron la traducción que hizo Marcos de un poema de Paul Éluard de "inexacta" e "inelegante" y le criticaron por haberlo amputado sin vergüenza: "Pauvre Eluard! Il allait, lui aussi, être victime de ce conflit lointain et des prétentions littéraires d'un guérillero qui fut, certes, un des meilleurs étudiants de sa génération mais qui a tendance à s'abriter derrière des valeurs reconnues pour épater la galerie, quitte à les citer très approximativement. Il sait que, à part une poignée d'écrivains mexicains qui ont le front de critiquer la qualité de sa prose, le procédé ne scandalisera personne. C'est pourquoi il peut se permettre d'amputer sans vergogne et de proposer une traduction inexacte et inélégante du poème d'Eluard" (1998: 190). En la traducción de un extracto de *Le château des pauvres* (1953) al que los periodistas se refieren (comunicado del 22 de septiembre de 1994, en *EZLN2*: 49) sólo se encuentran algunas inexactitudes que no parecen debidas a motivos ideológicos o políticos sino que se explican por los límites de los conocimientos del francés de Marcos[7]. Además, ninguno de los errores tiene implicaciones que alteren el sentido del poema. Pero incluso si las tuvieran, no es relevante criticar a Marcos porque sus referencias sean 'incorrectas' ya que es evidente que no es su intención proponer una traducción 'exacta' o 'elegante' de los textos que cita y usa. Aunque de sus propios escritos se deduce que se preocupa por cuidar su estilo, no se puede decir que anteponga en sus comunicados criterios poéticos o literarios sino que pone la literatura al servicio de la política. Rico y De la Grange, que tienen conocimientos profundos del EZLN, sin duda lo saben. En este sentido, su crítica contra Marcos fácilmente puede volverse contra ellos ya que proponen una lectura 'incorrecta' de su intertexto, los comunicados de Marcos.

4. La burla de los grandes relatos

El marco de referencias internacional y el tono iconoclasta de muchos textos sobre Durito son poco propicios para que aparezcan en ellos los temas

---

[7] "Quoi qu'il arrive nous vivrons", se traduce erróneamente como "Cuando él llega, nosotros vivimos", con un tiempo del presente en español, en lugar del futuro del francés y el cambio del nexo de concesión 'quoi que' en un nexo de tiempo 'cuando'; "Où nous avons tant de semblables", en presente en francés, se traduce con un tiempo del pasado al español: "donde nosotros teníamos tantos semejantes". Finalmente, en "la prison dont on prend l'habitude" cae la relativa 'dont' y "et lutter sans défaut" llega a ser "y luchar": "sans défaut" o 'sin falta' es amputado.

que son fundamentales en otras zonas del discurso zapatista. El tema de la Revolución Mexicana, por ejemplo, está demasiado consagrado a los ojos del mexicano medio para soportar la irreverencia. Esto explica probablemente que casi esté ausente en los pasajes sobre Durito. Con todo, las escasas alusiones que Marcos hace a este tema merecen ser presentadas porque permiten dar cuenta de una diferencia importante entre los relatos sobre Durito y aquellos sobre el Viejo Antonio al ilustrar cómo el Subcomandante parodia textos anteriores, ajenos tanto como propios.

Como todo caballero andante que se respete, Don Durito de la Lacandona necesita a su Rocinante. Pone los ojos en una tortuguita que bautiza con el nombre irónico de Pegaso. El narrador y personaje Marcos presenta a Pegaso mediante una breve comparación: "Durito tiró de las riendas y rayó su caballo como cuando Pancho Villa tomó Torreón" (DD 42, comunicado del 15 de abril de 1995). Esta frase asocia al caballero andante, el escarabajo Durito, con el héroe revolucionario Pancho Villa y establece de esta manera una vez más un lazo entre el EZLN y la Revolución Mexicana. La comparación entre el escarabajo –pequeño pero grandilocuente– y un héroe de la Revolución Mexicana tiene, en primer lugar, un efecto cómico. Sin embargo, cuando se considera la frase desde el punto de vista del segundo elemento de la comparación, Pancho Villa, parece más bien insolente. Si tomamos en cuenta que Pancho Villa es uno de los héroes más intocables en el panteón de los revolucionarios mexicanos, resulta descarado de parte de Marcos asociarlo con un insecto un poco loco y sabelotodo.

En la misma comparación, la desacralización afecta aun a otro símbolo de la Revolución, el caballo de Pancho Villa. El hecho de que éste se compare con la tortuga Pegaso carecería de mayor significado, sobre todo con respecto a la sugerencia de que existe una semblanza entre Durito y Pancho Villa, si no fuera porque los caballos constituyen un símbolo importante en el conjunto de imágenes nacionales y populares. La Revolución Mexicana los consagró como parte del mito del héroe y no han dejado de ser un símbolo didáctico e ideológico en la historiografía posrevolucionaria (véanse Rajchenberg y Héau-Lambert 1998: 21). De la descripción siguiente de Pegaso puede deducirse la distancia abismal entre éste y los caballos prototípicos tales y como han sido pintados, por ejemplo, por David Álfaro Siqueiros o elogiados por los soldados en los corridos de la Revolución:

> Durito ha escrito en el caparazón de la tortuga, con letra grande y decidida: '*PEGASO. Copy Rights Reserved*'. Y, abajito, '*Favor de abrocharse los cinturones*'. [...] Después de unos minutos, puedo leer en el flanco izquierdo de *Pegaso: 'Sección de Fumadores' 'Prohibido el paso a charros sindicales' 'Espacio*

> *libre para anuncios. Informes en Durito's Publishing Company'*. Yo creo, sin embargo, que no hay ya mucho espacio libre, el anuncio ocupa todo el flanco izquierdo y la retaguardia de *Pegaso* (DD 39, comunicado del 15 de abril de 1995).

La desacralización de los símbolos revolucionarios no termina con Pancho Villa. Con su irreverencia habitual, Durito transforma el famoso lema del Secretario de Estado José Vasconcelos –"Por mi raza hablará el espíritu"– en la fórmula de despedida "Por mi raza hablará el rock" (DD 59, comunicado de mayo de 1995). Esta parodia es tanto más significativa cuanto el lema de Vasconcelos ha llegado a ser una de las frases fundacionales del discurso posrevolucionario oficial y, hasta la actualidad, es el lema oficial de la Universidad Nacional Autónoma de México. Más precisamente proclama que las aportaciones de las distintas razas deben fundirse y que este mestizaje debe constituir el fundamento de la raza latinoamericana, ser su base y la garantía de su futuro espíritu, belleza y libertad. Al burlarse de ella, Marcos desenmascara el uso que la retórica oficial hizo de los escritos de Vasconcelos y apunta posiblemente a la distancia que separa esta retórica y la realidad, que mide entre la inclusión del aporte indígena en el discurso sobre el mestizo y su exclusión en la práctica. Pero la sustitución de la palabra 'espíritu' por 'rock' también traduce una aspiración de desplazar a la 'alta' cultura que es el privilegio de una élite por las formas de cultura más populares y más accesibles a un gran grupo de personas.

Si de modo general hablan de cosas distintas, los textos de Durito retoman por tanto algunos temas tratados en los relatos del Viejo Antonio. Como en éstos, también en aquéllos se reescriben ocasionalmente los grandes relatos de la historia mexicana y en ambas series Marcos impugna las versiones historiográficas dominantes. El ejemplo precedente demuestra que es legítimo afirmar, en efecto, que también los textos integrados en *Don Durito de la Lacandona* deconstruyen el relato del nacionalismo revolucionario y contribuyen de esta manera a abrir una brecha en el empleo grandilocuente que los políticos en el poder hacen de los símbolos derivados de él. Pero cabe observar que la forma en la que lo hace Marcos es distinta. En *Don Durito de la Lacandona* el tono es irónico y satírico, la parodia está omnipresente y es difícil hablar de narraciones acabadas ya que la estructura de los textos a veces es muy fragmentaria. Este último rasgo podría explicar por qué, contrariamente a los *Relatos de el Viejo Antonio*, el título del libro *Don Durito de la Lacandona* carece de una referencia genérica.

Los textos sobre Durito no sólo parodian los relatos de la modernidad mexicana posrevolucionaria sino que en ellos Marcos también se muestra escéptico frente a diversos 'grandes relatos' que circulan a escala más amplia en el llamado mundo occidental. Algunos de estos distanciamientos –como la crítica de la modernidad excluyente– son perfectamente acordes con el proyecto político de los zapatistas, otros pueden parecer más bien inesperados. Marcos exhibe, por ejemplo, su escepticismo con respecto a las vanguardias de izquierda que, de haberlo querido los zapatistas, hubieran podido convertirse en sus aliados principales. En el comunicado siguiente se distancia de los discursos izquierdistas de un modo irónico al delegar en la voz de Durito una lección sobre lo que es una revolución:

> El primero se refiere al carácter del cambio revolucionario, de este cambio revolucionario. Se trata de un carácter que incorpora métodos diferentes, frentes diversos, formas variadas y distintos grados de compromiso y de participación. Esto significa que todos los métodos tienen su lugar, que todos los frentes de lucha son necesarios, y todos los grados de participación son importantes. Se trata, pues, de una concepción INCLUYENTE, antivanguardista y colectiva. El problema de la revolución (ojo con las minúsculas) pasa de ser un problema de LA organización, de EL método, y de EL caudillo (ojo con las mayúsculas), a convertirse en un problema que atañe a todos los que ven esa revolución como necesaria y posible, y en cuya realización todos son importantes (DD 57, comunicado de mayo de 1995).

Marcos critica aquí el modo esencialista y dogmático en el que los conceptos relativos al ideario revolucionario a veces han sido empleados. Asimismo desenmascara como falsas las oposiciones ideológicas en las que se basan esas construcciones. Ya no funciona la presentación del mundo en un campo bueno y otro malo. Refiriéndose a los Maquiavelos modernos, dice: "Y aquí aciertan, pero sólo en lo que se refiere a que la relación entre ética y política no es un asunto fácil de resolver con la definición de bandos: malos *versus* buenos" (DD 100, comunicado del 14 de enero de 1996). Tampoco ya es posible dividir el mundo según las viejas categorías políticas. En un extenso texto de 1994, titulado "La larga travesía del dolor a la esperanza" (22 de septiembre de 1994, en *EZLN2*: 49) cuestiona la utilidad de tales categorías cuando se trata de reflexionar sobre el objetivo principal de los zapatistas, la creación de un espacio democrático: "Respecto a la lucha democrática no son tan claras las ubicaciones de centro, derecha e izquierda" (*ibíd.*: 66). Casi dos años después vuelve a cuestionar las mismas categorías en una ponencia destinada a ser leída en el Encuentro Intercontinental para la Humanidad y contra el Neoliberalismo (ponencia del 30 de julio de 1996, en *EZLN3*: 323). Con estos distanciamientos quiere mostrar que los zapatistas son capaces de reconocer el aspecto construido de los discursos, la índole subjetiva de las representaciones de la realidad, vengan de quien vengan. Su propio discurso extrae su legitimidad en gran parte de ese 'juego posicional' frente a los discursos 'ideológicos' del pasado. También particulariza a los zapatistas el hecho de que despliegan un esfuerzo constante por evitar caer en el mismo error de proponer nuevas certezas, nuevos catecismos y nuevos binomios.

La práctica de Marcos, que consiste en parodiar y desestabilizar los grandes relatos, tiene implicaciones inclusive para el retrato que hace del EZLN. Al presentarlo en términos relativizadores y muchas veces burlones, Marcos se distancia de las imágenes petrificadas y solemnes de la guerrilla que la muestran como una vanguardia. En un comunicado cuenta cómo se reunió la célula de estudio político y actividades culturales del EZLN con motivo de buscarse un nombre: "En honor a Etore [*sic*] Scola nos autodenominamos 'sucios, feos y malos'. Pero hubo protestas, Camilo dijo que sucios y feos puede ser, pero lo de malos era una visión simplista y maniquea. Camilo proponía cambiar 'malos' por 'groseros' y quedó 'sucios, feos, malos y groseros'" (DD 68, comunicado del 30 de junio de 1995). Mediante tales ejercicios irónicos de autorrelativización, quiere mostrar que los zapatistas no se ven a sí mismos como los salvadores del mundo, no pretenden poseer la verdad ni conocer la solución de todos los problemas. Este componente del retrato de la guerrilla también aparece en una conversación entre el Subcomandante y el comandante tojolabal Tacho durante la cual los zapatistas no son presentados como los que conocen las respuestas o poseen la sabiduría sino como los que no se cansan de hacer preguntas a los demás:

> –¿Qué te parece el caracol?
> –¿Cuál caracol? –le respondió el Sup, siguiendo con la tradición zapatista de respuestas que son preguntas, el eterno juego de la interrogación frente al espejo (DD 160, comunicado del 12 de octubre de 1996)[8].

Al insistir en que el EZLN es un movimiento que interroga de manera sistemática, Marcos le hace un retrato esencialmente antivanguardista. El hecho de que relativice la importancia del EZLN y de que se muestre escéptico frente a la razón única en la que se inspiran los movimientos de vanguardia, son dos rasgos que destacan en las descripciones que hace de los zapatistas:

[8] La costumbre de formular preguntas también rige las relaciones del EZLN con la sociedad. Al 'profesor tal y tal' de la UNAM, Durito le escribe: "Permítame usted que este punto quede aquí señalado (es decir, señalando un problema y no una solución)" (DD 55, comunicado de mayo de 1995).

> ¿Una nueva moral? ¿Una moral mejor? ¿Más exitosa? ¿Más eficaz? ¿Es lo que ofrecemos? Negativo. Cuando menos en lo que se refiere a nosotros los zapatistas. Nosotros pensamos que esa nueva relación no será producto de una sola fuente (el neozapatismo en este caso) (comunicado del 14 de enero de 1996, en *EZLN3*: 118)[9].

Cabe recordar aquí que al retrato antivanguardista del EZLN le hace pareja el autorretrato de Marcos y su *alter ego* Durito. Durito, el caballero andante mexicano, en cierto momento da la orden que corresponde al cuarto punto de su plan de ataque de replegarse estratégicamente cuando empieza a llover (DD 28, 17 de marzo de 1995) y un comunicado posterior sugiere que el repliegue ha llegado a ser una costumbre de caballero y escudero: "Empieza a llover y, como todo escudero que se precie de serlo, abandono guardia y amo, corro y me refugio en mi techo" (DD 35, comunicado del 4 de abril de 1995). El carácter desafiante propio del héroe épico es suplantado aquí por la imagen del héroe cobarde. Un antihéroe, en fin. Es significativo de esta vena del discurso de Marcos –que no se limita al libro sobre Durito– el hecho de que también se presenta frecuentemente en compañía de un grupo de niños. En comparación con los rasgos que componen el retrato del Viejo Antonio, las descripciones de esos niños carecen de ingredientes etnocéntricos. Marcos nos presenta a niños corrientes, traviesos, pesados o ingeniosos y aunque señala las condiciones miserables en las que viven, el retrato que hace de ellos es al mismo tiempo tierno y divertido y no sólo quiere despertar la compasión del lector. Allí están la Toñita que le niega a Marcos un beso porque "mucho pica" (DD 85, 23 de diciembre de 1995), la Yeniper que no acepta que se le diga Jenifer –"yo digo que se llama Jenifer, pero ella me corrige a cada rato y me hace repetir Yeniper hasta que se da por vencida ante mi torpe pronunciación" (comunicado del 10 de noviembre de 1995 en *EZLN2*: 59)– y el Olivio que habla de manera incomprensible:

> Olivio declara con firmeza que blgb-aclug. Yo no me dejo intimidar y, como si fuera secretario de relaciones exteriores defendiendo el derecho de asilo de la antigua política mexicana, respondo con un splf-glgl rotundo (teniendo cuidado de que la 's' del *splf* se alargue lo suficiente como bañar a Olivio de saliva). Creo que logré impresionarlo porque me respondió con un mglu-aclug dubitativo (*ibíd.*).

Una y otra vez los niños acaban de obtener de Marcos lo que se habían propuesto y le convierten de esta manera en una parodia del mito del guerrillero.

---

[9] Véanse igualmente los comunicados del 8 de agosto de 1994 (en *EZLN1*: 309) y del 18 de marzo de 1996 (en *EZLN3*: 194).

La muestra más extrema de la parodia de Marcos es que en los relatos de Durito se burla hasta del mensaje medular del EZLN que él mismo expresa en otros textos y más en particular en los *Relatos de el Viejo Antonio*. La idea de que los desposeídos, desde los márgenes, forman la piedra angular de la historia y de la nación, es socavada. Don Durito quiere mostrar a su escudero que, en la historia y la naturaleza, lo pequeño sostiene a lo grande. Con tal fin trepa a su pequeño piano que se encuentra encima de su más pequeño escritorio: "El argumento se cae junto al piano y Durito queda abajo quedando, después de esta aparatosa operación, con el piano y el escritorio encima de su caparazón" (DD 90, comunicado del 16 de enero de 1996). La tesis de que los marginados son el motor de la historia es desmentida en una escena que provoca risa y que sugiere que el discurso del EZLN está tan históricamente construido como cualquier otro, no aspira a tener valor universal ni pretende decir verdades fundacionales. El escepticismo frente a la razón única, la voluntad explícita de no presentarse como un movimiento de vanguardia, la parodia de varios discursos históricos así como el hecho de burlarse de los fundamentos de su propio mensaje son prácticas que permiten enlazar al EZLN con el posmodernismo tal como viene definido en la literatura acerca de los zapatistas y con la definición del posmodernismo propuesta por Hutcheon.

Varias contradicciones empero muestran los límites de estas prácticas. Así, el rechazo de algunas viejas certezas sólo en una primera lectura puede definirse como un indicio de una actitud sistemáticamente antiesencialista y reacia a los conceptos políticos o sociales absolutos que puedan redimir y que tengan una validez universal. En los textos de Durito, los conceptos 'Pueblo' y 'Método' alguna vez son desenmascarados como construcciones retóricas al servicio de un proyecto político dogmático pero son sustituidos por otros tantos términos no menos construidos como 'los derechos de los pueblos' y 'la memoria' que Marcos asume como formaciones prediscursivas, ya que los utiliza según una aproximación globalizante y ahistórica. Dichas palabras aparecen con un artículo definido y sin los signos irónicos y desenmascaradores empleados cuando se trata de llamar la atención sobre el carácter históricamente construido de otros conceptos. Globalmente, el hecho de que un concepto sea o no deconstruido es un indicio de la importancia que éste tiene dentro de la guerrilla. Más en concreto, los conceptos cuya verdad o valor referencial fijo no se cuestionan suelen tener una función estratégica importante en el discurso zapatista y sirven para movilizar fuerzas. La práctica deconstruccionista de Marcos también desvía la mirada de nuevos binarismos –Estado/sociedad civil; mal gobierno/derechos de los pueblos– cuyo carácter construido es más difícil de reconocer porque son más contemporáneos que los binomios rechazados por Marcos. Las problematizaciones de los discursos izquierdistas tradicionales y de los conceptos de izquierda y derecha alternan además con un uso aproblemático de dichos conceptos y la preferencia de Marcos va claramente hacia la izquierda: "cuando México sea libre [...] entonces un pedacito de ustedes, ese que está a la altura del pecho y que, a pesar de las implicaciones políticas o precisamente por ellas, está un poco cargado a la izquierda, será también México" (comunicado del 17 de marzo de 1995, en *EZLN2*: 288)[10]. Aunque el discurso de Marcos tal vez destaque una tendencia deconstruccionista progresiva, sería incorrecto decir que las esencializaciones y las deconstrucciones corresponden respectivamente a una etapa temprana y otra posterior. Al contrario, parece que se alternan en función de la lógica de cada comunicado.

Finalmente, tampoco el ejercicio autorrelativizador se practica de manera consistente puesto que en determinadas ocasiones Marcos presenta al EZLN como una vanguardia. Indicios de esto son el hecho de que el EZLN prediga el nacimiento del "mexicano nuevo" (12 de junio de 1994, en *EZLN1*: 273) y que Marcos describa a los zapatistas como mujeres y hombres "armados de verdad y fuego" (informe del 23 de febrero de 1994, en *EZLN1*: 163; texto del 22 de septiembre de 1994, en *EZLN2*: 57). También conviene anotar que los zapatistas se consideran de todas formas más cercanos a la verdad que los políticos mexicanos en el poder, cuya no-verdad los rebeldes son perfectamente capaces de detectar. Si la duda les asalta cuando se trata de proponer soluciones o respuestas positivas, no les causa dificultad alguna detectar las malas soluciones e identificar a los actores políticos indecentes. Ya se habrá notado también la contradicción que el retrato antivanguardista del EZLN provoca. El análisis de los *Relatos de el Viejo Antonio* ha demostrado que a través del personaje y de la voz del Viejo Antonio los indígenas –en calidad de grupo étnico– son descritos como los depositarios de una sabiduría antigua. Por otra parte, Marcos representa a los guerrilleros zapatistas –en calidad de actores políticos– como ignorantes en busca de la verdad. En la realidad de la lucha guerrillera el grupo de los indígenas y el de los guerrilleros se superponen e imbrican largamente. En el discurso de Marcos, por el contrario, sus retratos son tan divergentes que llegan a contradecirse.

---

[10] Cuando Marcos habla de la 'izquierda' parece utilizar la palabra según la concepción de Mc Caughan en su estudio al respecto, y referirse a aquellos sectores que se dejan guiar tradicionalmente por principios éticos e ideológicos que destacan la igualdad y la justicia social (Mc Caughan 1999: 21).

Pese a estas contradicciones, el compromiso de los zapatistas con la erradicación del mal, en combinación con su negativa de presentarse como los buenos o los que poseen la verdad, sin duda habrá contribuido a su éxito. Es comprensible que la naturaleza doble del movimiento y de la escritura de Marcos, por una parte radical, por otra interrogante, funcione como un imán para numerosos movimientos comprometidos con la suerte de los desposeídos que han llegado a cobijarse bajo su estandarte[11].

5. ¿Es posmoderno el EZLN?

¿Es pertinente decir que el EZLN es una guerrilla posmoderna? La dificultad de contestar estriba en el hecho de que la propia pregunta es problemática. Ya que el vocablo 'EZLN' cubre numerosos aspectos –el origen de la insurrección, los objetivos de los guerrilleros, sus comunicados, los comunicados de Marcos y sus relatos, entre otros– se precisa hilar más fino y distinguir, por lo menos, entre las demandas de los zapatistas y el estilo y el contenido de los textos escritos por Marcos. A mi modo de ver, las raíces de la insurrección zapatista no necesariamente serían mejor comprendidas de recurrirse a una explicación basada en el posmodernismo, incluso se podría argumentar que la propia rebelión es una crítica contra ciertas desilusiones que suelen asociarse con el concepto de posmodernismo. Quien conciba el mundo de manera consecuente 'a la posmoderna' anula la perspectiva utópica y no organiza una guerrilla con la esperanza de crear un mundo nuevo. El EZLN no critica tampoco la razón moderna en tanto que tal sino en la medida en que ella haya conllevado violencia para los excluidos. En este sentido, plantea una crítica a las exclusiones de la modernidad, cuestionando el proyecto discriminatorio de la nación mexicana posrevolucionaria y del mundo global neoliberal. Reclama además para los campesinos de Chiapas y todos los subalternos, estén donde estén, las ventajas materiales y simbólicas de la modernidad cuyo acceso les está vedado. Por otra parte, es verdad que algunos consideran esta crítica de la modernidad excluyente como un elemento constitutivo del posmodernismo latinoamericano.

Si, para explicar el origen y los objetivos del EZLN, se puede prescindir del concepto del posmodernismo sin que el análisis pierda en pertinencia, el

---

[11] Yvon Le Bot, por ejemplo, valora esta ambigüedad y piensa que es una de las fuerzas del movimiento: "La voluntad de conciliar radicalismo y apertura conduce con frecuencia a los zapatistas a adoptar posturas políticas titubeantes y confusas. Su originalidad y su capacidad de invención, sin embargo, derivan de estas tensiones" (1997: 90).

uso del marco de referencias posmoderno no se revela de entrada inútil para hablar de determinados elementos del discurso zapatista. Pero puesto que éste es muy heterogéneo e incluye textos cuyo estilo, género y contenido son sumamente variables, otra vez es necesario hacer distinciones. La declaración de guerra a la que se refiere Daniel Nugent en el artículo citado, dista de ser posmoderna. Por su léxico, los personajes que escenifica y el estilo en el que está redactada, se parece a los textos de los movimientos latinoamericanos de izquierda más tradicionales. Cuando pasamos de ese documento y otros textos más llanamente políticos o periodísticos del EZLN a los relatos de Marcos, la cuestión se complica. Algunos aspectos de los *Relatos de el Viejo Antonio* que hemos destacado en el capítulo dedicado a ellos pueden calificarse de posmodernos si se toman en consideración los criterios que hemos citado al principio del capítulo. La hibridez de las fuentes que vienen de la tradición indígena tanto como de la nacional mestiza y la concomitante desarticulación de la lengua podrían definirse como representativas de un collage posmoderno que borra las fronteras entre diversas formas de expresión. Los relatos también ponen en tela de juicio algunas piedras angulares de la racionalidad occidental que las vanguardias y las guerrillas modernas no solían cuestionar. En algunos casos, cuando se cotejan conocimiento histórico y mitológico, se desmiente la exigencia de verdad inherente en la historiografía y es al mito adonde va la preferencia. También la concepción del tiempo occidental en calidad de movimiento lineal y progresivo es ocasionalmente socavada y la reemplaza una manera de concebir el tiempo como circular y reiterativo. El cuestionamiento de la racionalidad occidental totalizadora y excluyente implica, además, que se cuestionan las jerarquías que la acompañan.

No obstante, uno puede preguntarse si es necesario u oportuno recurrir al posmodernismo para explicar esos rasgos en los relatos del Viejo Antonio. El conocimiento mitológico, el tiempo circular o la aparición simultánea de imágenes premodernas y modernas caracterizan a las culturas indígenas desde hace siglos. Explicarlos a partir de la ascendencia indígena puede parecer más lógico y menos artificioso. En otras palabras, lo que desde cierta perspectiva puede verse como una afinidad entre los relatos y la sensibilidad posmoderna, desde otra se puede atribuir a la influencia indígena o por lo menos a la voluntad de Marcos de sugerir esta influencia en sus textos. La diferencia entre estos dos marcos de interpretación permite explicar algunas divergencias de opinión acerca del lazo entre posmodernismo y EZLN y aclara en particular la reacción de Nugent contra Burbach. Mientras que Burbach 'lee' la rebelión zapatista con herramientas más 'occidentales', Nugent extrae sus instrumentos analíticos de la propia realidad indígena de la que el EZLN ha surgido[12]. El hecho de que ambos compartan su interpretación en cuanto a las raíces y la identidad del movimiento zapatista –esto queda claro del comentario apreciativo de Nugent sobre el análisis de Burbach al que califica de "compelling, competent, and concise description" (1995: 129)– indica que no divergen en lo que toca al fondo de la cuestión.

En cuanto a los textos sobre Don Durito de la Lacandona, es más fácil aclararlos y entenderlos en relación con la sensibilidad y la estética posmodernas. En ellos Marcos ha dejado constancia de su convicción de que la complejidad política no deben ser tratada en términos de un discurso demasiado rígido porque la rigidez conceptual puede provocar la perpetuación de un lenguaje político represivo y posponer las posibilidades de cambio. El Subcomandante desiste de manera particularmente llamativa y a veces contradictoria del uso de un aparato conceptual fijo, niega la pertinencia de las oposiciones ideológicas fáciles y totalizadoras y abandona las clásicas dicotomías entre géneros políticos y literarios, cultura oral y cultura letrada, alta y popular, intersectándolas en distintos grados y formando a partir de todas ellas un solo tejido que desdice las oposiciones acuñadas por el canon de la modernidad. En sus textos sobre Durito, la subversión paródica de los grandes relatos y las concomitantes relativizaciones, si bien no se aplican de manera consecuente, se practican de una manera más coherente que en los relatos sobre el Viejo Antonio, donde los elementos etnocéntricos no sólo desmontan las categorías preestablecidas sino que a veces vuelven a erigirlas según un modelo invertido. Las parodias en los relatos de Durito de las historias monolíticamente construidas conllevan, además, la fragmentación de la propia forma narrativa y la desaparición de las formas realistas. De no ser por otras 'compensaciones', esto podría restringir las posibilidades de que algunos lectores se identifiquen efectivamente con el personaje de Durito. Pero lo que puedan perder los textos sobre Durito por la identidad fantástica del protagonista, lo ganan por su estilo y su tono, culturalmente relativizador y ecléctico, políticamente escéptico e irónico.

Todo, en efecto, parece ir en contra de las ortodoxias y las normas establecidas y dar prueba de una flexibilidad y libertad inusuales en el discurso

---

[12] La crítica que hace Mabel Moraña a la importación de la versión posmoderna en América Latina es semejante a la de Nugent contra la definición del EZLN en términos posmodernos: ambas sirven para establecer la hegemonía de la academia occidental: "La construcción de la nueva versión postmoderna de América Latina elaborada desde los centros responde en gran medida a esos mismos propósitos: hacer de América Latina un constructo que confirme la centralidad y el vanguardismo teórico globalizante de quienes la interpretan y aspiran a representarla discursivamente" (1998).

de un guerrillero. Sin embargo, se han sacado a la luz los límites y el carácter en parte aparente del relativismo y del eclecticismo. Nuestro estudio de la intertextualidad ha conducido a la conclusión de que la ortodoxia o el pensamiento ideológico no desaparecen por completo. Mientras que Marcos pretende no juzgar la literatura según criterios políticos, una lectura crítica de los intertextos ha demostrado que, bajo las apariencias de una gran libertad, acecha el criterio ideológico y la influencia de sus preferencias políticas. Entre otras, las referencias a García Lorca muestran que el Subcomandante recicla textos ajenos y combina las citas de orígenes diversos en una especie de afán por jugar y por adecuarlos a su propio proyecto.

Finalmente, un tema que se ha relacionado poco con la influencia del posmodernismo en el EZLN es el estatuto del sujeto político (el guerrillero) y literario (el autor). Como ya he apuntado, el discurso zapatista sugiere que no importan las identidades individuales y que todos los zapatistas son intercambiables. El pasamontañas, como atributo básico en la indumentaria zapatista, es el símbolo por excelencia de esta descentralización del sujeto en la medida en que significa que éste es intercambiable y, por lo mismo, irrelevante en el contexto zapatista. En cuanto a Marcos, también hemos notado que, al reivindicar todos los aspectos de su identidad, incluso los que se contradicen, quiere escapar a las categorías identitarias que esencializan y proponer una crítica de la noción del sujeto guerrillero. En los textos de Durito tal concepción de la descentralización y fragmentación del individuo se plasma por excelencia en las variaciones de aspecto del escarabajo que incluyen entre otros a los personajes de Nabucadnezar, Don Durito de la Lacandona, el Cid Redivivo y el maestro de Holmes. A su modo, los juegos autorreferenciales en los comunicados contribuyen a la misma desaparición de sujetos y objetos delimitados. Un ejemplo de ello es el personaje del caballo 'bayo bayo'. En cierto momento (DD 88, comunicado del 9 de enero de 1996), Durito relata un cuento sobre ese caballo que huye del cuento a fin de evitar que sea comido por una familia que pasa mucha hambre. El caballo vuelve a aparecer en dos comunicados, varios meses después (DD 140, comunicado del 5 de julio de 1996 y DD 163, comunicado del 12 de octubre de 1996). Entonces sigue en busca de un cuento donde pueda ser él mismo. Los textos no están cerrados, las fronteras se borran en un juego constante, los personajes vuelven a aparecer, a veces bajo identidades distintas.

El cuestionamiento de la noción misma del sujeto y específicamente del sujeto guerrillero (los zapatistas y Marcos) se conjuga con el cuestionamiento del sujeto literario (el autor). En los textos sobre Durito, a la descompartimentación de los géneros y a la mezcla de los registros culturales y lingüísticos les acompaña un cuestionamiento del estatuto del autor. Conviene recordar que Durito no tiene escrúpulos para atribuirse textos escritos por otros, que reclama la invención del tema del cronopio/escarabajo en Cortázar y se apropia de parte de la obra de Brecht. A su manera, las referencias metaliterarias apoyan la descentralización de la función del autor, la idea de la importancia de la actividad lectora e invitan a que se reciclen las obras literarias existentes. Sobre todo, las alusiones a Jorge Luis Borges y a Umberto Eco constituyen comentarios casi programáticos al respecto. Marcos reprocha a Durito que se le estén "confundiendo los tiempos y las novelas" (DD 33, comunicado del 4 de abril de 1995) y éste lamenta que aquél no esté al tanto de las teorías más recientes de Umberto Eco (DD 91, comunicado del 14 de enero de 1996). Además, Durito está convencido de que la naturaleza imita al arte (DD 33, comunicado del 4 de abril de 1995; DD 67, 30, comunicado de junio de 1995; véase también ponencia del 31 de julio de 1996, en *EZLN3*: 329) y de que no se completa la obra abierta hasta que el lector no se convierta en coautor (DD 92, comunicado del 14 de enero de 1996). Con tales referencias Marcos parece decir que no es natural la distinción que hacemos habitualmente entre discurso y realidad, que sus relatos, por consiguiente, no son referencias miméticas de la realidad sino que crean otra realidad paralela al EZLN, que en esta otra realidad la intertextualidad y el diálogo constituyen un rasgo central y que, por lo mismo, es problemática la categoría literaria del autor como sujeto individual que produce un texto único. Esta concepción descentralizada del estatuto del autor coincide con el estatuto que se otorga el propio Marcos en la medida en que él y los zapatistas del CCRI-CG han dicho que, como autor, Marcos puede ser sustituido por otros zapatistas.

La escritura de Marcos parece basarse en la idea posmoderna de que cada texto es un palimpsesto. Su ceiba en el sureste mexicano se convierte en una biblioteca laberíntica de la que cada cual puede copiar y en la que cualquiera lo puede sustituir. El texto ya no es propiedad privada de un autor sino que se convierte en el resultado de una colectividad. El hecho de que Marcos no reclame ninguna forma de *copyright* sobre sus textos va en la misma dirección en la medida en que cuestiona la concepción monopolística de un texto (Irr 2003: 239)[13]. Esta descentralización de la función del autor, que implica su relativización, moldea a Marcos como autor y contri-

[13] Llama la atención que, en las publicaciones en torno a los zapatistas, se encuentren artículos sin firma, que haya un libro entero que no tiene autor (*Invitation au voyage*), que se pirateen los textos zapatistas...

buye a asentar su prestigio individual como escritor. Al adoptar ciertos elementos del registro estético y filosófico del posmodernismo, el Subcomandante prueba que está al tanto de las últimas tendencias culturales y, al citar y parodiar, muestra que tiene buenos conocimientos literarios. De manera paradójica, así ha dado a un corpus de comunicados guerrilleros el estatuto de un discurso de autor, se ha afirmado como un escritor individual y algunos ya le atribuyen un sitio en el canon literario de México.

EPÍLOGO

Al reflexionar sobre la narrativa testimonial en un artículo titulado "The Margin at the Center: On Testimonio (Testimonial Narrative)", John Beverley se preguntaba si las luchas sociales entrañan la creación de nuevas formas de literatura o si es más bien una cuestión de representar estas luchas de manera adecuada en las formas narrativas existentes (1996 [1989]: 23). En el libro que publicó en 1990 sobre las literaturas centroamericanas, contestó junto con Marc Zimmerman afirmativamente a la primera pregunta (1990: 172), adjudicando las presiones sobre el sistema de los géneros literarios, y más precisamente la aparición y la 'muerte' del testimonio, a los cambios sociales que, a su vez, resultan de las luchas por la liberación nacional. De esta manera, los nuevos contextos políticos habrían hecho que la poesía, un género literario tradicionalmente privilegiado en Centroamérica, perdiera su preeminencia frente a un nuevo género, el testimonio. Por su parte, el novísimo contexto estimularía nuevas formas de literatura que no fueran testimoniales, menguaría la importancia de la literatura en sí y fortalecería los medios de comunicación de masas y las expresiones variadas de cultura popular (*ibíd.*: 49). La pregunta inicial de Beverley surgió de sus reflexiones sobre el testimonio literario cuando aún se consideraba como un género relativamente 'nuevo' en el momento de la primera aparición del artículo. Cuando éste se volvió a publicar siete años después en el volumen *The Real Thing. Testimonial Discourse and Latin America* (1996), el testimonio había abandonado definitivamente su posición 'desterritorializada' para incluirse en el canon literario de la academia occidental. El compilador del volumen, Georg M. Gugelberger, dijo entonces que deploraba la capacidad creciente del sistema para transformar lo anticanónico en obligatorio e incitó a los investigadores a encontrar y estudiar nuevos desarrollos que tuvieran el potencial que tenía el testimonio años atrás, lo cual no dejaba de ser una llamada contradictoria, pues de esta manera estos desarrollos no iban a tardar a 'neutralizarse' a su vez.

La segunda parte del volumen editado por Gugelberger trata enteramente de tales desarrollos en la época 'postestimonial', siendo su última contribución un artículo más reciente de Beverley titulado "The Real Thing". Dicho artículo termina con la palabra 'Chiapas', una metonimia con la que el autor se refiere a la rebelión del EZLN. A la pregunta sobre qué queda del 'deseo llamado testimonio', Beverley contestó entonces: "There are many ways one could answer this question, but it might be enough to say simply, understanding that it has functioned politically as something like what Lacan meant by the Real, Chiapas" (1996: 282). El autor toma prestado el término 'deseo' de Fredric Jameson, quien lo utilizó para referirse a los estudios culturales. Jameson describió el 'deseo llamado estudios culturales' como el proyecto de constituir un bloque histórico que formara la base de una nueva disciplina. En cuanto a lo real, según Beverley, en la acepción que le dio Lacan significa lo que resiste de manera absoluta la simbolización (*ibíd.*: 266), lo que provoca un fuerte efecto de desfamiliarización (*ibíd.*: 274) o incluso lo que cancela la idea de que una forma particular de expresión cultural pueda constituir una representación adecuada de la realidad (*ibíd.*: 273). En otras palabras, Beverley opina que la rebelión de Chiapas ha causado un fuerte choque, tiene un efecto de enajenación y es difícilmente 'representable'. El artículo no profundiza en la relación entre la insurrección zapatista y el género testimonial, de manera que la referencia a Chiapas queda un poco en el aire. Es probable que la falta de perspectiva –el autor redactó su contribución en 1995– hiciera que la conexión aún no le resultara enteramente clara. Pero el hecho de que la palabra Chiapas aparezca al final del artículo y que, por consiguiente, sea la última palabra en una colección de textos dedicados al testimonio y otras formas de literatura afines, puede interpretarse como un reconocimiento implícito o una intuición de parte del autor y del compilador de que los textos del EZLN tienen cierta relación con el género pero también se desvían de él.

La misma intuición de que los relatos de Marcos ocupan una posición bisagra parece presidir la selección de la contribución de Cynthia Steele, "The Rainforest Chronicles of Subcomandante Marcos" como último texto del volumen que Ignacio Corona y Beth E. Jörgensen compilaron sobre la crónica mexicana contemporánea (2002). Los editores del libro opinan que los textos de Marcos añaden un capítulo a la historia de la crónica en la sociedad mexicana (*ibíd.*: 20) y afirman que la contribución de Steele sirve como apertura hacia otras expresiones y estudios: "Steele's essay, rather than representing a 'closure' to the volume, constitutes an invitation to continue reflecting along these lines" (*ibíd.*: 244). También en este estudio, por lo tanto, los textos de Marcos se relacionan con un género, la crónica, ante el cual se presentan a la vez como afines con las formas conocidas y orientados hacia al futuro. Según Corona y Jörgensen, en el caso de Marcos la diferencia estriba en que el Subcomandante es a la vez el cronista del EZLN, al que también llaman el "*testimoniante*", y el sujeto que hace la acción (*ibíd.*: 244). En cambio, Steele, unas páginas más lejos, identifica al cronista Marcos con el autor del testimonio, "testimonial author" (*ibíd.*: 248). El hecho de que los investigadores mencionados relacionen los textos de Marcos con el género del testimonio y la contradicción entre la calificación de Corona/Jörgensen y la de Steele, sugieren una perspectiva desde la cual se puede calibrar en qué medida los relatos de Marcos son tradicionales y/o novedosos.

Si hay un rasgo que acerca las posdatas y los relatos con resonancias indígenas al género del testimonio es que supone cierto alejamiento de los modos culturales, tradicionalmente más bien elitistas a favor de literaturas menores y populares. Además, tal y como los narradores de los testimonios, Marcos relaciona los contextos de lucha rural y urbana con miras a mantener la práctica de los movimientos de solidaridad. También es verdad que la función de Marcos se parece a la del compilador o del autor del testimonio en la medida en que es el 'traductor', el intermediario. El punto de convergencia más importante de los relatos de Marcos con el testimonio, sin embargo, es que en ambos casos se trata de alegatos a favor de un cambio drástico en las relaciones de fuerzas sociales y políticas. Pues, los relatos no sólo incluyen lo que Raymond Williams (1986: 12) ha llamado aspectos 'indicativos' que reflejan la realidad y describen la situación en Chiapas, en México y en el mundo globalizado, sino que también y sobre todo son 'subjuntivos' (*ibíd.*) porque quieren orientar al lector hacia cambios radicales, imposibles de realizar dentro del orden político y social establecido. Este aspecto, por lo demás, emparenta los relatos de Marcos igualmente con textos literarios que no son narraciones testimoniales. En la medida en que se propone presionar a favor de la democratización de México y transformarlo en un genuino Estado multicultural y pluriétnico, y salvadas las grandes diferencias de época, estilo y género, Marcos se inscribe en una tradición y actualiza una práctica de varios fundadores de las modernas naciones latinoamericanas, como Rómulo Gallegos, Andrés Bello o José Martí, quienes escribieron novelas y poesía a fin de construir y dar una forma peculiar a sus respectivas naciones (Sommer 1995: 73). También continúa el trabajo de los poetas en las repúblicas centroamericanas en los años sesenta y setenta cuya poesía quiso tener una relevancia social y política inmediata (Beverley y Zimmerman 1990). Como ellos, el Subcomandante da cuerpo a un proyecto político por medio de una ficción nacional fundacional e intenta implementar esta ficción mediante proyectos legisladores y campañas militares. Pese a los diagnósticos contrarios (Herlinghaus y Walter 1994: 21; Lecuna 1999), su práctica como escritor podría ser un indicio de que en determinados círculos en México y en América Latina en general sigue viva la fe en el poder de la literatura cuando se trata de dar fuerza a demandas políticas y de cambiar las maneras de concebir la sociedad.

Si el objetivo de Marcos se inscribe en una tradición fuertemente arraigada, la combinación peculiar de formas mediante las cuales intenta conseguir este objetivo es menos tradicional. Sus relatos llaman la atención sobre todo por su índole fronteriza e híbrida. En los cuentos analizados Marcos no se presenta de manera consecuente ni como el narrador del testimonio, el 'testimoniante' representativo de la comunidad, ni tampoco como el autor/compilador que interviene en la redacción de los testimonios de otros. Está *in-between*, entre los dos. A veces, como el testimoniante tradicional, se afirma en tanto individuo en el modo colectivo, a menudo, sin embargo, se presenta en el modo individual bajo la forma de un héroe problemático que hace pensar en la novela burguesa o en la novela picaresca en las que suele haber una diferencia marcada entre el 'yo' y la comunidad. Perfila al mismo tiempo sus afiliaciones al campo y a la ciudad; es el indígena protagonista de la lucha del EZLN y también el mestizo externo que ha ido a vivir en las montañas; es el interlocutor de intelectuales prestigiosos y a la vez el antihéroe de sus propios relatos; aboga por un México soberano pero simpatiza con los posnacionalistas; dice luchar por la 'mujer nueva' al mismo tiempo que se retrata como un verdadero machista. Su *locus enuntiationis* como autor es tan ambiguo como su autorretrato como narrador y personaje de tal manera que las contradicciones forman parte integral de su imagen y casi podría decirse que la forman *tout court*. Pero el discurso contradictorio mediante el que Marcos construye los variados aspectos de la lucha zapatista y de su propio retrato es uno de los términos de otra contradicción más global ya que, a pesar de que ni su autorretrato ni su *locus enuntiationis* lo habiliten para 'hablar por' los indígenas, Marcos ha seguido haciéndolo después de muchos años de sublevación.

El que sus narraciones se desvíen de los testimonios porque suponen una relación menos transparente con la realidad, también se desprende de los protagonistas de sus relatos, que son personajes literarios en una trama ficticia. A su manera, esta opción implica que disminuye el reclamo de representatividad y confirma la dificultad de transparencia del discurso, de transposición fiel entre la realidad y el texto. Al revés, señala el carácter mediatizado de la relación entre ambos así como la índole subjetiva de la experiencia de la realidad. Además, en cierto sentido, los protagonistas de los relatos reflejan las diversas facetas de la identidad de Marcos. El Viejo Antonio representaría más bien su 'filiación' indígena mientras que Durito puede relacionarse igualmente con su formación mestiza y su cultura cosmopolita o internacional. Al proponer a ambos personajes como emblemas literarios del EZLN, Marcos invita también a que se hagan dos 'lecturas' de la lucha zapatista que se podrían resumir recurriendo a los términos acuñados por Paul Gilroy, quien distingue entre la *roots dimension* y la *routs dimension* (en Childs y Williams 1997: 45). La primera es la dimensión de las raíces, de la identidad adquirida y está representada de manera eminente en la figura y los relatos del Viejo Antonio que giran esencialmente en torno a la identidad indígena y los pueblos autóctonos de México sin que rechacen la herencia mestiza, por lo menos no como una base para la construcción del futuro. La *routs dimension*, que es la del viaje incansable, es representada sobre todo por el escarabajo Durito que no está nunca en reposo, cuya identidad reside en una búsqueda permanente y que, en calidad de caballero andante, prueba su suerte como espalda mojada en EE.UU. y visita el DF como turista de la provincia. Ambos personajes también dejan constancia de la diversidad de lenguajes sociales –a veces contradictorios– absorbidos y transformados en los relatos, como son los del México posrevolucionario, del indigenismo, de las subculturas contestatarias y de la posmodernidad occidental. De esta manera, aparte de que dan cuenta, cada uno a su manera, de diversos aspectos de la identidad del propio Marcos y de la lucha zapatista, el Viejo Antonio y Durito permiten que varios tipos de lectores se identifiquen con el EZLN.

La crítica del discurso político mexicano, las reescrituras de la historiografía dominante y el abandono de las premisas de representatividad sobre las que se funda el género testimonial corren parejas con otro alejamiento, frente al tradicional 'mester de rebeldía' izquierdista. En este sentido, los cuentos sobre Durito, por ejemplo, no sólo son lo que sostiene Armando Bartra, un pastiche de la novela de caballería (1998: 12) sino que, de la misma manera en la que Cervantes reescribió viejos géneros parodiándolos y confrontándolos con elementos de la cultura popular contemporánea, los textos sobre Durito y los relatos del Viejo Antonio se alejan de las tradicionales escrituras de compromiso en América Latina en la medida en que éstas fueran tristes y dogmáticas. Desmistifican el mesianismo de una cultura de la resistencia, solemne, austera y llanto de víctima. Si esas escrituras –también las más humorísticas como la de Roque Dalton (Benedetti 2000)– a menudo politizaban los géneros literarios, Marcos 'literaturiza' el género político del comunicado guerrillero, quizás con la esperanza de que la realidad efectivamente acabe por imitar al arte y que la vida se haga más amena. Los recursos literarios que usa para tal fin coinciden con muchos de los utilizados por Cervantes. Combina y entrecruza lengua popular y lengua culta, varía sus recursos y los acumula jugando con las palabras. Y, sobre todo, Marcos comparte con el gran escritor español la opción por buscar un equilibrio entre la pedagogía y el entretenimiento y por evitar que la narración se sacrifique demasiado a la moralización.

Pero son precisamente el carácter literario de muchos textos de Marcos y el tono humorístico y burlón de algunos de ellos los que suscitan la pregunta acerca de su relevancia política o social. El que el propio Marcos haya reflexionado sobre el alcance de sus relatos, lo demuestran las referencias metatextuales en éstos. Al pedirle a Durito que no dilate innecesariamente sus peroratas sobre su mal de amores, lamenta que estos fragmentos largos e insustanciales sólo le echen sobre las espaldas la crítica de los redactores jefe de los periódicos:

> Yo lo conmino a terminar de una vez la historia: ¡Más vale que te apures porque ya llevamos varias páginas y no va a haber periódico que publique esto! De por sí dicen que sólo uso de pretexto los comunicados para mandar lo que se me ocurre (DD 34, comunicado del 4 de abril de 1995).

Se debe apuntar, sin embargo, que Marcos apenas cuestiona abiertamente su actividad literaria en un tono que no sea el de la burla.

Otros, en cambio, han sido mucho más severos. La prosa de Marcos, el privilegio que otorga a cierto hedonismo estético, han merecido el desprecio por parte de diversos dirigentes revolucionarios más ortodoxos como el salvadoreño Schafik Handal, quien calificó a Marcos de 'bufón' (en De la Grange y Rico 1998: 49), del Ejército Popular Revolucionario, cuyos líderes se refieren a los zapatistas en términos de 'guerrilla lite' y de 'guerrilleros poetas' (en Correa y López 1996: 22; Le Bot 1997: 115) y de ETA que, cuando rechazó la propuesta de Marcos de buscar juntos una solución al conflicto armado en el País Vasco, dijo: "También queremos dejarle claro que no está en nuestros objetivos formar parte de ningún tipo de 'pantomima' u 'opereta' para poder ganar el favor de las portadas de los periódicos internacionales, las páginas web o ser un motivo para la próxima camiseta de moda en la Gran Vía madrileña" (comunicado de ETA en *La Jornada* del primero de enero de 2003). Según esos guerrilleros, que perciben literatura y acción como los dos polos de una contradicción lógica y oposición real, los zapatistas confieren un peso exagerado a la manera de salir en escena y a la literatura, lo cual iría en detrimento de su eficacia en términos políticos.

Incluso aunque muchos prefieren sin duda las armas literarias de los zapatistas a las de fuego empleadas por el EPR y ETA, la crítica de estos últimos impone una pregunta que, si bien no la podemos contestar, es imperativo formular. Más precisamente nos hace preguntarnos en qué medida los miles de páginas de textos del EZLN y en particular los cientos de páginas de narraciones de Marcos han contribuido a cambiar la política mexicana y las maneras en las que se considera y representa a los pueblos indígenas.

Mientras que una respuesta empírica a esta pregunta exige una investigación sociológica y métodos de análisis fuera de nuestro alcance, sí podemos ilustrar brevemente una de las maneras en que el Estado ha respondido a esa 'guerra de palabras' desencadenada por los zapatistas (véanse sobre el tema también Huffschmid 2001 y Montessori 2001). A menudo, las reacciones oficiales muestran que, por más 'lite' que sea, la prosa de Marcos logra incomodar a los funcionarios y poner en jaque el discurso oficial. La mera opción del Subcomandante por intercalar referencias literarias en comunicados básicamente políticos, amén del hecho de que salte de un registro posmoderno a otro indigenista, de que primero reivindique a los héroes de la Revolución para luego desacralizarlos, son recursos que desautomatizan su discurso e introducen una suerte de extrañamiento que hace que sus textos sean inaprensibles para un político que espera un manifiesto al que pueda replicar.

Una anécdota permite ilustrar la desorientación de los políticos. El 11 de mayo de 1999, el periódico mexicano *La Jornada* publicó una breve nota (pág. 7) en la que reportaba una reacción de Alejandro Carrillo Castro, el comisionado del Instituto Nacional de Migración (INM), frente al comentario que Marcos había hecho con respecto a Federico García Lorca. Recordemos que el 8 de mayo, Marcos había leído un comunicado "Los zapatistas y la manzana de Newton" en el Segundo Encuentro entre la Sociedad Civil y el EZLN y que en él había enlazado varios temas entretejiéndolos todos con citas abiertas y veladas de García Lorca. La fórmula de despedida que concluye el texto reza:

> Vale. Salud y le hacemos saber al supremo gobierno que un extranjero se ha colado a este encuentro y transgrediendo leyes en él ha participado. ¿Su nombre? Federico. ¿Sus apellidos? García Lorca. Disfrazado se ha de muerto y oculto entre las páginas de un libro llega cuando "...en las tejas de pizarra / el viento, furioso, muerde".

Se trata de una alusión a la falta de eficacia del Gobierno en su caza de brujas contra los extranjeros que van a Chiapas en apoyo a los zapatistas. El responsable de migración replicó en los siguientes términos:

> Desde antes de que naciera el *subcomandante Marcos*, el pueblo y el gobierno de México le habían dado la calidad de visitante distinguido a García Lorca; ha sido parte de nuestra cultura y creo que fue muy desafortunada esa frase. Insisto, porque Federico García Lorca ha estado en México desde antes que naciera el *subcomandante* (citado en *La Jornada*, 11 de mayo de 1999, pág.7).

La réplica muestra que los símbolos literarios –en este caso el nombre de García Lorca, una figura de relieve para la cultura mexicana (Schneider 1998)– siguen siendo importantes en el ámbito político. Sobre todo si se trata de imágenes susceptibles de ser asociadas con el México indiviso y grande, los políticos quieren seguir monopolizándolas y evitar que sean recuperadas por los zapatistas. Pero la respuesta también ilustra que los hombres en el poder no saben reaccionar adecuadamente a la ironía de Marcos.

Sin duda, los mismos rasgos que han generado la crítica o el silencio de los políticos y el desdén de las guerrillas tradicionales, habrán garantizado que un público amplio haya sido cautivado por la escritura de Marcos. Una vez más, es difícil determinar los resultados concretos que derivan de esa seducción pero lo que es cierto es que el EZLN no está en una posición envidiable. Sin haber conseguido realizar sus principales objetivos y acorraladas y progresivamente empujadas hacia el olvido, las voces de Marcos y de los indígenas se vuelven cada vez más tenues. Como ya dijo Régis Debray varios años atrás, una posición intermedia nunca le es favorable a un revolucionario (1996: 131). En la actualidad Marcos debe sentirse confrontado con un dilema imposible. Si vuelve a tomar las armas, se le va a criminalizar o por lo menos acusar de ser irresponsable; si continúa escribiendo comunicados y relatos sin que éstos surtan efectos políticos concretos, existe la posibilidad de que sea relegado definitivamente a los archivos folclóricos del mester de rebeldía mexicano.

Pero también se puede razonar desde un punto de vista distinto, que es el manejado por Román de la Campa (1999: 19) con respecto al consumo de textos del 'tercer' mundo por lectores del 'primero'. De la Campa adjudica el éxito de estos textos a sus propios méritos artísticos pero al mismo tiempo al hecho de que evocan una hibridez social, cultural y étnica que interesa al lector primermundista porque refleja los cambios internos en su propio mundo. Si esto fuera verdad, los relatos de Marcos entrarían en la misma lógica que el testimonio de Rigoberta Menchú (véase Gugelberger 1996) y ya habrían sido 'apropiados' a favor de la causa de la política izquierdista en EE.UU. que lucha por una reforma curricular multicultural (*ibíd.*: 23). Navegando por la Red, se descubre, en efecto, que los relatos del Subcomandante se leen en algunos cursos universitarios en los EE.UU. y se combinan con otras lecturas 'multiculturales' como la de *Borderlands. La Frontera. The New Mestiza* de Gloria Anzaldúa (véase también Correa-Díaz 2000). Por su parte, Juan Villoro ha relacionado de manera explícita el interés que existe por el EZLN en Europa y en los círculos liberales de EE.UU. con una demanda de exotismo y una Latinoamérica folclórica: "The developed countries have demonstrated a need for a utopia of backwardness, a place where their wilderness dreams can still come true, an ideological theme park, sufficiently removed so as not to affect their own reality, but close enough to travel there and write a Ph.D.thesis. In Mexico, Chiapas is a case in point" (2002: 66).

Todo esto, sin duda, es verdad. Con todo, no se puede descartar que la lectura y la canonización de los relatos de Marcos y demás textos escritos en el marco de la lucha zapatista tendrán igualmente consecuencias positivas, aunque sea a largo plazo. En su trabajo sobre la representación de los pueblos llamados primitivos, Marianna Torgovnick (1990) observó que las ideas sobre esos pueblos y la tendencia persistente que existe en 'occidente' de presentar al 'tercer mundo' como primitivo, han contribuido a hacer posibles la partición de África, la invasión de Etiopía o la 'solución final' para judíos y gitanos, por ejemplo (*ibíd.*: 13). Si seguimos su razonamiento, de la misma manera pero al revés, las imágenes literarias y otras que Marcos y los demás zapatistas han difundido con respecto a la situación de los pueblos indígenas, aunque no siempre sean radical o consecuentemente emancipadoras ni tampoco totalmente nuevas, habrán contribuido a dar a conocer el conflicto en el sureste mexicano, a cambiar los prejuicios que muchos lectores tenían acerca de los pueblos que allí viven y, quizás, con el tiempo, a cambiar las condiciones de vida de éstos.

Referencias bibliográficas

Alonso, Carlos J. (1998): *The Burden of Modernity. The Rhetoric of Cultural Discourse in Spanish America*. New York/Oxford: Oxford University Press.

— (2000): "Tan lejos de Dios: los Estados Unidos en el imaginario cultural hispanoamericano de fin de siglo", en *Latin American Literary Review*, vol. XXVIII, n° 56, 5-26.

Álvarez Herrera, Elizabeth (1999): "El recuerdo de mis propios pasos", en Rosa Rojas (ed.), *Chiapas ¿y las mujeres qué?* México: Ed. La Correa Feminista, 90-97.

Anderson, Benedict (1991): *Imagined communities*. London: Verso.

Anónimo (1994): "Comunicado de la Coordinación de Comunicación Social del Gobierno de Estado", en *El Financiero*, 2 de enero, 16.

— (1995): "Chiapas es guerra de tinta e Internet", en: *Reforma*, 26 de abril.

— (1997): "La recuperación económica y la estabilidad social: mentiras constantes del gobierno oligárquico", en *El Insurgente* n° 6, febrero <http://www.pengo.it/PDPR-EPR> (30 de septiembre de 2003).

— (1998): *San Andrés. Razón y corazón indígena en el nacimiento del milenio*. México: Juan Pablos Editor/Centro de Reflexión Teológica.

— (1999): "La referencia de *Marcos* a García Lorca es muy desafortunada. Carrillo", en *La Jornada*, 11 de mayo, 7.

— (1999): *Invitation au voyage. Rencontres avec des indigènes zapatistes*. Paris: Editions Reflex.

Anzaldúa, Gloria (1999) [1987[1]]: *Borderlands. La Frontera. The New Mestiza*. San Francisco: Aunt Lute Books.

Aragonés, Ana María (1998): "El EZLN: una historia migratoria. Puente entre lo antiguo y lo moderno", en Dora Kanoussi (comp.), *El Zapatismo y la política*. México: Plaza y Valdés.

Aricó, José (1988): *La cola del diablo: itinerario de Gramsci en América Latina*. Buenos Aires: Puntosur.

Arnson, Cynthia, y Benítez Manaut, Raúl (coords.) (2000): *Chiapas. Los desafíos de la paz*. México: Porrúa/Instituto Tecnológico Autónomo de México, Woodrow Wilson International Center for Scholars.

Arroyo García, Sergio Raúl (1997): "Entre mente y corazones. El papel de algunos estudios sobre mitos y cosmogonía en la historia y la antropología mexicanas (1987-1993)", en: Karl Kohut y Sonia V. Rose (eds.), *Pensamiento europeo y cultura colonial*. Frankfurt/Madrid: Vervuert/Iberoamericana, 280-293.

Ashcroft, Bill (1999): "Modernity's first-born: Latin-American and Post-colonial transformation", en Alfonso de Toro y Fernando de Toro (eds.), *El debate de la postcolonialidad en Latinoamérica. Una postmodernidad periférica o cambio de paradigma en el pensamiento latinoamericano*. Madrid/Frankfurt: Iberoamericana/Vervuert, 13-29.

ASHCROFT, Bill; GRIFFITHS, Gareth, y TIFFIN, Helen (1989), *The Empire Writes Back. Theory and Practice in Post-colonial Literatures*. London/New York: Routlegde.

— (1998): *Key Concepts in Post-Colonial Studies*. London/New York: Routlegde.

AVILÉS, Jaime (2001): *Nosotros estamos muertos*. México: Océano.

AVILÉS, Jaime, y MINNÁ, Gianni (1997): *Marcos y la insurrección zapatista. La "revolución virtual" de un pueblo oprimido*. México: Grijalbo.

BANTJES, Adrian A. (1997): "The Eight Sacrament: Nationalism and Revolutionary Political Culture in Mexico", en Wil G.Pansters (ed.), *Citizens of the Pyramid. Essays on Mexican Political Culture*. Amsterdam: Thela Latin American Series, 131-146.

BARTOLOMÉ, Efraín (1995): *Ocosingo. Diario de guerra y algunas voces*. México: Joaquín Mortiz.

BARTRA, Armando (1998): "Mitos en la aldea global", en Subcomandante Insurgente Marcos, *Relatos de el Viejo Antonio*. San Cristóbal de las Casas: CIACH, 7-17.

BARTRA, Roger (1995): "Cuatro formas de experimentar la muerte intelectual", en *La Jornada Semanal*, Nº 291, 8 de enero, 5-7.

BASCHET, Jérôme (2001): "Chiapas y la escritura de la historia", en: <http://www.h-debate.com/spanish/historia/inmediata/chiapas/baschet.htm>, (6 de noviembre de 2002).

— (2002): *L'Étincelle zapatiste. Insurrection indienne et résistance planétaire*. Paris: Denoël.

BECERRA PINO, Hernán (1999): *Los escritores chiapanecos opinan sobre el EZLN*. México: Edamex.

BEDREGAL, Ximena (1999): "Chiapas. Reflexiones desde nuestro feminismo", en Rosa Rojas (ed.), *Chiapas ¿y las mujeres qué?* México: Ed. La Correa Feminista, 43-56.

BELAUSTEGUIGOITIA, Marisa (2000): "The right to rest: the emergence of Indian female juridical language", en *Development*, Vol. 45. Nº. 5, <www.sidint.org/journal/433Belausteguigoitia.PDF>, (3 de octubre de 2003).

BENEDETTI, Mario (2000): "Roque Dalton, cada día más indócil", en Roque Dalton, *Antología*. Madrid: Visor, 7-16.

BENÍTEZ MANAUT, Raúl (2000): "Los debates sobre el conflicto de Chiapas y los retos de la negociación de paz", en Cynthia Arnson y Raúl Benítez Manaut (coords.), *Chiapas. Los desafíos de la paz*. México: Porrúa/Instituto Tecnológico Autónomo de México, Woodrow Wilson International Center for Scholars, 11-28.

BENJAMIN, Medea (1995): "Interview: subcomandante Marcos", en Elaine Katzenberger (ed.), *First World, Ha Ha Ha! The Zapatista Challenge*. San Francisco: City Lights Books, 57-70.

BERMEJO MORA, Edgardo (1996): *Marcos' Fashion o de cómo sobrevivir al derrumbe de las ideologías sin perder el estilo*. México: Océano.

BETANCOURT, Alberto (1998): "El zapatismo: la intervención de una modernidad alternativa", en Dora Kanoussi (comp.), *El Zapatismo y la política*. México: Plaza y Valdés, 77-104.

BEVERLEY, John (1996) [1989]: "The Margin at the Center. On Testimonio (Testimonio Narrative)", en Georg M. Gugelberger (ed.), *The Real Thing. Testimonial Discourse and Latin America*. Durham/London: Duke University Press, 23-41.

— (1996): "The Real Thing", en Georg M.Gugelberger (ed.), *The Real Thing. Testimonial Discourse and Latin America*. Durham/London: Duke University Press, 266-282.

BEVERLEY, John; OVIEDO, José, y ARONNA, Michael (1995): *The postmodernism debate in Latin America*. Durham/London: Duke University Press.

BEVERLEY, John, y ZIMMERMAN, Marc (1990): *Literature and Politics in the Central American Revolutions*. Austin: University of Texas Press.

BHABHA, Homi K. (1986): "The other question: difference, discrimination and the discourse of colonialism", en Francis Barker, Peter Hulme y Margaret Iversen (eds.), *Literature, Politics & Theory*. London: Methuen, 148-173.

— (ed.) (1995): *Nation and Narration*. London/New York: Routlegde.

BOLAÑOS CADENA, Laura (1998): *Chiapas: los Indios de Verdad. Una visión objetiva de la situación de los indígenas y de las causas de su marginación*. México: Edamex.

BONFIL BATALLA, Guilllermo (1994): *México Profundo. Una civilización negada*. México: Grijalbo.

BRIGAS TORRES, Silvia (1990): *La narrativa indigenista mexicana del siglo XX*. Guadalajara/San Juan: Ed.Universidad Guadalajara/Ed.Universidad de Puerto Rico.

BROWN, David (2000): *Contemporary Nationalism. Civic, Ethnocultural and Multicultural Politics*. London: Routledge.

BRUHN, Kathleen (1999): "Antonio Gramsci and the Palabra Verdadera: The Political Discourse of Mexico's Guerrilla Forces", en *Journal of Interamerican Studies and World Affairs*, Summer 1999, Vol. 41, N°. 2, 29-56.

BRYSK, Alison (1994): "Acting Globally: Indian Rights and International Politics in Latin America", en Donna Lee Van Cott (ed.), *Indigenous Peoples and Democracy in Latin America*. New York: St.Martin's Press, 29-51.

BURBACH, Roger (1994): "Roots of the Postmodern Rebellion in Chiapas", en *New Left Review*, Vol. 205 (mayo-junio), 113-124.

BURGOS, Elisabeth (1985): *Me llamo Rigoberta Menchú y así me nació la conciencia*. México: Siglo Veintiuno Editores.

CALDERÓN, Fernando (1995): "Latin American Identity and Mixed Temporalities; or, How to be Postmodern and Indian at the Same Time", en: John Beverley, José Oviedo y Michael Aronna (eds.), *The postmodernism debate in Latin America*. Durham/London: Duke University Press, 55-64.

CALDWELL, Wendy (1999): "Contextualizaciones del hambre en *Los herederos del hambre: una imagen viva de Chiapas*", en *Cuadernos Americanos*, N.° 75, 215-226.

CALVO MONTORO, María J. y Capozzi, Rocco (1999): *Relaciones literarias entre Jorge Luis Borges y Umberto Eco*. Cuenca: Ediciones de la Universidad de Castilla-La Mancha.

CAMPA, Román De la (1999): *Latin Americanism*. Minneapolis/London: University of Minnesota Press.

CAMPA MENDOZA, Víctor (1999): *Las insurrecciones de los pueblos indios en México: la rebelión zapatista en Chiapas*. México: Cuellar.

CAMPBELL, Federico (1995): *Máscara negra. Crimen y poder*. México: Joaquín Mortiz.

CAMÚ URZÚA, Guido, y TÓTORO TAULIS, Dauno (1994): *EZLN: el ejército que salió de la selva*. México: Planeta.

CASON, Jim, y BROOKS, David (1997): "Manifestaciones de apoyo al EZLN en 30 ciudades de EU", en *La Jornada*, 1 de febrero.

CASTAÑEDA, Jorge G. (1994): *Utopia Unarmed. The Latin American Left after the Cold War*. Nueva York: Vintage.

CASTELLS, Manuel (1997): *The Information Age: Economy, Society and Culture*. Volume II: *The Power of Identity*. Oxford: Blackwell.

CASTRO-GÓMEZ, Santiago (1999): "Epistemologías coloniales, saberes latinoamericanos: el proyecto teórico de los estudios subalternos", en Alfonso de Toro y Fernando de Toro (eds.), *El debate de la postcolonialidad en Latinoamérica. Una postmodernidad periférica o cambio de paradigma en el pensamiento latinoamericano*. Madrid/Frankfurt: Iberoamericana/Vervuert, 79-100.

CHEVALIER, Jean, y GHEERBRANT, Alain (1982): *Dictionnaire des symboles*. Paris: Laffont/Jupiter.

CHILDS, Peter, y WILLIAMS, Patrick R. J. (1997): *An introduction to Post-Colonial Theory*. London: Prentice Hall/Harvester Wheatsheaf.

CHOMSKY, Noam *et al.* (1995): *Chiapas insurgente. 5 ensayos sobre la realidad mexicana*. Navarra: Txalaparta.

CHOMSKY, Noam (in conversation with Heinz Dieterich) (1999): *Latin America. From colonization to globalization*. Melbourne/New York: Ocean Press.

CLARK, Michael T. (1994): "Wither the Nation-State? The subaltern and the redeployment of Latin-American Nationalism in the Era of Globalization", en *Dispositio/n* XIX. 46, 27-44.

CLEAVER, Harry (1998): "The Zapatista Effect: The Internet and the Rise of an Alternative Political Fabric", en *Journal of International Affairs*, Vol. 51, N.° 2, Spring, 621-640.

COMPANY COMPANY, Concepción (1995a): "Old forms for new concepts. The recategorization of possessive duplications in Mexican Spanish", en H.Andersen (ed.), *Historical Linguistics 1993*. Amsterdam: John Benjamins, 77-93.

— (1995b): "Cantidad vs. cualidad en el contacto de lenguas. Una incursión metodológica en los posesivos redundantes del español americano", en *Nueva Revista de Filología Hispánica*, 43, No. 2, 305-340.

CONDEARENA, Luis (1997): *Chiapas: el despertar de la esperanza*. Donostia: Tercera Prensa.

CÓRDOVA, Arnaldo (1995): "La mitología de la Revolución Mexicana", en Enrique Florescano (ed.), *Mitos Mexicanos*. México: Aguilar, 21-26.

CORONA, Ignacio, y JÖRGENSEN, Beth E. (2002): *The Contemporary Mexican Chronicle. Theoretical Perspectives on The Liminal Genre*. Albany: State University of New York Press.

CORREA, Guillermo, y LÓPEZ, Julio César (1996): "El comandante José Arturo analiza el país y explica al EPR", en *Proceso*, N.° 1032 (11 de agosto), 22-27.

CORREA-DÍAZ, Luis (2000): "América como Dulcinea: Cervantes, el *Che* y el Subcomandante Marcos", en *Taller de Letras*, N.° 28, 23-40.

COSSÍO DÍAZ, José Ramón *et al.* (1998): *Derechos y cultura indígena. Los dilemas del debate jurídico*. México: Porrúa.

CRUZ, Víctor De la (1993): "Brothers or Citizens: Two Languages, Two Political Projects in the Isthmus", en Howard Campbell *et al.* (eds.): *Zapotec Struggles. Histories, Politics, and Representations from Juchitán, Oaxaca*. Washington/London: Smithsonian Institution Press, 241-248.

CRUZ BURGUETE, Jorge Luis (1998): *Identidades en fronteras, fronteras de identidades. Elogio de la intensidad de los tiempos en los pueblos de la frontera sur*. México: El Colegio de México.

DEBRAY, Régis (1995): "A demain, Zapata", en *Le Monde*, 23 de marzo.

— (1996): "A guerilla with a difference", en *New Left Review*, N,° 218, julio-ago., 128-137.

DENEUVE, Sylvie; GEOFFROY, M., y REEVE, S. (1996): *Au-delà des passe-montagne du Sud-Est mexicain*. Paris: Ab Irato.

DÍAZ PLAJA, Guillermo (1969 [1954]): *Federico García Lorca. Su obra e influencia en la poesía española*. Madrid: Espasa-Calpe.

DÍAZ-POLANCO, Héctor (1997): *La rebelión zapatista y la autonomía*. México: Siglo Veintiuno.

DIRLIK, Arif (1994): "The postcolonial aura: third world criticism in the age of global capitalism", en *Critical Inquiry*, Vol. 20, 328-356.

DONALDSON, Laura E. (1992): *Decolonizing Feminisms. Race, Gender and Empire Building*. London: Routlegde.

DUCHESNE-WINTER, Juan (s. f.): "Marcos and the Zapatistas: Notes on anachronism and innovation in Latin American revolutionary culture", en <www.prtc.net/~saturno/marcos.html> (12 de mayo de 2003).

DUHALDE, Eduardo Luis, y DRATMAN, Enrique (1994): *Chiapas. La nueva insurgencia*. Buenos Aires: Ed. del Pensamiento Nacional.

DURÁN DE HUERTA, Marta (comp.) (1994): *Yo, Marcos*. México: Ediciones del Milenio.

DUTERME, Bernard (1999): "Le zapatisme c'est cela ou ce n'est rien. Entretien avec Yvon Le Bot", en *La Revue Nouvelle*, Vol. 110, N.º 11 (nov.), 48-68.

— (1998): *Indiens et zapatistes. Mythes et réalités d'une rébellion en sursis*. Bruxelles: Luc Pire.

EVANS, Fred (1999): "Voices of Chiapas. The Zapatistas, Bakhtin and Human Rights", en *Philosophy Today*. Vol. 43, 196-210.

EZLN (1994a): *Documentos y comunicados 1*. México: Era.

— (1995): *Documentos y comunicados 2*. México: Era

— (1997): *Documentos y comunicados 3*. México: Era

— (2003): *Documentos y comunicados 4*. México: Era

— (1994b): *La palabra de los armados de verdad y fuego. Entrevistas, cartas y comunicados del EZLN (hasta el 4 de marzo de 1994)*. México: Ed. Fuenteovejuna.

— (2001): *La marcha del color de la tierra. Comunicados, cartas y mensajes del Ejército Zapatista de Liberación Nacional del 2 de diciembre del 2000 al 2 de abril del 2001*. México: Causa Ciudadana/Rizoma.

EZLN y SUBCOMANDANTE MARCOS (1995): *Chiapas. Del dolor a la esperanza*. Madrid: Los libros de la Catarata.

FANON, Frantz (1952): *Peau noire, masques blancs*. Paris: Seuil.

FAVRE, Henri (1998): *El indigenismo*. México: Fondo de Cultura Económica.

— (2002): "Chiapas 1993: intento de análisis de una situación de insurrección", en *Cuadernos Americanos*, XVI, N.° 91, 25-71.

FELL, Claude (1989): *José Vasconcelos, los años del águila*. México: UNAM.

FERIOLI, Daniel (2001): "El Zapatismo, desde Deleuze-Guattari", en *Campo Grupal*, 27/28 sept.-oct., <www.campogrupal.zapatismo.htlm> (21 de junio de 2003).

FLORES, Genoveva (2004): *La seducción de Marcos a la prensa*. Monterrey: Instituto Tecnológico de Monterrey.

FRANCO, Jean (1995): "¿Qué queda de la intelligentsia?", en: *La Jornada Semanal*, núm.291, 8 de enero, 18-25.

— (1994): *Las conspiradoras. La representación de la mujer en México*. México: El Colegio de México/Fondo de Cultura Económica.

FUENTES, Carlos (1999, 1994[1]): *Nuevo tiempo mexicano*. México, Aguilar.

— (1994): "Chiapas: Latin America"s First Post-Communist Rebellion. Carlos Fuentes", en *New Perspectives Quarterly*, Spring 1994, Vol.11, N.° 2.

— (2000): *Los cinco soles de México. Memoria de un milenio*. Barcelona: Seix Barral.

GALEANO, Eduardo (1971): *Las venas abiertas de América Latina*. México: Siglo Veintiuno.

GAMIO, Manuel M. (1948): *Consideraciones sobre el problema indígena*. México: Instituto Indigenista Interamericano.

GANDHI, Leela (1998): *Postcolonial Theory. A critical introduction*. Edinburgh: Ed. University Press.

GARCÍA AGUILAR, Eduardo (1998): *Delirio de San Cristóbal. Manifiesto para una generación desencantada*. México: Praxis.

GARCÍA CANCLINI, Néstor (1995a): *Hybrid Cultures. Strategies for Entering and Leaving Modernity*. Minneapolis/London: University of Minnesota Press.

— (1995b): *Consumidores y ciudadanos: conflictos multiculturales de la globalización*. México: Grijalbo.

— (1996): "Políticas culturales e integración norteamericana: una perspectiva desde México", en Néstor García Canclini (coord.), *Culturas en globalización. América Latina-Europa-Estados Unidos: libre comercio e integración*. Caracas: Nueva Sociedad, 13-40.

GARCÍA COLORADO, Gabriel, y ERÉNDIRA SANDOVAL, Irma (comps.) (1998): *Autonomía y derechos de los pueblos indios*. México: Instituto de Investigaciones Legislativas de la H. Cámara de Diputados.

GARCÍA DE LEÓN, Antonio (1994): "Prólogo", en *EZLN1*. México: Era, 11-29.

— (1999): *Resistencia y utopía: memorial de agravios y crónicas de revueltas y profecías acaecidas en la provincia de Chiapas durante los últimos quinientos años de su historia*. México: Era.

GARCÍA LORCA, Federico (1996-1997): *Obras completas* (Miguel García-Posada ed.). Barcelona: Galaxia Gutenberg/Círculo de Lectores, 4 Vols.

GARCÍA MÁRQUEZ, Gabriel, y POMBO, Rafael (2001): "Habla Marcos", en *El País*, 25 de marzo, 6-7.

GARZA, Mercedes De la (ed.) (1980): *Literatura maya*. Caracas: Biblioteca Ayacucho.

GELMAN, Juan (1996): "Nada que ver con las armas", en *La Jornada*, 21 de abril.

GIBSON, Ian (1998): *Vida, pasión y muerte de Federico García Lorca (1898-1936)*. Madrid: Plaza y Janés.

GIL TÉBAR, Pilar R. (1999): *Caminando en un solo corazón: las mujeres indígenas de Chiapas*. Málaga: Atenea/Universidad de Málaga.

GILLY, Adolfo (1997): *Chiapas. La razón ardiente*. México: Era.

GILLY, Adolfo; SUBCOMANDANTE MARCOS, y GINZBURG, Carlos (1995): *Discusión sobre la historia*. México: Taurus.

GLANTZ, Margo (1998): "Paz y Marcos: máscaras y silencios", en *La Jornada Semanal*, 20 de septiembre.

GOLLNICK, Brian (1999): "Even Better than the Real Thing: parodia y polifonía en la literatura del conflicto chiapaneco", en *Torre de papel*, Vol. 9, N.° 2, 133-141.

GÓMEZ, Águeda (2001): "Nuevos actores frente al fenómeno de la globalización: los movimientos indígenas en América Latina", en *Cuadernos Americanos*, N.° 89, 188-197.

GÓMEZ, Luis E. (1997): "Mutaciones posmodernas y mexicanidad", en *Metapolítica*, Vol. 1, N.° 1, 82-91.

GÓMEZ-PEÑA, Guillermo (1995): "The subcomandante of performance", en Elaine Katzenberger, *First World, ha ha ha! The Zapatista Challenge*. San Francisco: City Lights Books, 89-98.

GONZÁLEZ, Aurelio (1999): "Caracterización de los héroes en los corridos mexicanos", en *Caravelle. Héros et nation en Amérique Latine*, N.° 72, 83-97.

GRANGE, Bertrand De la, y RICO, Maite (1998): *Sous-Commandant Marcos. La géniale imposture*. Paris: Plon/Ifrane.

— (1998): *Marcos, la genial impostura*. México: Aguilar.

GUERRERO, Andrés (2000): "Intelectuales indígenas, discurso y representación política. El levantamiento nacional indígena de 1994 en el Ecuador", en Mariano Plotkin y Ricardo González Leandri (eds.), *Localismo y globalización. Aportes para una historia de los intelectuales en Iberoamérica*. Madrid: Consejo Superior de Investigaciones Científicas, 241-266.

GUGELBERGER, Georg M. (1996): "Introduction: Institutionalization of Transgression. Testimonial Discourse and Beyond", en *The Real Thing. Testimonial Discourse and Latin America*. Durham and London: Duke University Press, 1-19.

GUHA, Rahajit (ed.) ([1982] 1996): "The Small Voice of History, en *Subaltern Studies, Vol. 1*. New Delhi/Bombay/Calcutta: Oxford University Press.

GUILLÉN, Diana (coord.) (1995): *Chiapas. Una modernidad inconclusa*. México: Instituto Mora.

GUILLERMOPRIETO, Alma (1995): *La guerre des ombres: les racines de l'insurrection zapatiste au Chiapas*. Paris: Dagorno.

GUTIÉRREZ CARLÍN, Ivonne (1996): *Pólvora en la boca: Chiapas ¿Qué hay detrás de las máscaras?* México: Diana.

HACHEZ, Théo (1999): "Marcos et la communication", en *La Revue Nouvelle*, Vol. 110, N.° 11 (nov.), 90-93.

HALL, Stuart (1996) [1989]: "New Ethnicities", en David Morley y Chen Kuan-Hsing Chen (eds.), *Stuart Hall. Critical Dialogues in Cultural Studies*. London/New York: Routlegde, 441-449.

HARVEY, Neil (1999): *The Chiapas rebellion: the struggle for land and democracy*. Durham: Duke.

HÉAU LAMBERT, Cathérine y Giménez, Gilberto (1997): "El cancionero insurgente del movimiento zapatista en Chiapas. Ensayo de análisis sociocrítico", en *Revista Mexicana de Sociología*, Vol. 59, Nº. 4, (oct.-dic.), 221-244.

HERLINGHAUS, Hermann, y WALTER, Monika (1994): "¿'Modernidad periférica' versus 'proyecto de la modernidad'? Experiencias epistemológicas para una reformulación de lo 'pos'moderno desde América Latina", en Hermann Herlinghaus y Monika Walter (eds.), *Posmodernidad en la periferia: enfoques latinoamericanos de la nueva teoría cultural*. Berlin: Langer, 11-47.

HERNÁNDEZ CASTILLO, Aída (2001): *Histories and stories from Chiapas. Border Identities in Southern Mexico*. Austin: University of Texas Press.

HERNÁNDEZ J., Gloria; HERNÁNDEZ REYES, Adela, y MENDIOLA, Salvador (1999): "Guerra y feminismo", en Rosa Rojas (ed.), *Chiapas ¿y las mujeres qué?* México: Ed. La Correa Feminista, 57-65.

HERNÁNDEZ NAVARRO, Luis (1997): *Chiapas. La nueva lucha india*. Madrid: Talasa.

HIRIART, Hugo (1995): "Máscaras mexicanas", en Enrique Florescano (coord.), *Mitos mexicanos*. México: Aguilar, 93-98.

HOBSBAWM, Eric, y RANGER, Terence (1996): *The Invention of Tradition*. Cambridge: Cambridge University Press.

HOLLOWAY, John, y PELÁEZ, Eloína (1998): *Zapatista! Reinventing revolution in Mexico*. London: Pluto.

HOPENHAYN, Martín (1995): "Postmodernism and Neoliberalism in Latin America", en John Beverley, José Oviedo y Michael Aronna (eds.), *The postmodernism debate in Latin America*. Durham/London: Duke University Press, 93-109.

HUFFSCHMID, Anne (ed.) (1995): *Subcomandante Marcos: ein maskierter Mythos*. Berlín: Elefanten.

— (2001): "El nuevo teatro mexicano: la performance política de Fox y Marcos", en *Iberoamericana* I/2, junio, 129-151.

— (2002): *Diskursguerilla; Wortergreifung und Wider-Sinn. Die Zapatistas im Spiegel der mexikanischen und internationalen Öffentlichkeit*. Dissertation zur Erlangung des Grades eines Doktors der Philosophie am Fachbereich Kulturwissenschaften der Universität Dortmund.

HUTCHEON, Linda (1988): *A Poetics of Postmodernism. History, theory, fiction*. New York/London: Routlegde.

IMAZ, Carlos (2004): *Rompiendo el silencio. Biografía de un insurgente del EZLN*. México: Planeta.

IRR, Caren (2003): "All Published Literature Is World Bank Literature; or, The Zapatistas' Storybook", en Amitava Kumar (ed.), *World Bank Literature*. Minneapolis/London: University of Minnesota Press, 237-252.

JARA, René, y VIDAL, Hernán (eds.) (1986): *Testimonio y Literatura*. Minneapolis: Institute for the Study of Ideologies and Literature.

JARQUÍN, Evodio (1998): *Los textos del Subcomandante Marcos y las funciones comunicativas de la lengua (análisis)*. Tesis para obtener el título de licenciado en lengua y literaturas hispánicas. México: UNAM.

JOHNSTON, Josée, y LAXER, Gordon (2003): "Solidarity in the age of globalization: Lessons from the anti-MAI and Zapatista struggles", en *Theory and Society*, Vol. 32-1, 39-91.

KANOUSSI, Dora (1998): *El Zapatismo y la política*. México: Plaza y Valdés.

KARAM, Tanius (2000): "El subcomandante Marcos y el horizonte de la traducción intercultural", en *Razón y Palabra*, mayo-julio, N.° 18.

KATZENBERGER, Elaine (1999): *First World, hahaha...* San Francisco: City Lights.

KOLAKOWSKI, Leszek (1995): "Über kollektive Identität", en Krzysztof Michalski (ed.), *Identität im Wandel: Castelgandolfo-Gespräche 1995*. Stuttgart: Institut für die Wissenschaften vom Menschen, 47-60.

KRAUZE, Enrique (1994): "Procurando entender", en *Suplemento extraordinario de Vuelta, Chiapas: días de prueba*, j-m.

KRISHNAN, Raghn (1996): "December 1995: 'The first revolt against globalization'", en *Monthly Review*, mayo, 1-22.

LATIN AMERICAN SUBALTERN STUDIES GROUP (1995): "Founding Statement", en John Beverley, José Oviedo y Michael Aronna (eds.), *The postmodernism debate in Latin America*. Durham/London: Duke University Press, 135-146.

LE BOT, Yvon (1997): *Subcomandante Marcos. El sueño zapatista*. Barcelona: Plaza & Janés.

LECUNA, Vicente (1999): *La ciudad letrada en el planeta electrónico. La situación actual del intelectual latinoamericano*. Madrid: Editorial Pliegos.

LEMAÎTRE, Monique J. (2001): "El salto dialéctico en el aire de la historia. (A propósito de algunos textos del Subcomandante Marcos del EZLN)", en *Casa de las Américas*, Vol. 222, 104-108.

LENKERSDORF, Carlos (1996): *Los hombres verdaderos. Voces y testimonios tojolabales*. México: Siglo Veintiuno Editores.

LEÓN-PORTILLA, Miguel; GARIBAY K., Angel M.ª, y BELTRÁN, Alberto (1969) [1959¹]: *Visión de los vencidos. Relaciones indígenas de la conquista*. México: UNAM.

LEVARIO TURCOTT, Marco (1999): *Chiapas. La guerra en el papel*. México: Ed. Cal y Arena.

LIE, Nadia (2001): "La reescritura del Zorro. Una comparación entre Johnston McCulley y James Luceno", en Rita De Maeseneer (ed.), *Convergencias e interferencias. Escribir desde los borders*. Valencia: Excultura, 127-137.

LIENHARD, Martín (2003): *La voz y su huella*. México: Ediciones Casa Juan Pablos/Universidad de Ciencias y Artes de Chiapas.

LIEVESLEY, Geraldine (1999): *Democracy in Latin America. Mobilization, Power and the Search for a New Politics*. Manchester/New York: Manchester University Press.

LIPPENS, Ronnie (2003): "The Imaginary of Zapatista Punishment and Justice. Speculations on the 'first posmodern revolution'", en *Punishment & Society. The international journal of penology*. Vol. 5: N.° 2, (April), 179-195.

LOBATO, Rodolfo, y LE BOT, Yvon (1997): *Les indiens du Chiapas et la forêt Lacandon*. Paris: L'Harmattan.

LOMNITZ, Claudio (1999): *Modernidad indiana. Nueve ensayos sobre nación y mediación en México*. México: Planeta.

LOOMBA, Anita (1998): *Colonialism/Postcolonialism*. London/New York: Routlegde.

LÓPEZ AUSTIN, Alfredo (1997): *Les paradis de brume. Mythes et pensée religieuse des anciens Mexicains*. Paris: IHEAL, Maisonneuve et Larose.

MACHUCA R., Jesús Antonio (1998): "La democracia radical: originalidad y actualidad política del zapatismo de fin del siglo XX", en Dora Kanoussi (comp.), *El Zapatismo y la política*. México: Plaza y Valdés, 15-54.

MALDONADO, Ezequiel (2001): "Los relatos zapatistas y su vínculo con la oralidad tradicional", en *Convergencia*, N.° 24, (enero-abril), 141-153.

MARCILLY, Charles (1986): "Las *Suites* de García Lorca: el jardín de las simientes no florecidas", en *Revista de Occidente* 65, (octubre), 33-50.

MARTÍNEZ-TORRES, María Elena (1997): "Internet, la lucha posmoderna de los desposeídos de la modernidad". Paper presented en LASA 1997, Guadalajara,

México. <http://fuentes.csh.udg.mx/CUCSH/Sincronia/torres.htm> (30 de septiembre de 2003).

Matamoros Ponce, Fernando (1998): *Mémoire et Utopie au Mexique. Mythes, traditions et imaginaire indigène dans la genèse du néozapatisme.* Paris: Ed. Syllepse.

Mc Caughan, Edward J. (1999): *Reinventando la revolución. La renovación del discurso de la izquierda en Cuba y México.* México: Siglo Veintiuno.

Menchú, Rigoberta (1998): *Rigoberta, la nieta de los mayas.* Madrid: El País/Aguilar-México: Siglo Veintiuno Editores.

Mignolo, Walter D. (1996): "Los Estudios Subalternos ¿son posmodernos o poscoloniales?: la política y las sensibilidades de las ubicaciones geoculturales", en *Casa de las Américas,* N.° 204, (julio-sept.), 20-40.

Mignolo, Walter D., y Schiwy, Freya (2000): *Beyond dichotomies: translation/transculturation and the colonial difference.* Ponencia presentada en la Universidad de Leipzig. <http://www.uni-leipzig.de/~ethno/papermignolo.html> (30 de septiembre de 2003).

Millán, Márgara (1998): "Femmes indigènes et zapatisme. Nouveaux horizons de visibilité", en *Cahiers marxistes,* N.° 209, (junio-julio), 173-193.

Moguel, Julio (1998): *Chiapas: la guerra de los signos. Del amanecer zapatista de 1994 a la masacre de Acteal.* México: Juan Pablos Editor/La Jornada Ediciones.

Molina, Javier (1999): "En *Relatos del viejo Antonio,* Marcos apuesta por el mito", en *La Jornada,* 31 de marzo.

Molina Esquivel, Julio (2003): *Rebelión del EZLN. Su trascendencia en México y en el mundo.* México: Ed. Navarra.

Monsiváis, Carlos (1994): "Crónica de una Convención (que no lo fue tanto) y de un acontecimiento muy significativo", en *EZLN1.* México: Era, 313-323.

— (1996): "Fábula del país de Nopasanada", en *La Jornada Semanal,* 14 de enero.

— (2001a): "Interview with Subcomandante Marcos", en *Autodafé, the Censored Library,* N.° 2, (otoño) <http://autodafe.org/autodafe/journal/htm> (30 de septiembre de 2003).

— (2001b): "*El Laberinto de la soledad*: el juego de espejos de los mitos y las realidades", en *Memoria del coloquio internacional "por el laberinto de la soledad" a 50 años de su publicación. Anuario de la Fundación Octavio Paz.* México: Fundación Octavio Paz/Fondo de Cultura Económica, 13-27.

Montemayor, Carlos (1995): "El guerrillero", en Enrique Florescano (ed.), *Mitos Mexicanos.* México: Aguilar, 87-92.

Montessori, Nicolien (2001): "Problemas de Producción e Interpretación del Discurso Político. Estrategias Discursivas en el Diálogo entre el Presidente Zedillo de México y el EZLN (Ejercito Zapatista de Liberación Nacional)". Ponencia inédita en la Universidad de Utrecht.

Montoya Vélez, Marta Elena (1992): "*Entrevista con Carlos Monsiváis*", en *La Jornada Semanal,* 13 de septiembre, 39-44.

MORAÑA, Mabel (1998): "El boom del subalterno", en Santiago Castro-Gómez y Eduardo Mendieta (eds.), *Teorías sin disciplina (latinoamericanismo, poscolonialidad y globalización en debate)*. México: Miguel Ángel Porrúa.

NAJMAN, Maurice (1997): "Le grand virage des zapatistes", en *Le Monde Diplomatique*, (enero), 1/12-13.

NAVARRO VICENTE, Marc (2001): "¿Es el movimiento indígena mexicano un nacionalismo?", en *Magazine DHIAL*, N.° 18, 8 de junio.

NELSON, Diane M. (1996): "Maya hackers and the cyberspationalized nation-state. Modernity, ethnostalgia, and a lizard queen in Guatemala", en *Cultural Anthropology* II/3, 287-308.

NEUSCHÄFER, Hans J. (1999): *La ética del Quijote. Función de las novelas intercaladas*. Madrid: Gredos.

NUGENT, Daniel (1995): "Northern intellectuals and the EZLN", en *Monthly Review*, Vol. 47, N.° 3 (jul.-ag.), 124-138.

O'DONNELL, Susan, y DELGADO P., Guillermo (1995): "Using the Internet to Strengthen the Indigenous Nations of the Americas", en *Journal of Media Development*, March 1995 (20 de diciembre de 1995) <www.models-research.ie/publications/art/95-2.html> (3 de octubre de 2003).

ORGAMBIDES, Fernando (1994): "Fuerza enmascarada", en *El País*, 27 de febrero.

OUWENEEL, Arij (1994): *Alweer die indianen... de jaguar en het konijn in Chiapas Mexico*. Amsterdam: Thela.

— (1996): "Maskers en bivakmutsen. Van *Het labyrinth der eenzaamheid* naar de Zapatisten uit Chiapas. Over Octavio Paz", en *Achter het eeuwig El Dorado. Fictie en realiteit in Latijnsamerikaanse literatuur*. Amsterdam: Thela, 75-88.

PAEPE, Christian De (1986): "La esquina de la sorpresa: Lorca entre el *Poema del cante jondo* y el *Romancero Gitano*", en *Revista de Occidente*, octubre, N.° 65, 9-31.

PANSTERS, Wil (1999): "Authenticiteit en hybriditeit. Cultureel essentialisme in Mexico", en *Krisis. Tijdschrift voor Filosofie*, N.° 76, (otoño), 46-64.

PARRA, Max (1995): "The Politics of Representation: The Literature of the Revolution and the Zapatista Uprising in Chiapas", en *Journal of Latin American Cultural Studies*, Vol. 4, N.° 1, 65-71.

— (2002): "Villa y la subjetividad política popular: un acercamiento subalternista a *Los de abajo* de Mariano Azuela", en Kristine Vanden Berghe y Maarten van Delden (eds.), *El laberinto de la solidaridad. Política y Cultura en México (1910-2000)*. Amsterdam: Rodopi.

PAVÓN CUÉLLAR, David, y LÓPEZ ALBERTOS, Mariola (1997): *Zapatismo y contrazapatismo. Cronología de un enfrentamiento*. Buenos Aires: Turalia.

PAZ, Octavio (1990) [1950]: *El laberinto de la soledad*. México: Siglo Veintiuno.

— (1994): "Chiapas: hechos, dichos, gestos", en *Vuelta*, N.° 208, 55-57.

— (1994): "Chiapas. ¿Nudo ciego o tabla de salvación?", en *Suplemento extraordinario de Vuelta*, N.° 207, c-g.

— (1996): "Más sobre botánica lacandona", en *Vuelta*, N.° 231, 63.

— (1996): "La Selva Lacandona", en *Vuelta*, N.° 231, 8-12.

Pellicer, Juan (1996): "La gravedad y la gracia: el discurso del subcomandante Marcos", en *Revista Iberoamericana*, Vol. LXII, N.° 174, (enero-marzo), 199-208.

Pérez U., Matilde, y Castellanos, Laura (1999): "Entrevista con la comandante Ramona", en Rosa Rojas (ed.), *Chiapas ¿y las mujeres qué?*, México: Ed. La Correa Feminista, 26-40.

Pogolotti, Marcelo (ed.) (1978): *Los pobres en la prosa mexicana*. México: Diógenes.

Ponsioen, Arnout (s. f.): *www.guerrilla.mx. Een onderzoek naar elektronische strijd van de Zapatistas in Mexico*. Tesis inédita presentada en la Universidad de Utrecht. <http://www.pscw.uva.nl/sociosite/zapatistas> (10 de septiembre de 1999).

Pulido Tirado, Genara (1999): *La reflexión metacrítica y teórico literaria en el siglo* XX. *Aproximaciones*. Jaén: Universidad de Jaén.

Rabasa, José (1997): "Of Zapatismo: Reflections on the Folkloric and the Impossible in a Subaltern Insurrection", en Lisa Lowe y David Lloyd (eds.), *The Politics of Culture in the Shadow of Capital*. Durham & London: Duke University Press, 399-431.

— (2000): "Límites históricos y epistemológicos en los estudios subalternos", en Mabel Moraña (ed.), *Nuevas perspectivas desde/sobre América Latina: el desafío de los estudios subalternos*. Santiago de Chile: Editorial Cuarto Propio, 107-118.

Raiter, Alejandro (1999): *Lingüística y política*. Buenos Aires: Biblos.

Raiter, Alejandro, y Muñoz, Irene (1996): "El discurso zapatista ¿un discurso posmoderno?", en *Discurso*, primavera, 39-59.

Rajchenberg, Enrique, y Héau-Lambert, Cathérine (1998): "History and Symbolism in the Zapatista Movement", en John Holloway y Eloína Peláez (eds.), *Zapatista! Reinventing Revolution in Mexico*. London: Pluto Press, 19-38.

Rall, Marlene, y Rall, Dieter (1996): *Letras comunicantes, estudios de literatura comparada*. México: UNAM, Facultad de Filosofía y Letras.

Rama, Ángel (1984): *La ciudad letrada*. Hanover: Ediciones del norte.

Ramírez Paredes, Juan Rogelio (2002): *Nunca más sin rostros. (Evolución histórica del proyecto del EZLN)*. México: Eón.

Ramonet, Ignacio (2001a): *Marcos. La dignité rebelle*. Paris: Ed.Galilée.

— (2001b): *Marcos, la dignidad rebelde: conversaciones con el subcomandante Marcos*. Valencia: Cybermonde.

Rascón, Marco (1995): "La soberanía y Chiapas", en *La Jornada*, 21 de febrero, 12.

Remoro Jacobo, César (1994): *Los Altos de Chiapas: la voz de las armas*. México: Planeta.

Richard, Nelly (1995): "Cultural Peripheries: Latin America and Postmodernist De-centering", en John Beverley, José Oviedo y Michael Aronna (eds.), *The postmodernism debate in Latin America*. Durham/London: Duke University Press, 217-222.

RINCÓN, Carlos (1995): "The Peripherical Center of Postmodernism: on Borges, García Márquez and Alterity", en John Beverley, José Oviedo y Michael Aronna (eds.), *The Postmodernism Debate in Latin America*. Durham/London: Duke University Press, 223-240.

RIQUER, Martín de (1970): *Aproximaciones al Quijote*. Navarra: Salvat Editores.

ROCA-SIERRA, Marcos (1990): "Retórica del discurso epistolar", en *Investigaciones Semióticas III. Retórica y lenguajes*. Madrid: UNED II, 327-334.

RODRÍGUEZ, Ileana (1998): "Hegemonía y dominio: subalternidad, un significado flotante", en Santiago Castro-Gómez y Enrique Mendieta (eds.), *Teorías sin disciplina (latinoamericanismo, poscolonialidad y globalización en debate)*. México: Miguel Ángel Porrúa.

RODRÍGUEZ MONEGAL, Emir (1981): *Borgès*. Paris: Seuil.

ROJAS, Rosa (ed.) (1999): *Chiapas ¿y las mujeres qué?*, México: Ed.La Correa Feminista.

ROITMAN ROSENMANN, Marcos (2002): "Durito y Pinochet", en *La Jornada*, 27 de noviembre.

ROMERO, César (1994): *Marcos ¿un profesional de la esperanza?* México: Planeta.

RONFELDT, David; ARQUILLA, John; FULLER, Graham E., y FULLER, Melissa (1998): *The Zapatista Social Netwar in Mexico*. Santa Monica: Rand.

ROSENBLAT, Ángel (1995) [1971]: *La lengua del "Quijote"*. Madrid: Gredos.

ROTH, Wolfgang (1995): "Sobre la influencia de las lenguas amerindias en el castellano", en Klaus Zimmerman (ed.), *Lenguas en contacto en Hispanoamérica*. Madrid/Frankfurt am Main: Iberoamericana/Vervuert, 35-49.

ROVIRA, Guiomar (1997): *Mujeres de maíz: la voz de las indígenas de Chiapas y la rebelión zapatista*. México: Era.

RUIZ ÁVILA, Dalia (2001): "Caminos para transformar el presente. Encuentros utópicos en el discurso del Viejo Antonio". Ponencia presentada en el Primer Encuentro Nacional de Analistas de Discursos, México D.F., 6-8 de junio.

— (2002): "El silencio y su significación. Análisis del discurso zapatista", en *Memoria* N.° 161, julio.

SAID, Edward (1994): *Culture and Imperialism*. London: Vintage.

SAINTOUL, Cathérine (1998): *Racismo, etnocentrismo y literatura. La novela indigenista andina*. Buenos Aires/Quito: Ed. del Sol.

SALINAS, Soledad (1987): *España en la poesía hispanoamericana (1892-1975)*. Madrid: Fundación Juan March/Cátedra.

SAMANIEGO, Fidel (2001): "La sombra de Marcos acompañó al presidente en su viaje a California", en *La Crónica de Hoy*, 22 de marzo.

SÁNCHEZ SUSARREY, Jaime (1995): "Marcos: ¡no pasarán!", en *Vuelta*, N.° 227, 52-54.

— (1993): *El Debate Político e Intelectual en México*. México: Grijalbo.

SANDOVAL, Franco (1988): *La cosmovisión maya quiché en el Popol Vuh*. Guatemala: Serviprensa centroamericana.

SANJINÉS C., Javier (1996): "Beyond Testimonial Discourse: New Popular Trends in Bolivia", en Georg M.Gugelberger (ed.), *The Real Thing. Testimonial Discourse and Latin America*. Durham and London: Duke University Press, 254-265.

SARAMAGO, José (1999): "Prólogo", en Subcomandante Insurgente Marcos, *Don Durito de la Lacandona*. San Cristóbal de las Casas: CIACH, 7-8.

SCHERMERHORN, R. A. (1970): *Comparative Ethnic Relations: A Framework for Theory and Research*. New York: Random House.

SCHNEIDER, Luis Mario (1998): *García Lorca y México*. México: UNAM.

SCOTT, David C. (1995): "NGOs Achieve Credibility in Mexico", en *Crosslines Global Report*, October 31, <www.rand.org/publications/MR/MR994/MR994.bib.pdf-> (3 de octubre de 2003).

SERNA MORENO, J. Jesús María (2001): *México, un pueblo testimonio. Los indios y la nación en nuestra América*. México: UNAM/Plaza y Valdés.

SINNIGEN, John H. (1999): "Narrativa de diversas guerras: los comunicados zapatistas", en *Universidad de La Habana*, N.° 250, primer semestre, 152-164.

SOMMER, Doris (1995): "Irresistible romance: the foundational fictions of Latin America", en Homi K.Bhabha (ed.), *Nation and Narration*. London and New York: Routlegde, 71-98.

— (1996): "No Secrets", en Georg M. Gugelberger (ed.), *The Real Thing. Testimonial Discourse and Latin America*. Durham and London: Duke University Press, 130-157.

SOSA ÁLVAREZ, Ignacio (1994): *Ensayo sobre el discurso político mexicano*. México: UNAM/Porrúa.

SOUS-COMMANDANT MARCOS *et al.* (1994): *¡Ya Basta! Les insurgés zapatistes racontent un an de révolte au Chiapas*. Paris: Dagorno.

SPIVAK, Gayatri Chakravorty (1994) [1985]: "Can the Subaltern Speak?", en Patrick Williams y Laura Chrisman (eds.), *Colonial Discourse and Post-Colonial Theory. A Reader*. Nueva York: Harvester/Wheatsheaf, 66-111.

STAVANS, Ilan (1997): *The Oxford Book of Latin American Essays*. Oxford: Oxford University Press.

— (1998): *The riddle of Cantinflas. Essays on Hispanic: Popular Culture*. Albuquerque: The University of New Mexico.

STEEL, Cynthia (2002): "The Rainforest Chronicles of Subcomandante Marcos", en Ignacio Corona y Beth E. Jörgensen (eds.), *The Contemporary Mexican Chronicle. Theoretical Perspectives on The Liminal Genre*. Albany: State University of New York Press, 245-255.

STOLL, David (1999): *Rigoberta Menchú and the Story of all Poor Guatemalans*. Boulder: Westview Press.

STUTZ, Élisabeth (1998): *Irma, femme du Chiapas, entre révolte zapatiste et vie quotidienne*. Paris: L'esprit frappeur.

SUBCOMANDANTE INSURGENTE MARCOS (1996): *La historia de los colores*. Guadalajara: Ed. Colectivo Callejero.

— (1997): *Cuentos para una soledad desvelada*. Madrid: Ed. Ekosol.

— (1997): *Siete piezas sueltas del rompecabezas mundial*. México: Frente Zapatista de Liberación Nacional.

— (1998): *Relatos de el Viejo Antonio*. San Cristóbal de las Casas: CIACH.

— (1999): *Don Durito de la Lacandona*. San Cristóbal de las Casas: CIACH.

— (1999): *The Story of Colors/La historia de los colores*. El Paso, TX: Cinco Puntos Press.

— (2000a): *Desde las montañas del sureste mexicano: cuentos, leyendas y otras posdatas del SupMarcos*. Barcelona: Plaza y Janés.

— (2000b): *Detrás de nosotros estamos ustedes*. Barcelona: Plaza y Janés.

— (2001): *Los del color de la tierra. Textos insurgentes*. Tafalla: Txalaparta.

TELLO DÍAZ, Carlos (1995): *Chiapas, la rebelión de las cañadas*. Madrid: Acento Editorial.

TORGOVNICK, Marianna (1990): *Gone Primitive. Savage Intellects, Modern Lives*. Chicago and London: The University of Chicago Press.

TORO, Alfonso De (1997): "Fundamentos epistemológicos de la condición contemporánea: postmodernidad, postcolonialidad en diálogo con Latinoamérica", en Alfonso de Toro (ed.), *Postmodernidad y postcolonialidad. Breves reflexiones sobre Latinoamérica*. Madrid/Frankfurt am Main: Iberoamericana/Vervuert, 11-50.

— (1999): "La postcolonialidad en Latinoamérica en la era de la globalización. ¿Cambio de paradigma en el pensamiento teórico-cultural latinoamericano?", en Alfonso de Toro y Fernando de Toro (eds.), *El debate de la postcolonialidad en Latinoamérica. Una postmodernidad periférica o cambio de paradigma en el pensamiento latinoamericano*. Madrid/Frankfurt am Main: Iberoamericana/Vervuert, 31-77.

TORRE YARZA, Rodrigo De la (1994): *Chiapas: entre la Torre de Babel y la lengua nacional*. México: CIESAS.

TOURAINE, Alain (1996): "Marcos, el demócrata armado", en *La Jornada Semanal*, 22 de diciembre.

TREJO DELARBRE, Raúl (1994): *Chiapas, la comunicación enmascarada. Los medios y el pasamontañas*. México: Diana.

— (comp.) (1994): *Chiapas. La guerra de las ideas*. México: Diana.

TRIGÜERA SOBRINHO, Sebastião (1995): "El zapatismo y la democracia popular en Nuestra América", en Noam Chomsky *et al.*, *Chiapas insurgente. 5 ensayos sobre la realidad mexicana*. Tafalla: Txalaparta, 19-80.

VV. AA. (s. f.): *Les femmes dans le mouvement zapatiste*. Paris: Comité de solidarité avec les peuples du Chiapas en lutte.

VANDEN BERGHE, Kristine (2004): "Representaciones cambiantes. Los subalternos y 'sus' intelectuales en los ensayos de Mariano Azuela, Octavio Paz y el Subcomandante Marcos", en *Revista Aleph. El Ensayo Mexicano*, 59-73.

VARGAS LLOSA, Mario (1994): "México en llamas", en *El País*, 16 de enero,13-14.

— (1996): "La revolución posmoderna", en *El País*, 11 de agosto, 9-10.

VÁZQUEZ MONTALBÁN, Manuel (1999a): "Marcos, el mestizaje que viene", en *El País*, 22 de febrero.

— (1999b): *Marcos: El señor de los espejos*. Madrid: Aguilar.

VEGA, María José (2003): *Imperios de papel. Introducción a la crítica postcolonial*. Barcelona: Crítica.

VERA, Raúl (1997): "El infinito devenir de lo nuevo", en *Revista Chiapas*, N.° 4, <www.ezln.org/revistachiapas/ch4vera.html> (3 de octubre de 2003).

VEZETTI, Hugo (2000): "Los intelectuales y las responsabilidades de la memoria social", en Mariano Plotkin y Ricardo González Leandri (eds.), *Localismo y Globalización. Aportes para una historia de los intelectuales en Iberoamérica*. Madrid: Consejo Superior de Investigaciones Científicas. Instituto de Historia, 267-279.

VILLORO, Juan (2001): "Chiapas: The Return of the Untouchables", en *Autodafé, the Censored Library*, N.° 2, <http://www.autodafé.org/autodafe/autodafe—02/art—0506.htm> (19 de octubre de 2001).

— (2002): "Questioning the Chronicle" (with José Joaquín Blanco and Vicente Leñero), en Ignacio Corona y Beth E.Jörgensen (eds.), *The Contemporary Mexican Chronicle. Theoretical Perspectives on The Liminal Genre*. Albany: State University of New York Press, 61-68.

VILLORO, Luis (1996) [1950]: *Los grandes momentos del indigenismo en México*. México: Fondo de Cultura Económica.

VIOLI, Patrizia (1987): "La intimidad de la ausencia: formas de la estructura epistolar", en *Revista de Occidente*, 68, 87-99.

VOS, Jan De (2002): *Una tierra para sembrar sueños. Historia reciente de la Selva Lacandona 1950-2000*. México: Fondo de Cultura Económica, Centro de Investigaciones y Estudios Superiores en Antropología Social.

WILLIAMS, Raymond (1986): "Forms of fiction in 1848", en Francis Barker *et al.* (eds.), *Literature, Politics and Theory*. London: Methuen, 1-16.

WILLIAMS, Raymond L. (1996): *The postmodern novel in Latin America. Politics, Culture and the Crisis of Truth*. New York: St.Martin's Press.

WODAK, Ruth; CILLIA, Rudolf de; REISIGL, Martin, y LIEBHART, Karin (1999): *The Discursive Construction of National Identity*. Edinburgh: Edinburgh University Press.

WOMACK, John (1999): *Rebellion in Chiapas. An Historical Reader*. Nueva York: The New York Press.

ZAID, Gabriel (1994): "Chiapas: la guerrilla posmoderna", en *Claves de razón práctica*, N.° 44, 22-34.

ZERMEÑO, Sergio (1994): "Neoliberal Polarization and the Return of Personalized Leadership", Paper prepared for presentation at the Vienna Dialogue on Democracy, "The Politics of Antipolitics", Vienna, 7-10 July.

ZEVALLOS-AGUILAR, Juan (1996): "Teoría poscolonial y literatura latinoamericana: entrevista con Sara Castro-Klarén", en *Revista Iberoamericana*. Vol. LXII, N.° 176-177, 963-971.

Entrevistas

CECEÑA, Ana Esther: México, 2 de junio de 2001.
VILLORO, Juan: Amberes, 7 de mayo de 2002.
VOS, Jan de: Amberes, 19 de abril de 2002.
LOMNITZ, Claudio: Berlín, 14 de noviembre de 2002.